KB268624

classical Ⅱ odyssey

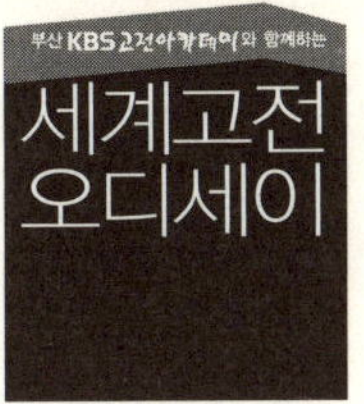
부산 KBS 고전아카데미와 함께하는
세계고전
오디세이

이 책에 실린 모든 원고는 "KBS 고전 아카데미 시민강좌"의 강의 원고입니다.
"KBS 고전 아카데미 시민강좌"는 KBS부산방송총국이 주최하고
부산대학교 부산시민대학이 주관하는 고전·인문학 강좌입니다.
강의 내용은 KBS부산방송총국 홈페이지를 통해 직접 볼 수 있습니다.
(http://busan.kbs.co.kr ➜ "KBS 고전 아카데미 시민강좌" – "다시보기 VOD")

부산 KBS 고전 아카데미와 함께 하는

세계 고전 오디세이 II

1판 1쇄 인쇄　｜　2008년 6월 10일
1판 1쇄 발행　｜　2008년 6월 15일

지은이　｜　서정기 외
펴낸이　｜　김태석
펴낸곳　｜　(주)천년의시작
등록번호　｜　제300-2006-9호
등록일자　｜　2006년 1월 10일

주소　｜　(우121-883) 서울시 마포구 합정동 355-24 4층
전화　｜　02-723-8668
팩스　｜　02-723-8630
홈페이지　｜　www.poempoem.com
전자우편　｜　poemsijak@hanmail.net

ⓒ서정기 외, 2008. printed in Seoul, Korea

ISBN 978-89-60210-057-8 04080
ISBN 978-89-60210-045-5 04080 (세트)

값 12,000원

• 잘못된 책은 바꾸어드립니다.
• 지은이와의 협의에 의해 인지는 생략합니다.

classical **II** odyssey

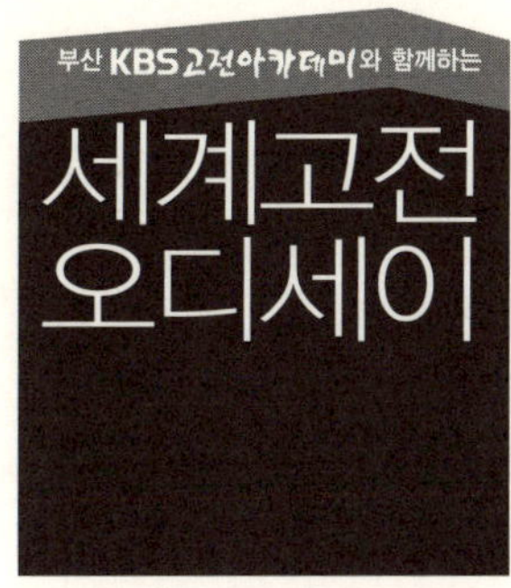

서정기 정재서 박문현 이성희 정출헌
주광순 이왕주 김종기 홍성민 김용규

천년의시작

마당은 언제나 열려 있었고 일상의 삶에서, 그리고 고단한 직장에서 잠시 벗어난 사람들이 그 마당에 모여들 때면 어김없이 신명나는 한판의 잔치가 열리곤 했습니다. 인문학의 향연, 〈KBS 고전 아카데미 시민강좌〉입니다. 벌써 다섯 번째인 5기의 잔치가 성황리에 끝났습니다. 시민강좌 내용을 2007년 처음 『세계고전 오디세이 I 』이라는 제목으로 출간할 때 우리들이 했던 약속대로 이제 두 번째 『세계고전 오디세이 II』를 출간하게 되어 감개가 무량합니다. 우리의 마당이 계속 열리는 한 『세계고전 오디세이』의 출간 또한 계속될 것입니다.

문학과 예술, 철학과 정치·사회학, 그리고 신화학에 이르기까지 인문학은 본질적으로 삶의 학문이며 살림의 사유입니다. 인문학이 인간의 사회와 삶을 고양시키고 풍요롭게 만들고자 하지 않는다면 도대체 무슨 유희이겠습니까? 삶의 한가운데에서 우리의 인문학은 삶이라는 시공간의 주인인 시민들과 만나야 합니다. 그리고 함께 삶을 고뇌해야 합니다. 그리하여 인문학은 다시 고뇌의 학문이 됩니다.

가슴으로 고뇌하지 않는 사유는 죽은 사유입니다. 한자의 생각 '사(思)' 자는 본래 뇌를 뜻하는 정수리 '신(囟)' 자와 심장을 의미하는 마음 '심(心)' 자가 결합된 말입니다. 뇌의 차가운 연상과 추론의 작용만으로 인문학은 성립되지 않습니다. 뜨거운 심장과 가슴이 없으면 인문학은 창백한 관념의 연산과정에 불과합니다. 심장과 가슴은 타자들과 함께 하는 가운데에서 비로소 데워집니다. 우리들의 고전 아카데미 마당은 늘 그런 자리였습니다.

　　인문학의 보고는 그 무엇보다도 고전입니다. 고전은 그 자체가 하나의 마당입니다. 위대한 고전이란 오랜 시대를 견디어 오면서 각 시대마다 새롭게 펼쳐지는 경이롭고 기이한 마당입니다. 〈KBS 고전 아카데미〉는 이러한 고전의 마당을 통하여 우리 시대의 삶과 고뇌를 함께하고자 하는 사유의 마당입니다. 고전에로의 긴 여행을 통해서 다시 지금 여기 우리의 자리로 돌아오는 여정입니다. 이러한 여정 속에서 새로운 상상력이 만들어집니다. 새로운 문명의 비전이 형성되는 것입니다. 그 여정을 묶은 이 작은 책이 살림의 상상력, 생명의 상상력이 솟아오르는 마당이 되기를 우리는 소망합니다.

　　사유의 마당에서 신명나는 고전의 소리들을 들려주시고, 이 책을 위해 원고 게재를 흔쾌히 승낙해 주신 교수님들께 감사드립니다. 그리고 무엇보다 이 모든 것을 가능하게 해 준 열정적인 부산시민들에게 진심으로 감사드립니다.

〈KBS 고전 아카데미 시민강좌〉 기획위원

김용규ㅣ김재경ㅣ김종기ㅣ박동수ㅣ이경균ㅣ이성희ㅣ조현천

신화와 상상력

양성동체 신화 중심으로 읽기
: 이윤기 『그리스 로마 신화』

동아시아 상상력의 원천
: 『산해경(山海經)』

1

양성동체 신화 중심으로 읽기
: 이윤기 『그리스 로마 신화』

서정기 | 한국방송통신대학교

 **1. 신화의 정의와 기능**

학자에 따라 견해가 다르기는 하지만 그리스 신화는 구석기와 신석기 시대(기원전 4500년 경)부터 서서히 형성되어 미케네 문명시대(기원전 16~12세기)부터 본격적으로 입으로 전승되어 온 것으로 알려져 있다. 신화(myth)의 어원은 뮈토스(mythos)다. 기원전 5세기경에 처음 쓰인 것으로 알려진 뮈토스는 본래 모든 종류의 이야기를 가리키는 말이었다.

그러나 차츰 이야기의 진실성 여부를 거론하면서부터 신화는 '거짓', '인위', '속임'의 성격을 갖는 이야기만을 가리키게 되었다. 서정시인 핀다로스는, 시인들에 의해 아름다운 거짓으로 치장된 신화가 대중들에게는 진실보다 더 압도적인 힘을 지니고 있다고 힐난한다. 그리고 역사가 헤로도토스는 뮈토스를 '믿기지 않는 모험', '검증할 수 없는 설명'이라며 폄하한다.

고대 그리스에서 신화를 가장 잘 규정한 사람들은 플라톤을 중심으로 한 철학자들인데, 이들은 로고스(logos)와 대비하여 설명한다. 즉 로고스는 좋은 씨앗으로서 철학자의 이야기며, 뮈토스는 나쁜 씨앗으로서 이야기를 지어내는 노파의 말이며 소피스트인 프로타고라스의 말이라는 것이다. 그들은 로고스는 모든 장점을 갖고 있지만, 뮈토스는 거짓이야기로 환상을 지향하기 때문에 온갖 결점을 다 가지고 있다고 주장한다.

로고스와 뮈토스는 인간의 언어활동과 사고활동의 두 축이다. 로고스는 참과 거짓을 판단하고 논리로써 상대방을 설득하려 하지만, 뮈토스는 그 자체가 목적이기 때문에 진위 여부는 중요하지 않다. 신화가 애초 신앙에 관한 이야기였던 것처럼 뮈토스는 믿음에 관한 문제라 할 수 있다. 뮈토스는 인간 정신의 모든 비합리적인 면을 껴안고 있기 때문에 예술과 문학의 소재로 살아남았다.

신화는 비합리적인 이야기이다. 그러나 비합리성이 오히려 문제를 해결하는 방책이 될 수도 있는데 플라톤이 『향연』이나 『국가』에서 추론이 막혔을 때 신화를 이용해 해결책을 찾았던 것이 그 예다. 사실 신화는 보여주는 것보다 더 많이 알려준다. 그 이유는 진실이 우의 형태로 감추어져 있기 때문이다. 그리고 또 신화의 의미가 먼 과거 속에 자리 잡은 역사적 사건들에서 추론되어 나오는 것이 아니라 우리 존재의 근본적인 근거와 욕구에서 튀어나오기 때문이다.

신화가 이야기라면 무엇에 대한 이야기이며 그 기능은 무엇인가?

신화가 무엇을 이야기하는가에 대해서는 학자들마다 의견이 분분하다. 예를 들면 제임스 프레이저는 신화를 '자연현상에 관한 설명'이라고 주장하고, 제인 해리슨 같은 이는 '의식(儀式)의 설명'으로 생각한다. 이렇게 분명히 획을 그어 정의를 내리면 오히려 부분적으로 이야기하는 것이 되어 쟁점이 많아질 수밖에 없다. 엘리아데에 의하면 신화는 세계와 동식물, 사물들, 사회제도들이 어떻게 존재하게 되었는가를 이야기하는 것인데, 이 정의에 따르면 창세신화나 기원신화는 신화로서 인정되지만 오이디푸스 이야기는 신화로 인정되지 못한다. 따라서 보다 넓게 정의를 내리는 것이 옳다. 레비—스트로스는 신화의 자명성을 주장하면서 '신화는 모두가 인정하며 신화로 받아들이는 것'이라고 동의어반복법으로 이야기한 적도 있다. 우리는 고대의 신들과, 신과 인간 사이에서 태어난 반신들과 영웅들의 믿기 어려운 이야기 정도로 정의하는 것이 타당할 것이다. 그런데 이야기의 주인공뿐만 아니라 이야기의 시간과 공간이라는 조건도 신화의 중요한 요건이다. 이야기가 전개되는 무대는 지리적으로 확인할 수 있는 장소이어야 하지만, 이야기 속의 시간은 인간들의 통상적인 시간, 다시 말하면 역사적 시간이 아니어야 하는 것이다. 그래서 그리스 로마 신화, 한국 신화라는 말은 가능하지만 중세 신화, 현대 신화라는 말은 가능하지가 않다.

엘리아데에 의하면 신화의 주된 기능은 인간의 의미 있는 모든 의식과 행동들의 전범을 보여주는 것이다. 따라서 신화는 반복되어 나타날 수밖에 없다. 그리고 레비—스트로스에 의하면 신화는 상이한 계(界)들(식물, 동물, 광물) 사이에 의사소통이 가능했던 시대에 일어났던 이야기를 다루고 있다. 또 신화는 있는 그대로의 모든 현실을 설명하고, 현실의 모순을 해결하기 위한 논리적 모델을 제시한다. 여기서 논리적 모델이란 특히 실증적 과학이 대답할 수 없는 중요한 질문들에 적용된다. 그 중요한 질문들이 인간의 기원, 죽음과 삶, 사후의 삶 등 종교적인 문제들임은 말할 필요 없이 명백하다. 다시 말하면 신화의 주요기능은 추론적인 이성으로서는 극복할 수 없는 포괄적인 진실에 통합시키는 기능이다.

2. 그리스 신화? 그리스 로마 신화?

그리스 신화인가? 아니면 그리스 · 로마 신화인가?

제우스인가? 아니면 유피테르(쥬피터)인가? 아프로디테인가? 아니면 베누스(비너스)인가?

우리는 이러한 용어들을 혼용해 쓰고 있으며, 때에 따라서는 혼란에 빠지기도 한다. 그런데 일반적으로 전해지는 그리스 · 로마 신화는 엄밀한 의미에서 보면 '그리스 신화' 다.

그리스 신화의 시원은 일반적으로 호메로스의 서사시가 쓰인 기원전 9세기로 알려져 있다. 물론 문헌이나 형상으로 기록되기 전, 입으로 구전되어 온 것까지 계산한다면 앞서 말한 바와 같이 구석기와 신석기 시대까지 거슬러 올라 갈 수도 있을 것이다. 그리스 문화는 기원전 9세기부터 그리스인들이 그리스 본토에서 동쪽으로 이주해 소아시아의 에게 해 연안 이오니아에 정착함으로써 전파되기 시작하였다. 그리고 호메로스와 탈레스, 헤라클레이토스 등은 이곳에서 태어나 그리스 문화를 빛낸 이들이었다. 한편 그리스인들은 서쪽으로도 진출하여 이탈리아 남부로 이주하여 그리스 문화를 전파했는데, 피타고라스와 엠페도클레스, 고르기아스 등이 그 주된 인물들이었다. 기원 전 5세기부터 공화정을 통해 통치하던 로마인들은 이탈리아 남부 그리스 도시들의 빛나는 문화와 접촉하게 되면서 그리스 문화를 동경하게 된다. 기원 전 279년경 로마인들은 이탈리아 전역을 통치하게 되었고 그리스 문화에 동화되어 간다. 그리고 마침내 기원 전 2세기 중반경부터 그리스가 로마 제국의 통치를 받게 되면서 그리스 역사는 로마 역사의 일부가 된다.

로마인들은 그리스 신화와 종교를 자기 것으로 만들기 시작했는데, 특히 그 앞장에 선 이들이 베르길리우스와 호라티우스, 오비디우스 그리고 세네

카 등이었다. 이들은 그리스 신화를 로마 시대의 문화에 맞게 변용하였다. 다시 말하면 번역 작업과 신들의 동화작용을 거친 것인데, 한 예로 유피테르와 베누스는 제우스와 아프로디테의 로마식 명칭에 지나지 않는 것이다. 따라서 그리스 신화의 주요 주인공들은 거의 로마식 명칭으로 불릴 수 있는 것이다. 로마인들은 그리스를 무력으로 정복했지만 문화적으로는 그리스인들에게 정복당했다고 할 수 있다. 명칭에 관하여 몇 가지 예를 들어 보면 다음과 같다.

그리스식 명칭	로마식 명칭
제우스	유피테르
헤라	유노
헤스티아	베스타
헤스파이토스	불카누스
하데스	플루토
헤르메스	메르쿠리우스
아레스	마르스
아르테미스	디아나
에로스	큐피드
아테나	미네르바
아프로디테	베누스
데메테르	케레스
디오니소스	바쿠스

아폴론의 경우는 로마에는 대신할 만한 존재가 없는 순수한 그리스 문화의 수입물이다. 신들의 동화과정을 통해 명백한 오류도 생겨났는데, 잔인한 그리스의 크로노스가 평화를 사랑하는 로마의 사투르누스와 동일시 된 것이 그 예다. 사실 사투르누스는 고대 이탈리아인들이 섬기던 고유한 신이었다.

이탈리아인들만의 고유한 신들로는 키리누스, 벨로나, 테름미누스, 야누스 등이 있다.

키리누스는 전쟁신이다. 키리누스는 바로 로마의 시조 로물루스인데 이 로물루스가 후에 신의 반열에 든 것이다. 벨로나는 전쟁의 여신이며, 테르미누스는 토지 경계를 주관하는 신이다. 그리고 야누스는 하늘의 문지기다. 한 해를 여는 신이 바로 야누스였기 때문에 한 해의 첫 달이 그의 이름을 따라 지어졌다.

결국 로마 신화는 그리스 신화를 다소 변형, 확장시킨 것이라고 말할 수 있다. 그래서 로마 작가들이 신화를 소재로 쓴 문학 작품들은 그리스 신화의 연장선에서 이설로 자연스럽게 자리 잡게 된 것이다. 예를 들면 세네카의 『오이디푸스』는 소포클레스의 『오이디푸스 왕』과 함께 오이디푸스 신화의 이설로 자리 잡으면서 오이디푸스 신화학의 한 자리를 차지한 것이다.

3. 이윤기의 『그리스 로마 신화』

그리스 로마 신화는 그리스나 로마의 많은 신들과 영웅들의 이야기를 총칭하는 표현인 동시에 이러한 이야기들이 오랜 세월 동안 첨삭된 각종 에피소드나 이설들이 얽히고설킨 일종의 거대한 유기체라고 할 수 있다. 이설의 존재가 오히려 신화의 조건이며, 동일한 이야기가 여유 있게 변형될 수 있는 유연성이 신화를 더욱 풍요롭게 해준다고 할 수 있다. 사실 이설이나 유연성은 앞에서 언급한 대로 뮈토스의 고유한 속성이기도 하다.

이윤기의 『그리스 로마 신화』는 오역이 있다든가 자의적인 해석이 많다는 비난을 받기도 한다. 그러나 이 책의 미덕은 신화를 평면적으로 나열해 놓은 토마스 벌핀치의 『그리스와 로마의 신화』와 달리 신화를 하나의 상징 체계로 간주하면서 보편적이기도 하지만 때로는 개인적이기도 한 해석을 시도하고 있다는 점이다. 개인적인 해석을 통해 독자로 하여금 독자 자신만의 해석을 유도하고 있다는 점에서 이 책은 독자에게 독서의 자유를 주고 있는 것이다.

또한 이윤기는 『그리스 로마 신화』 제2권에서 사랑에 관한 이야기를 하고 있다. 그런데 그는 제우스와 헤라 남매—부부 이야기를 하면서 일본의 이자나기와 이자나미 남매, 중국의 복희와 여와 남매, 한국의 오누이 전설을 끌어들여 신화가 지니고 있는 인류적 보편성을 밝혀내고 있다. 이윤기의 말을 인용해 보자(: 이윤기 『그리스 로마 신화』 7~8쪽).

〔…〕

그러나 내 생각은 다르다. 내가 그리스와 로마 신화에 대한 관심의 끈을 놓지 않는 것은 그것이 '우리'와 무관한 것이 아니라는 생각 때문이다. 내가 말하는 '우리'는 조선 민족으로서의 '우리'라기 보다는 인류의 한 갈래로서의 '우리', 보편적인 사람으로서의 '우리'에 가깝다. 내가 그리스 로마 신화에 관심을 기울이는 것은 조선 민족으로서의 '우리'라기 보다는 인류의 한 갈래로서의 '우리'에 관심이 있기 때문이다. 민족에 관한 한 우리는 그리스인과 다르고 아프리카인이나 인도인들과도 당연히 다르다. 하지만 인류의 한 갈래로서의 '우리'라고 할 때 그 '우리'는 몇 가지 기본적인 경험을 공유한다. 〔…〕 이 공통된 경험의 굽이굽이에 잠복해 있는 많은 사건, 인류학자들이 '통과의례(rite of passage)'라고 부르는 일련의 사건들, 이런 사건들을 어떤 일에 견주어 가면서 설명하는 이야기, 나는 이것이 바로 신화 중에서도 각별한 이름으로 불리는 '원형신화'라고 생각한다.

신화의 인류적 보편성을 설명해주는 좋은 예는 미다스 왕과 신라 경문왕의 '임금님 귀는 당나귀 귀' 이야기다. 이 시대에 어떤 문화적 교류가 가능했을까? 둘 다 주인공이 왕이고, 왕의 귀가 당나귀 귀처럼 길어지고, 구덩

이에 비밀을 말하고, 그 자리에서 솟아난 대나무가 비밀을 드러내는 등 똑같은 일들이 시간과 공간을 초월하여 벌어지고 있는 사실을 어떻게 설명할 것인가? 아폴론이 미다스 왕을 조롱하기 위해 그의 귀를 당나귀 귀로 만들었고 경문왕의 개혁에 반대한 신라의 진골들이 그를 조롱하기 위해 이런 설화를 후에 만들어냈다고 추측한다면, '당나귀 귀' 란 인간이 지니고 있는 보편적 성향 중의 하나인 모욕에 대한 상징이 될 것이다. 그리고 또 이 이야기는 비밀을 속에 담아둘 수 없는 인간의 원형적 심성을 보여준다. 이렇게 볼 때 이윤기의 『그리스 로마 신화』는 신화를 평면적으로 편역한 것이 아니라 신화에 내재된 인간의 보편적이고 원형적 심성과 성향을 보여주는 책이라고 할 수 있다.

4. 사랑의 근거 : 양성동체 신화

이윤기의 『그리스 로마 신화』 제2권의 부제 '사랑의 테마로 읽는 신화의 12가지 열쇠' 에서 알 수 있듯이 2권의 주제는 사랑이다. 이루어져서는 안 되는 사랑 이야기도 있고, 해서는 안 될 사랑 이야기도 있다. 제우스와 헤라는 남매이면서 부부이고, 오이디푸스는 어머니와 결혼한다. 문명화된 사회의 잣대로 본다면 그리스 신화는 대단히 비도덕적이고 비윤리적이다.

그런데 그리스 신화에 등장하는 신들은 기독교와 같은 일신교의 신들과는 달리 인간의 본성을 그대로 담고 있다. 전지전능하지도 않는 그들은 인간적인 욕망에 시달린다. 그리스인들이 신을 이런 모습으로 형상화시킨 것은 신의 이름으로 인간을 경배하였기 때문이다. 프로타고라스의 말처럼 그들은 인간을 만물의 척도로 생각한 것이다. 그리스 신화가 이집트 신화나 메소포타미아 신화와는 달리 헬레니즘 시대와 로마시대, 그리고 르네상스 이후 문학이나 예술작품을 통해 확대 재생산되면서 서구 문화의 원동력이 된 것은 인간의 보편적인 성향과 원시적인 심성을 잘 드러내고 있기 때문이다. 신화가 인간의 보편적 성향과 원시적인 심성을 드러내고 있다는 점에서 신화를 원형과 상징으로 이루어진 역동적인 담론이라고 말해도 무리는 없을 것이다.

그렇다면 이 다양한 형태의 사랑은 인간의 어떤 본능적인 심성에서 유래하는 것인지를 밝혀 볼 필요가 있을 것이다. 이윤기는 이러한 잡다한 사랑 이야기를 헤르마프로디토스와 안드로귀노스 신화로 풀어내고 있다.

4-1. 신화적 양성동체

4-1-1. 헤르마프로디토스

헤르마프로디토스는 헤르메스와 아프로디테의 합성어로서 헤르메스와 아프로디테 사이에서 나온 아들의 이름이다. 전승에 따라서는 헤르마프로디토스는 아프로디테의 남성적 측면으로 나타난다. 아프로디테는 소아시아 출신으로 미케네 문명 시대에 키프로스 섬을 거쳐 그리스에 오게 되었는데, 처음에는 다른 여신―어머니들처럼 음경을 내부에 지니고 있었다고 한다. 그리스에서 그녀의 남성적 측면이 떨어져 나와 여인의 가슴과 수염이 있는 신 아프로디토스가 되었는데, 후의 신화에서는 헤르메스와의 사이에서 태어난 아들로 변하여 헤르마프로디토스라는 이름을 얻게 된다.

헤르마프로디토스는 열다섯 살 때 해괴한 경험을 하게 되는데, 오비디우스가 쓴 『변신 이야기』에서 그 대목을 인용하면 다음과 같다(이윤기, 『신화를 이해하는 12가지 열쇠』107~115쪽).

열다섯 살이 되던 해, 헤르마프로디토스는
자기를 키워 준 정든 이다 산을 떠나
세상 구경, 낯선 구경하러 나그네 길에 올랐다.

〔…〕

호수에는 요정이 살고 있었다.

이름은 살마키스.

사냥할 줄도 모르고, 활도 쏠 줄 모르고

달음박질에도 재주가 없는 요정 살마키스

〔…〕

꽃을 꺽다가 살마키스는 헤르마프로디토스를 보았다.

소년을 보는 순간 살마키스는 견디기 어려운 욕정을 느꼈다.

껴안고 싶다는 욕망 같은 것.

〔…〕

바깥에 나와 있던 소년은 곧 다시 물로 들어갔다.

소년을 바라보면서 요정은 중얼거린다.

"이제 됐다. 그대는 이제 나의 것이다."

요정은 옷을 벗고 소년을 따라 호수 한가운데로 뛰어 들어갔다.

〔…〕

소년은 한사코 달아나려 했다.

그러나 소년이 요정의 집요한 공격을 어찌 피할 수 있으랴.

이 둘은 결국 한 덩어리가 되고 말았다.

〔…〕

소년은 힘을 다해 저항하면서,

요정이 그렇게 집요하게 요구하는 사랑의 쾌락을 거절했다.

요정은 온몸으로 부딪혀 오면서, 달라붙으면서 이렇게 외쳤다

"몸부림칠 테면 쳐 봐요.

내게서 빠져 나갈 수는 없을 걸,

오, 신들이시여, 이대로 있게 하소서.

이 소년이 영원히 저에게서,

제가 이 소년에게서 떨어지지 않게 하소서."

신들이 요정의 기도를 들었던 모양.

잠시 붙어 있던 이들의 육체를 하나 되게 하셨으니

그래, 신들이 이 두 개의 육체를 하나로 만들었다.

〔…〕

이들의 몸은 곧

붙은 자국도 보이지 않는, 진짜 하나가 되었다.

남성이 아니라 할 수도 없고 여성이 아니라고 할 수도 없는,

그러니까 남성과 여성을 두루 갖춘 하나의 육체가 되었다.

헤르마프로디토스는 수면에 비친 자신의 모습을 보았다.

그리고는 물에 들어올 때는 남성이었던 자신의 육체가

반 남성, 반 여성의 육체로 변해 있는 걸 알았다.

헤르마프로디토스는 팔을 벌리고 기도했다.

"아버지시여, 어머니시여.

두 분의 이름을 받은 이 아들의 간절한 기도가 이루어지게 하소서.

이 호수에 뛰어드는 자는 남녀추니로 나오게 하시고,

이 호수의 물에 닿는 자는 그 힘과 살을 잃게 하소서"

헤르마프로디토스의 부모는 이 기도를 듣고,

남녀추니가 된 아들의 소원을 이루어 주더라.

요정 살마키스는 헤르마프로디토스를 만나기 전에도 제도를 위반한다. 그녀는 동료들이 행하는 사냥도 하지 않고 게으름에 대한 권리를 주장한다. 이러한 제도의 위반은 성의 재통합이라는 신화적 이야기를 준비하기 위한 단계이다. 분명히 더 나이가 많고 더 경험이 많았을 그녀는 열다섯 살 소년을 꼬드긴다. 이 이야기에서 우리는 살마키스가 행하는 세 가지 주도권을 쥐고 있음을 본다. 말, 에로틱한 행동 그리고 성의 결합을 영구화하는

기도 등이 그것이다. 그녀 앞에서 헤르마프로디토스는 일반적으로 여성에게 부여되는 수동적 태도를 취한다. 그는 포옹을 거부하다가 물 속에 뛰어듦으로써 달콤한 유혹에 간접적으로 넘어간다.

이 신화는 양면적인 해석을 가능케 한다. 최종적인 결합이 헤르마프로디토스와 살마키스에 의해 서로 다르게 받아들여지기 때문이다. 헤르마프로디토스에게 변신은 성의 박탈로 경험된다. 그는 반 남성이 된 것으로 느낀다. 그는 부모에게 기도하며 물에 뛰어들어 자신의 불명예를 물에 뛰어드는 모든 사람들과 공유함으로써 수치심에서 벗어난다. 그러나 남자가 좌절했다면 여자는 충족감을 느낀다. 살마키스는 자연에 대한 승리를 거둠으로써 생기를 배가시킨다.

여기에서 우리가 주목하는 것은 남성성을 반이나 박탈당했다고 느끼는 헤르마프로디토스의 입장이 고려되지 않고, 대립되는 두 성 간의 합일이라는 도식만이 후세에 살아남아 있다는 것이다. 인간은 살면서 대립적인 쌍들을 쉽사리 경험한다. 세상 속에서, 역사적인 시간 속에서 살아간다는 것은 대립되는 쌍을 경험하는 것에 다름 아니다. 이 헤르마프로디토스 신화는 르네상스 시대에 플라톤의 『향연』에 의해 다시 알려지기 시작한다.

4-1-2. 안드로귀노스

서양 문화의 양대 산맥은 헬레니즘과 헤브라이즘, 즉 기독교 사상과 그리스 로마 문명인데 문학적인 측면에서 말한다면 성서와 신화라고 할 수 있다. 기독교가 지배하던 중세 천년 동안 그리스 로마 신화는 이교문화로 치부되면서 암흑기를 맞게 된다. 이 시기에 서양 문화의 주도권은 헬레니즘에서 헤브라이즘으로 완전히 넘어갔기 때문이다.

14세기 이탈리아의 학자들과 예술가들은 고대 그리스 로마 문화에 대한 모방을 통하여 자신들의 문화를 일구어내려 하였다. 르네상스 운동, 즉 고대문화 모방운동은 이후 프랑스와 독일, 영국 등으로 확산된다. 그리스어를 습득한 르네상스기 학자들은 중세에는 번역할 수 없었던 원전들을 번역하고 해석하는 작업들을 통해 그리스 신들의 제 모습을 되찾아 준다. 이들은 '신께 기도하고 영혼을 구하라' 는 중세 기독교의 구호를 거부하고, 유일신 대신 인간에 대해 관심을 쏟는다. 신학 보다 고대 그리스 로마의 문학과 예술에 열중했던 이들을 프랑스에서는 위마니스트, 영국에서는 휴머니스트라 부른다. 그리스 로마의 문학과 예술이 이교문화이기는 하지만 각각의 신들이 표현하는 것이 너무도 인간적인 사안들이라 유일신 문화에 익숙해 있던 지식인들은 인간 이해의 관점에서 그것을 수용할 수밖에 없었을 것이다.

르네상스기에 이탈리아와 그 밖의 유럽 지역에서 가장 중요한 지적 영향력을 행사한 이는 피렌체의 신플라톤주의자인 마르실리오 피치노였다. 그는 플라톤 아카데미를 세워 플라톤의 작품들을 라틴어로 번역하거나 해설하였다. 안드로귀노스 신화는 이렇게 해서 서구 사회의 정신세계에서 다시 태어난다.

플라톤의 『향연』에서 아리스토파네스는 인간의 본성과 그 조건을 다루는 신화에 의해 자신의 에로스관을 펼쳐 보인다. 다음의 글은 이윤기의 글을 간단히 정리한 것이다.

인간은 남성과 여성만 있었던 것이 아니라 양성을 함께 갖춘 남녀추니 세 부류가 있었다. 당시에는 이것이 하나의 부류로서 모습에서나 이름에서나 양성으로 이루어져 있으며 남성과 여성을 함께 갖추고 있었다. 각 사람의 모습은 전체적으로 둥근 구형이었다. 원형을 이루는 등과 옆구리들, 네 개의 손과 네 개의 발, 원통형 목에 완전히 닮은 두 개의 얼굴이 반대로 놓여 있었다. 이들의 모습과 걸음걸이가 구형이었던 것은 부모들을 닮았기 때문이다. 남성은 태양의 자식이고 여성은 지구의 자식이며 남녀추니는 달의 자식이다. 달은 두

행성 모두에 관여한다.

이들은 대단한 힘과 능력, 방자함을 지녔기에 신들에게 대들었다. 그러나 신들은 인간들의 제사와 제물을 받았기 때문에 멸망시킬 수는 없었다. 제우스는 생각을 짜내어 인간들을 살아 있게 하면서도 방종을 멈추게 할 방도를 마련했는데, 그것은 인간을 반쪽으로 갈라서 힘을 약화시키는 동시에 숫자를 증대시켜 신들에게 더 쓸모 있게 하는 것이었다. 그래서 제우스는 인간을 반으로 잘라 아폴론(의술의 신)에게 주어 얼굴 반쪽과 목을 잘린 쪽으로 돌려놓게 하고 몸의 잘린 곳을 치료해 주도록 했다.

반으로 잘린 인간은 제각기 자신의 다른 반쪽을 그리워하며 만나서 한 몸이 되기를 갈망하다가 삶의 의욕을 잃고 굶어 죽거나 나태해져서 죽어갔다. 두 번째 분리를 겪은 이들은(외다리) 동성의 반쪽을 찾아 나섰다.

이 신화는 인간의 성적 욕망의 근원을 설명하고 있다. 사랑이란 자신의 잃어버린 반쪽과 하나가 되어 완전해지려는 욕망이라는 것이다. 그리고 잃어버린 반쪽과 하나가 되려는 욕망으로서의 사랑이 함축하는 바는 사랑은 개별자로 향한다는 것이다. 만약에 에로스가 하나가 되려는 욕망이라면 이 욕망을 충족시켜 줄 다른 반쪽은 하나만 존재하게 되니까 사랑은 다른 사람의 고유한 개별성에 대한 반응인 것이다.

유일함과 하나가 되려는 욕망은 사랑하는 자들이 서로 같이 살기를 열망한다는 사실을 설명해 준다. 하나가 되려는 욕망은 사랑하는 자와 함께 있다는 사실이 주는 본질적인 즐거움과 직접 연결된다. 사랑받는 자의 유일함과 사랑받는 자와 함께 있음의 즐거움은 에로스가 성행위 이상의 것을 포함한다는 것을 뜻한다.

사랑은 잃어버린 자신의 본성을 되찾아 완전해지려는 갈망에서 나오는 것이다. 이처럼 사랑의 본질은 인간의 본성 속에 자리 잡고 있었던 것으로 옛 본성을 결합시켜 둘을 하나로 만듦으로써 인간 본성을 치료하고자 하는 것이다. 그렇다면 사랑의 목표는 수태와 분만을 통해 불멸성을 확보하는 일일 것이다.

대립되는 것들을 넘어서려는 인간의 노력은 직접적이고 개별적인 상황을 벗어나 초주관적인 관점으로, 다시 말하면 형이상학적인 인식, 또는 신화적인 인식에 도달하도록 이끌어 준다.

앞서 살펴 본 헤르마프로디토스 신화와 안드로귀노스 신화의 방향은 다르다. 안드로귀노스가 성의 분리 이전의, 최초의 양성동체라면 헤르마프로디토스의 경우는 최종적인 결합에 의한 궁극적 양성동체이다.

인간의 양성성에 관한 이러한 신화는 인간행위의 모범적인 전형을 드러낸다. 그래서 양성성은 제의를 통해 상징적으로 재현되는데, 이 제의적인 양성화의 목적은 여러 가지이며 형태도 매우 복잡하다.

남장이나 여장을 시키는 것은 고대 그리스에서는 흔한 풍속이었다. 플루타르코스에 의하면 스파르타에서는 새 신부의 치장을 맡은 이가 신부의 머리를 짧게 깎은 뒤에 남자의 옷과 신발을 걸치고 캄캄한 방에 있는 침대에 홀로 있게 한다. 그러면 신랑이 은밀하게 찾아온다. 그리고 헤르마프로디토스가 변신했던 장소인 카리아로 식민자들이 떠났던 아르고스에서는 신부가 첫날밤에 가짜 수염을 붙인다. 또 키프로스에서는 아프로디토스라는 이름의 수염 난 아프로디테를 숭배하는 의식이 있었다.

이러한 의식들은 결국 자신의 밖으로 나와서 역사적으로 한정된 특정한 상황을 초월해 초인간적이며 초역사적인 근원적 상황을 되찾으려는 것인데, 그 이유는 이것이 원초적인 상황이라고 믿었기 때문이다. 이것은 역사적이고 세속적인 상황에서는 불가능한 상황이지만 순간적이나마 원초적인 충일함을 회복시켜 보는 것이다. 엘리아데에 의하면 오스트레일리아에서는 성인식을 치르기 전에 입문적 하단 절개, 즉 여성의 성기를 만들어 준다. 그 의미는 두 성기의 공존, 즉 양성성을 체험하기 전까지는 성적으로 성숙한 남자가 될 수 없다는 것이다. 다시 말하자면 인간은 총체적인 존재 방식을 체험하기 전에는 특수하고 명확한 존재 방식에 도달할 수 없다는 것이다.

이렇게 볼 때 제우스와 헤라가 남매이면서 부부인 것은 자기 고유의 존재와의 합일을 의미하는 것이라 생각할 수도 있다. 원초적 신들은 거의 언제나 근친상간을 통해 생산한다. 근친상간은 자가수태라는 원초적 관념 뒤에 직접 이어지는 단계, 같은 것과 같은 것끼리의 융합의 단계일 뿐이기 때문이다.

5. 양성동체 신화의 재탄생

우리가 앞에서 엘리아데의 말을 인용했듯이 신화의 주된 기능이 인간의 의미 있는 모든 의식과 행동들의 전범을 보여주는 것이라면 인간의 심성이 전적으로 변하지 않는 한 반복되어 나타날 수밖에 없을 것이다. 물론 신화의 재탄생은 그 신화가 지니고 있는 의미가 특정한 시대의 문맥이나 문법과 일치할 때이다.

5-1. 연금술과 양성동체

연금술의 역사는 상당히 모호하지만 일반적으로는 헬레니즘 시대의 알렉산드리아에서 시작되어 중세시대(기독교시대)에 유럽에 전파되었다. 연금술은 16세기 스위스인 파라셀수스에 의해 전성기를 맞는데 흥미로운 사실은 그것이 뉴턴(1642~1727)의 최대 관심거리이기도 했다는 것이다.

연금술사들은 스스로 철학자라 칭하였다. 존재하는 모든 것의 성질과 기원, 존재 이유를 설명할 수 있고 우주 전체의 기원과 운명을 알고 있다고 자부했기 때문이다. 그래서 연금술은 모든 학문의 어머니로 칭해졌고, 신화적으로는 헤르메스에 의해 밝혀졌던 학문이었기 때문에 헤르메스의 철학이라 불리기도 했다. 연금술사들은 금속들이 살아 있으며 건강한 상태에서는 완전한 금속인 금의 형태로 존재한다고 믿는다.

5-1-1. 연금술의 원리

연금술에 의하면 물질은 하나이다. 그러나 그것은 다양한 형태를 띨 수 있다. 이 물질들은 다양한 형태로 존재하며 서로 결합하여 무한한 수의 다른 물질들을 만들어낸다.

이 원초적 질료에 연금술사들은 다양한 이름을 부여한다. 종자, 카오스, 우주적 본질, 절대 등. 원래 원초적 질료라는 용어는 플라톤이 『티마이오스』에서 모든 물질에 공통적이며 동시에 다양한 형태를 취할 수 있는 물질이라는 의미로 쓴 것인데 연금술사들이 이를 차용, 발전시킨 것이다. 따라서 여러 형태 속에 있는 물질은 공통적인 하나의 구성분자로 환원될 수 있다. 주목할 사실은 연금술에서는 물질의 형태를 바꾸는 것이지 새로 창조해내는 게 아니라는 것이다.

연금술사들은 세계의 물질을 유황과 수은이라는 두 개의 대립적인 원칙으로 구별하며, 여기에 소금이라는 매개체를 덧붙인다. 이 세 개의 원칙을 보급시킨 사람은 스위스 의사 파라셀수스이다. 유황과 수은, 소금이라는 명칭은 이 물질들의 화학적 원소를 가리키는 게 아니라 이 물질들의 어떤 특성들을 지칭하는 것이다. 즉 유황은 능동적인 특성(예를 들면 가연성, 금속을 공격하는 능력), 수은은 수동적인 특성(예를 들면 반짝임, 기화성, 용해성), 소금은 유황과 수은을 결합하는 수단이다(때로는 영혼을 육체에 연결시키는 영esprit이다). 그 대립적인 성질들을 좀더 세분하면 수은은 물질, 수동적 원칙, 여성성, 차가움 등을 의미하며 유황은 형태, 능동적 원칙, 남성성, 뜨거움을 의미한다.

연금술 작업은 소 작업, 즉 불완전한 금속을 은으로 변하게 할 수 있는 흰색의 돌을 만들어내는 작업과 대 작업, 즉 금으로의 변환을 가능케 하는 붉은 돌을 만들어내는 작업으로 분류된다.

이 작업은 4단계에 걸쳐 이루어지는데 1단계는 준비작업으로서 연금술사들은 스스로 기구들을 만들어 남의 시선을 벗어날 수 있는 은밀한 장소에 작업장을 만든다. 계절의 리듬을 존중하여 봄에 작업을 시작한다.

2단계는 물질을 준비하는 단계로서 작업의 진정한 열쇠인데 절대적인 순수상태에서 추출되었을 두 가지 대립적인 원칙을 결합함으로써 새로운 물질을 만드는 것이다. 엄격히 말하면 자연 속의 모든 것은 유일한 질료로 만들어졌으나, 대립적인 두 원칙으로 다양화되었으니 어떤 물질을 사용해도 좋다. 식물이건 동물, 광물도 상관없다. 그러나 대개 금과 은을 사용했는데 금은 유황의 원칙, 은은 수은의 원칙을 지니고 있기 때문이다. 소 작업에서는 금과 은을 만들어낼 수도 있다. 연금술사들은 유황과 수은의 섞음을 철학적 결혼이라 불렀는데 바로 이 명칭을 통해 연금술은 양성동체 신화와의 연결고리가 되는 것이다.

3단계는 철학의 알 속에서 질료를 굽는 작업인데 수정으로 된 둥근 용기에 넣고 "헤르메스의 봉인"으로 봉해진다. 이 철학의 알은 세계의 알로서 창조가 소형화된 모델이다. 화덕에 넣고 작업이 끝날 때까지 불이 꺼지지 않도록 하였으며, 철학적 결혼 후 질료는 처음에는 검은 색을 띠는데 이는 부패과정으로서 시체, 해골, 까마귀 등으로 표현된다. 다음에는 흰색을 띠는데, 이는 재생을 의미하며 백조로 상징된다. 이 단계에서는 은으로 변환 능력을 갖는다. 마지막 단계에서는 무지개 색깔을 거쳐 붉은 색으로 변하는데, 이는 불사조나 펠리칸 또는 왕관을 쓴 젊은 왕으로 상징된다.

4단계에서는 철학의 알을 깨뜨리면 붉은 물질이 나오는데 이를 철학의 돌이라 부른다. 이 돌을 녹인 금에 섞어 발효시키면 무한히 증가한다. 이 철학의 돌은 점점 더 붉어지고 투명, 액체화 되어 모든 딱딱하거나 부드러운 물질에 들어가 금으로 변하게 하며 액체상태의 철학의 돌은 불로장생의 약이 되며 인간이 섭취하면 모든 병을 치료할 수 있다고 한다.

연금술이 양성동체라는 주제와 관련하여 우리의 주목을 끄는 것은 이 과정이, 앞에서도 언급한 바와 같이 결혼이라는 행위로 표현되며, 연금술서에서 연금술의 과정을 두 남녀가 결혼하여 양성동체로 변하는 과정으로 비유하여 그림으로 나타내고 있다기 때문이다.

5-2. 낭만주의 문학에 있어서의 양성동체

낭만주의는 이전의 합리주의 철학이 철저히 무시했던 사랑과 성에 대해 심각하게 숙고하며 형이상학적인 측면에서도 상당한 중요성을 부여하는데, 이는 전기와 자기의 발견, 그리고 당시 유럽에서 연구되던 히브리의 신비주의 카발라의 영향을 받은 것이다. 전기와 자기의 양극성은 자연 전체에 내재하는 양극성의 한 가지이며 인간의 양극성과 일치하기 때문에 직접적인 암시가 되기도 했을 것이다. 독일의 낭만주의 철학자 카루스는 남성이 여성에 끌리는 것, 또는 여성이 남성에게 끌리는 것은 우주적인 자기 때문이라고 말한다.

5-2-1. 자연철학에서의 양성동체

18세기는 천둥이 전기방전 현상으로 설명되는 등 전기현상에 관한 초기의 연구들에서 많은 일들이 있었던 시기였다. 이 점은 생리학이나 해부학 같은 분야에서도 마찬가지여서 생체에 미치는 전기의 영향, 특히 전기충격이나 전기뱀장어의 충격과 같이 생체가 나타내는 전기현상에 많은 관심이 쏟아지고 있었다.

1791년 볼로냐 대학의 해부학 교수였던 갈바니(Luigi A. Galvani, 1737~1798)는 실험실에서 개구리의 다리를 절개하다가, 개구리 다리의 근육신경조직을 두 가지 다른 금속 조각들에 접촉시켜 놓으면 개구리의 다리에 경련이 일어난다는 사실을 발견했다. 이 발견은 당시에 전기현상에 관심 있던 많은 사람들에게 전류현상에 대한 착상을 하게 하여 전기에 관한 연구의 방향을 크게 돌리는데 중요한 계기가 되었다. 그러나 이때 작용하는 전기는 공중전기와는 관계가 없다. 전기가 뇌(腦)에서 발생하여 동물의 근육에 흘러들어간다고 생각하여 동물전기의 존재를 주장하였다. 또 메스머는 1755년 『동물자기』를 발표하여 동물자기로 병을 치료할 수 있다고 믿고 최면술을 시행하게 된다.

갈바니의 전기에 대한 작업과 메스머의 자기실험은 대단한 반향을 불러일으켰다. 의사들 사이에서는 자기치료가 유행했고 대학의 철학자들은 멋진 가설과 토론의 장을 갖게 된다.

더구나 하나의 동일한 힘이 물질과 정신을 지배하는 것처럼 보였는데 이 사실은 우주 전체를 단 하나의, 동일한 과정에 의해 설명하려는 이들에게 희망을 주었다. 이러한 물리학적 발견에 열광한 의사들은 새로운 치료방법, 즉 공감적(sympathique) 방법을 구상한다. 유기체의 구조와 우주(코스모스)의 구조 간에 무한한 아날로지를 설립한 것이다. 이들은 이러한 아날로지를 근거로 다양한 약의 처방을 내릴 수 있다고 주장하기도 한다.

한편으로 르네상스 시대의 연금술을 이겨낸 화학은 기계적인 원자론에 대한 해석을 제공한다. 그러나 근본적 단일성을 믿는 사람들은 그 사실을 가장 강력한 무기로 전환시켜 버린다. 즉 프리스틀리가 발견한 산소 작용은 하나의 살아 있는 동일한 요소가 유기체와 무기체에 동시에 작용한다는 사실을 확인해 주는 것으로 해석한 것이다. 산소는 떨어져 있는 두 세계의 연결 끈인 것이다.

이들은 자연과학적 발견을 심리학적 사실로 바꾸어 버린다. 다시 말하면 자연에서의 진실은 인간에게도 그러해야 한다고 생각한 것이다. 즉 자연과 인간 사이에는 유사점이 있는 게 아니라 본질적인 동일성이 있다는 것이다.

단일성에 대한 지각은, 자연철학자들과 동시대에 살았거나 그 후예였던 낭만주의자들이 외부세계에 적용하는 하나의 전제이지만 그 근원은 전적으로 내적인, 더 정확히 말하면 종교적인 경험에 있다. 이 출발점은 어느 시대나 어느 학파에서나 신비주의자들의 출발점이다. 그들에게 있어서 원초적인 전제는 신적인 단일성이며, 이 단일성으로부터 그들은 쫓겨나 있고, 신비적 합일이라는 방법에 의해 그 단일성으로 돌아가기를 갈망한다. 자연철학자들과 신비주의자들의 제자들인 낭만주의 사상가들은 우주적 변전과정을, 잃어버린 단일성으로의 회귀방법으로 설명하기에 이른다. 그들은 그래서 추락이라는 개념으로부터 나온 신화들에 의지하게 된다.

이들에 의하면 우주적 변전과정은 원초적 단일성과 회복된 단일성 간의 중간적인 상태다. 낭만주의자들은 언어들이 분화되어 나온 단 하나의 언어, 단 하나의 종교, 단 하나의 세계가 있음을 끊임없이 환기시킨다. 동물과 자연 전체의 역사뿐만 아니라, 인류의 역사, 개인의 역사는 다음과 같은 신화로 설명될 수 있다. 즉 각 사물에는 잃어버렸지만 비밀스러운 미래의 단일성의 씨가 살아 있다. 단일성만이 실재이기 때문에 재통합으로 향한 삶의 발걸음은 불가피한 것이다.

5-3. 성서의 양성동체

유럽에서 히브리 연구는 르네상스 시대에 시작되어 종교개혁 시기에 절정에 이르렀다. 종교개혁이라는 문맥에서 성서 원전으로 되돌아가기 위한 것이었다. 카발라에 관한 책들이 16세기 초 소개되었는데 카발라의 해석은

신에 관한 학문, 스콜라 철학의 방법을 거부하는 세계의 학문으로서 비공
식적인 기독교 사상에 합류된다. 연금술사 파라셀수스가 연금술의 원리를
쇄신한 것도 이러한 히브리의 근거들의 덕분이다.

성의 분리에 관한 성서적 이야기는 유태 주석가들의 관심을 이끌어내고
카발라에 관한 비교적(秘敎的) 해석은 오랜 동안 서양인들의 의식, 특히 낭
만주의자들에게 깊은 영향을 끼친다. 히브리 현자들은 성적인 상징주의를
신 안에서의 창조라는 역동성과 결부시킨다. 왕과 여왕, 신적인 신랑과 신
적인 신부 간의 ‘신성 결혼(hieros gamos)’이 신의 현물들 속에 있다는 것이
다. 신 안에는 능동성과 수동성, 수태와 출산의 결합이 있으며 이 결합으로
부터 이 세계의 생명과 행복이 유래한다는 것이다. 이 현자들은 이 여성성
을 셰키나 또는 마트로나라는 구체적인 이름으로 부르기도 한다. 신 자체
가 거대한 양성동체인 것이다. 신에게는 분열이 생기지 아니한다. 신은 전
체이며 하나이기 때문이다. 인간의 성 분리는 인간의 타락 또는 추락에서
기인하는 것이다.

이와 같은 자연주의 철학과 카발라의 해석은 낭만주의 시대에 양성동체
라는 테마를 다시 불러낸다.

독일에서는 리터(Ritter)가 『젊은 물리학자들의 유고 단편집』에서 온전한
양성동체 철학의 초안을 보여준다. 훔볼트(Humbolt)는 『남성적이면서 여성
적인 형상에 관하여』에서 신적인 양성성을 다루고 슐레겔(Schlegel) 역시
『티오티마에 관하여』라는 시론에서 사람들이 순전히 남성적이거나 여성
적인 특성을 강조하는 것을 비판하면서 양성인의 이상을 구한다. 그에 의
하면 인류가 지향해야 할 목표는 양성성을 획득할 때까지 두 성을 재통합
하는 것이기 때문이다.

독일 낭만주의 작가들 중 양성동체 문제를 가장 진지하게 다룬 이는 바
더(Baader)이다. 바더에게 양성동체는 시간의 최초에 있었으며 또한 시간의

끝에 나타날 그런 존재이다. 이런 영감의 주원천은 뵈메(Boehme)이다. 그는 성적인 사랑과 생식의 본능을 혼동하지 말라고 말한다. 성적인 사랑의 참된 기능은 남자와 여자로 하여금 완전한 인간의 이미지, 즉 본래의 신적인 이미지에 내적으로 통합되도록 돕는 것이다.

대립의 합일을 추구하는 이러한 양성동체 테마는 낭만주의 문학에 있어서 새로운 장르를 만들어내게 하는데 그것이 곧 드라마이다. 위고Hugo에 의하면 기독교는 인간이 영혼과 육체로 이루어진 이중적인 존재로 주장하고 있으니 드라마 역시 비극적 요소와 희극적 요소, 숭고한 것과 기괴한 것을 종합적으로 표현해야 한다는 것이다. 그는 고전주의 미학이 인간의 총체로부터 추한 부분을 제거하고 이상화함으로써 진실을 왜곡했다고 비난한다.

6. 글을 맺으며

신화의 설득력은 신화 안에 있는 것이 아니라, 우리 내부에 존재한다. 그리고 우리 내부에 존재하기 때문에 신화는 영속적이다. 말을 바꾸면 신화의 영속성은 신화의 허구적 매력에 근거를 둔 것이 아니라, 신화가 지니고 있는 초시대적 리얼리티에 근거를 둔 것이다. 그래서 수천 년이 지난 지금도 우리는 여전히 그리스 신화 안에 존재한다. 그리고 신화의 설득력이 우리 내부에 있다는 점에서 우리는 그것을 주관적으로 해석하며 결국 신화는 다원적 의미를 갖게 된다.

대립의 합일을 나타내는 이 양성동체 신화와 이 신화와 관련된 상징, 제의, 신비주의적 기법들이 시사하는 것은 무엇일까? 우선 인간은 자신이 처해 있는 상황 또는 조건에 대해서 깊은 불만을 품고 있다. 인간은 누구나 홀로 존재하며, 분리되어 있다고 느낀다. 하지만 그 분리의 본질이 무엇인지 완전하게 의식한다는 것은 쉬운 일이 아니다. 자신으로부터 그리고 세계로부터 단절되어 있다고 느끼는 것은 추락을 의미한다. 기독교나 유대교에서 말하는 추락개념과는 다르다고 하더라도 그것은 분명히 치명적인 재난이다. 어떻게 보면 양성동체 신화를 통해 드러나는 대립의 합일에 관한 믿음은 낙원에 대한 향수를 드러내고 있다고 보아야 한다. 상반된 요소들이 대립 없이 공존하고, 다양성이 신비로운 통일성의 여러 얼굴을 구성하고 있는 그런 천상의 모순적인 상태에 향수를 느끼는 것이다. 이 신화는 대립적인 요소들을 초월해야 할 필요성에 따라 시작된 존재론적인 경험들로부터 신학적이고 철학적인 사유들로 형성된 것이다.

따라서 양성동체라는 성적인 이미지는 하나의 씨니피앙이라고 보아야 한다. 세계는 두 극성 간의 긴장으로 이루어져 있으며 우리는 두 극성 사이에서 늘 찢겨 고통 받고 있기 때문이다.

그러나 다행스럽게도 신화는 역사적 시간, 즉 인간이 끊임없이 노출되어 있는 존재론적 불안정성의 개연성에 대항해야 하는 생명의 기능을 갖고 있다. 그러므로 신화는 탄생 당시부터 이미 '우주의 균형 잡기의 원형' 이며 '재통합의 형식' 을 취하고 있다. 신화는 한 개인이 아니라 인류 전체가 겪는 고통스러운 문제를 해결하는 방식인 것이다.

신화는 시간을 품고, 시간을 뛰어넘는 그 충일함 속에 있는 인간 운명의 깊은 노래를 드러내 보여준다. 노발리스는 말한다: 신화는 원형들의 세계사를 포함하고 있다. 그것은 과거와 현재, 미래를 안고 있다.

[더 생 각 해 볼 문 제]

1. 프로메테우스는 시대에 따라 어떤 평가를 받는가? 반항아인가? 문명의 전달자인가? 시대에 따라 어떤 모습으로 받아들여지는지 생각해 보자.

2. 판도라, 프시케, 오르페우스는 왜 금기를 어기고 보지 말라는 것을 보았는가? 인간에게 있어서 본다는 것은 어떤 의미를 지니고 있는가?

[주 제 어]

헤르마프로디토스

한 몸에 남성과 여성을 동시에 가진 존재를 일컫는다. 헤르메스와 아프로디테의 합성어로서 헤르메스와 아프로디테 사이에서 태어난 아들의 이름이다. 헤르마프로디토스는 요정 살마키스와 한 몸이 된 후 남성과 여성을 두루 갖춘 하나의 육체가 되었다.

안드로귀노스

남성을 의미하는 그리스어 aneêr 와 여성을 의미하는 gunê 이 결합되어 만들어진 합성어이다. 헤르마프로디토스가 두 성의 결합에 의한 양성동체라고 한다면, 안드로귀노스는 성이 분리되기 이전 단계인 최초의 양성동체이다. 본고에서는 문맥에 따라 양성동체, 또는 양성인, 양성성으로 혼용해 사용하였다.

연금술

비금속을 금과 불로장생약으로 만들어내는 유사과학 기술. 그러나 비전된 유사과학 기술 가운데에는 우주 창조의 정신을 재현함으로써 신과의 궁극적 합일을 추구하는 서양 신비주의 사상의 전통이 담겨 있다.

동아시아 상상력의 원천
:『산해경(山海經)』

정재서 │ 이화여자대학교

> 세상의 이른바 이상하다는 것도 그것을 이상하다고 단언할 수 없고,
> 세상의 이른바 이상하지 않다는 것도 그것을 이상하지 않다고 단언할 수 없다.
> 왜냐하면 사물은 그 자체가 이상한 것이 아니고 나의 생각을 거쳐서야 이상해지는 것이기에,
> 이상함은 결국 나에게 있는 것이지 사물이 이상한 것은 아니기 때문이다.
> (世之所謂異, 未知其所以異. 世之所謂不異, 未知其所以不異.
> 何者? 物不自異, 待我而後異, 異果在我, 非物異也.)
> ― 곽박(郭璞), 「주산해경서(注山海經敍)」

> 동해의 안쪽, 북해의 모퉁이에 조선이라는 나라가 있다.
> 하늘이 그 나라 사람들을 길렀는데 그들은 물가에 살며 남을 아끼고 사랑한다.
> (東海之內, 北海之隅, 有國名曰朝鮮. 天毒其人, 水居, 偎人愛之.)
> ― 『산해경(山海經)』 「해내경(海內經)」

1. 동아시아 상상력의 원천을 찾아서

당신은 보르헤스(J. L. Borges)[1]의 『상상동물 이야기』라는 책을 읽어 본 적이 있는가? 보르헤스, 이 괴짜 작가는 그야말로 상상력의 화신이라 할 만큼 기발한 작품들을 많이 썼다. 그 덕택에 우리는 세상이 평면경에 비쳐진 것처럼 똑바른 것만 아니고 볼록거울이나 오목거울에 비쳐진 것처럼 굴곡지게 생겼다는 것도 알게 되고, 정상적인 일과 더불어 어처구니없는 일이 일

---

[1] 보르헤스(Borges, Jorge Luis, 1899~1986):아르헨티나의 시인, 수필가, 소설가. 포스트모더니즘 문학의 선구자로 알려져 있으며 작품집으로는 『픽션』 『알레프』 등이 있다

어날 가능성이 도처에 편재해 있다는 사실도 깨닫게 되었다. 당신은 상상력의 힘을 실감하는가? 미국의 한 저명한 잡지에서 조사한 바에 의하면 오늘날의 첨단 과학기기는 대부분 과거의 SF소설이나 만화에서 상상했던 일들이 실현된 케이스라 한다.

보르헤스의 『상상동물 이야기』를 읽어보면 동서고금의 수많은 이상한 동물들이 출현한다. 가령 사자도 이길 수 있다는 일각수(unicorn)에 대한 기록을 보자.

어떻게 일각수를 잡을 것인가? 일각수 앞에 처녀를 데려다 놓는다. 그러면 일각수는 처녀의 품안으로 뛰어든다. 처녀는 일각수를 감싸 안고 국왕의 궁전으로 끌고 가면 된다.

용맹한 일각수이지만 단 하나 약점이 있다. 순결한 처녀 앞에서는 맥을 못 춘다는 것이다. 그것을 이용해 일각수를 포획할 수 있다. 매사가 이런 이야기들이다.

그러나 괴짜의 대가 보르헤스도 경탄을 금치 못할, 『상상동물 이야기』의 원조 같은 책이 있다. 그것은 다름 아닌 중국의 신화집인 『산해경(山海經)』이라는 책이다. 보르헤스는 『상상동물 이야기』의 서문에서 자기 책이 "햄릿 왕자, 점, 선, 평면, 관처럼 생긴 것, 입방체, 모든 창조와 관련된 단어들, 그리고 우리들 한 사람 한 사람과 신을 정당화시켜 줄 수 있을 것"이며 "모든 것의 총체, 즉 우주"라고 추켜세운 바 있는데 사실 이러한 찬사는 『산해경』에게 바쳐져야 할 것이다. 모든 이야기의 조상이자, 상상력의 근원인 신화에 대해 우리는 얼마만큼 알고 있는가? 그리스 로마 신화는 대개 알고 있지만 동아시아 신화에 대해 아는 사람은 드물다. 그것은 황제(黃帝)가 제우스로, 서왕모(西王母)가 헤라로, 예(羿)가 헤라클레스로 대체되어 과거 동아시아의 신들은 이제 '사라진 신들'이 되었기 때문이다. 이 '사라진 신들'

과 교신하려면 우리는 『산해경』을 읽지 않으면 안 된다. 『산해경』에는 고스란히 이 신들이 남아 있어서 우리가 호출할 때 뛰어나와 우리의 무의식에 각인된 그들의 이미지를 환기시켜 줄 것이다.

2. 『산해경』은 어떠한 책인가?

중국의 대표적 신화·지리서인 『산해경』이 언제 누구에 의해 이루어졌는가라는 기본적인 물음에 대한 응답은 각 시대 학자들의 연구 시각에 따라 그야말로 신화에 대한 해석만큼이나 여러 갈래이다. 전통적인 응답은 하(夏)의 우(禹)임금과 그의 신하 백익(伯益)이 국토를 정리하고 각지의 산물을 파악한 결과로서 편찬하였다는 것인데 우의 치수(治水) 신화에 기댄 이러한 주장은 전한(前漢) 유흠(劉歆)에 의해 언명된 이래 후한(後漢)의 왕충(王充), 조엽(趙曄), 동진(東晉)의 곽박(郭璞) 등에 의해 지지되어 온 것이다. 후대로 내려가면서 남송(南宋)의 우무(尤袤), 주희(朱熹), 명(明)의 호응린(胡應麟) 등이 이에 대해 회의를 제기하게 되나 단편적인 지적에 그치고 근대에 이르러서야 문헌 고증학·방언학·지리학·민속학 등 제 방면에서의 연구 성과를 바탕으로 다양한 주장들이 나오게 되었다. 우선 『산해경』이 우나 백익 같은 전설적 존재에 의해 도저히

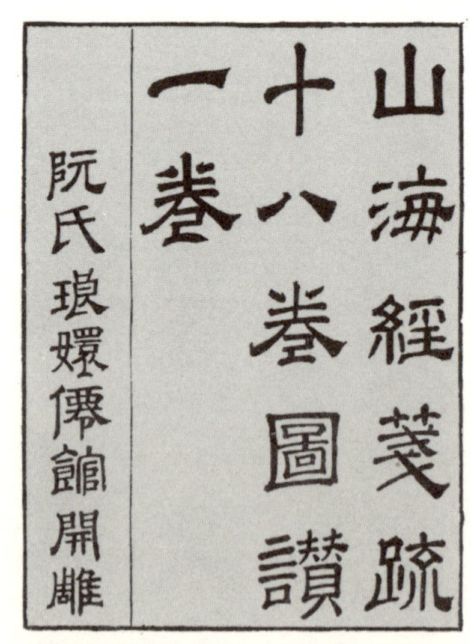

그림 1 『산해경전소』 속표지

그 같은 태고시대에 지어질 수 없었을 것이라는 기본적 인식하에 근대의 여러 학자들은 다음과 같이 나름대로의 견해를 제기하고 있다.

1) 육간여(陸侃如) : 『산해경』 중 「오장산경(五臧山經)」은 전국시대 초인(楚人)에 의해, 「해내경(海內經)」과 「해외경(海外經)」은 전한(前漢)시대에, 「대황경(大荒經)」 및 독편(獨篇) 「해내경(海內經)」은 후한(後漢)·위진(魏晋)시대에 성립된 것으로 보고 있음.

2) 모순(茅盾) : 「오장산경(五臧山經)」은 동주(東周)시대에, 「해내경(海內經)」과 「해외경(海外經)」은 춘추와 전국시대의 교체기에, 「대황경(大荒經)」과 독편(獨篇) 「해내경(海內經)」은 그보다 조금 후, 그러나 진(秦) 통일 이전에 성립된 것으로 보고 있음.

3) 몽문통(蒙文通) : 「대황경(大荒經)」 및 독편(獨篇) 「해내경(海內經)」은 서주(西周) 초기 파국(巴國)에서, 「해내경(海內經)」은 서주(西周) 중기 촉국(蜀國)에서, 「오장산경(五臧山經)」과 「해외경(海外經)」은 춘추와 전국시대의 교체기에 초국(楚國)에서 성립된 것으로 보고 있음.

4) 위정생(衛挺生) : 『산해경』을 전국 연(燕) 소왕(昭王) 때의 음양오행가(陰陽五行家) 추연(鄒衍)에 의해 조직된 탐험대의 현지답사 기록으로 보고 있음. 탐험 범위를 동으로 일본 열도(列島) 및 연해주(沿海州) 지역, 남으로 인도양(印度洋) 벵골만(灣), 북으로 북극해 오비강 하류, 서로 북아프카니스탄에까지 이르는 것으로 보고 있음.

5) 원가(袁珂) : 「대황경(大荒經)」과 독편(獨篇) 「해내경(海內經)」은 전국 초기 혹은 중기에, 「오장산경(五臧山經)」과 「해외경(海外經)」은 전국 이후에, 「해내경(海內經)」은 한대(漢代) 초기에 성립된 것으로 보고 있음. 작자는 모두 초인(楚人).

6) 이풍무(李豊楙) : 『산해경』의 원시 형태는 주(周) 왕실 혹은 제후국의 지리 관계 문서였는데 전국 말기에 초인(楚人), 특히 무당이나 방사(方士) 계통의 손을 거쳐 오늘날과 같은 형태가 된 것으로 보고 있음.

상술(上述)한 견해들에 의거하면, 『산해경』의 성립 연대는 부분에 따라 가장 이르게는 서주(西周) 초기(B.C. 12세기)로부터, 가장 늦게는 위진(魏晉) 시대(A.D. 3~4세기)에 이르기까지 워낙 커다란 시차(時差)로 주장되고 있어 한마디로 단정하기는 어렵다. 다만 작자 및 성립 지역을 초인(楚人) 및 초국(楚國)으로 보는 견해와 「오장산경(五藏山經)」의 경우 그 성립 연대를 전국시대로 보는 견해가 학자들 사이에서 지배적인 경향임은 유념해둘 사항이다.

청대(淸代)의 주석가 학의행(郝懿行)에 의하면 본래 『산해경』 고본(古本)은 32권이었는데 전한(前漢)의 유흠(劉歆)이 18권으로 정리한 이래 오늘에 이르렀다고 한다. 현존하는 18권은 본문만 모두 30,825자(字)로 크게 「산경(山經)」 21,265자와 「해경(海經)」 9,560자의 두 부분으로 나누어진다. 「산경(山經)」은 곧 「오장산경(五藏山經)」인데 동·서·남·북·중의 5권 26편으로, 「해경(海經)」은 「해외경(海外經)」의 동·서·남·북 4권, 「해내경(海內經)」의 동·서·남·북 4권, 「대황경(大荒經)」의 동·서·남·북 4권과 독편(獨篇) 「해내경(海內經)」 1권 등 13편으로 편성되어 있다. 『산해경』의 편목(篇目)이 18권으로 고정되기까지에는 유흠 이후에도 다소의 곡절이 있었는데, 그 자세한 경위는 학의행의 서문에 언급되어 있으므로 여기서는 생략한다.

「산경(山經)」과 「해경(海經)」은 서술체재나 내용에 있어서 서로 다른 모습을 보이고 있다. 「산경(山經)」에서는 중국 및 주변의 지역을 다섯 방향으로 나누고 447개소(個所)의 산에 대해 거의 한결같은 방식으로 기술하고 있다. 이를테면 먼저 산천의 형세를 말한 다음 산출되는 광물 및 동·식물, 그곳에 사는 특이한 괴물이나 신령에 대해 서술하고 각 편의 말미에서 반드시 제례(祭禮)에 관한 언급을 하고 있는 것이 그것이다. 따라서 「산경(山經)」은 내용면에서 비교적 단조롭고 지리서적인 성격을 농후히 지니고 있다. 「해경(海經)」의 경우 편명(篇名)만 갖고 얘기한다면 「해내경(海內經)」은 사해(四海) 안의 지역, 곧 중국권 내(中國圈內)에 대한 기록이 될 것이고 「해외경(海外經)」 및 「대황경(大荒經)」은 중국권 밖, 머나먼 세계에 대한 기록이 될 것이

나 실제 내용이 꼭 그렇지만은 않다. 「해경(海經)」의 기술방식은 「산경(山
經)」과 다르긴 하지만 그 나름의 일관성을 유지하고 있으며 내용은 이국(異
國)의 풍속과 사물, 영웅의 행적, 신들의 계보(系譜), 괴물에 대한 묘사 등 다
양하여 「산경(山經)」의 지리서적인 성격에 비해 신화서적인 성격을 많이 지
니고 있다.

『산해경』은 그 내용이 이와 같이 단순하지 않은데다가 오랜 세월을 거쳐
오는 동안 원문 자체에도 변화가 많이 생겨 차츰 이해하기 어려운 책이 되
어 갔다. 이에 따라 역대로 교감(校勘) 및 주석(註釋)의 작업도 부단히 진행
되어 왔는데 그 주요한 노작(勞作)들을 열거하면 다음과 같다.

1) 『산해경(山海經)』 18권. 동진(東晋) 곽박(郭璞) 찬(撰)

2) 『산해경보주(山海經補注)』 1권. 명(明) 양신(楊愼) 찬(撰)

3) 『산해경석의(山海經釋義)』 18권. 「도(圖)」 1권. 명(明) 왕숭경(王崇慶) 찬(撰)

4) 『산해경광주(山海經廣注)』 18권. 「도(圖)」 5권. 청(淸) 오임신(吳任臣) 찬(撰)

5) 『산해경존(山海經存)』 9권. 부도(附圖). 청(淸) 왕불(汪紱) 찬(撰)

6) 『산해경신교정(山海經新校正)』 1권. 「고금편목고(古今篇目考)」 1권. 청(淸)
   필원(畢 沅) 찬(撰)

7) 『산해경전소(山海經箋疏)』 18권. 「도찬(圖讚)」 1권. 「정위(訂僞)」 1권. 청
   (淸) 학의행(郝懿行) 찬(撰)

8) 『산해경지리금석(山海經地理今釋)』 6권. 청(淸) 오승지(吳承志) 찬(撰)

9) 『산해경교주(山海經校注)』 18권. 중국(中國) 원가(袁珂) 찬(撰)

사마천(司馬遷)이 "감히 말할 수 없다(不敢言之也)"고 했던 기서(奇書) 『산해
경』의 내용은 오늘날 여러 방면으로부터 검토되고 있는데 그중 현저히 대
립되는 두 가지 해석 경향은 신화학적 입장과 지리학적 입장으로부터 유래
되며 그것은 두이미(杜而未)와 위정생(衛挺生) 두 학자의 다음과 같은 극단적

인 주장들로부터 엿볼 수 있다.

먼저 두이미는 『산해경』을 신화서로만 규정하고 그 내용을 일정한 상징체계로서 이해한다. 그에 의하면 『산해경』은 태음숭배(太陰崇拜)의 산물이다. 변화무쌍하고 불사불멸하는 음(陰)과 양(陽)의 양성구유(兩性具有)적 존재인 달에 대한 신앙으로부터 불사관념(不死觀念)을 기조(基調)로 한 월신(月神)·월산(月山)·월수(月獸) 등의 존재가 상상되었다는 주장이다. 그리하여 그는 『산해경』에서 출현하는 황제(黃帝)를 비롯한 모든 신화적 영웅들을 월신의 다양한 현시(顯示)로, 곤륜산(崑崙山)을 비롯한 모든 산들과 괴상한 형태의 동·식물을 달의 의화(擬化)된 존재로 파악한다. 결국 그에게 있어서 『산해경』은 달의 상징체계일 뿐 그 이상도 그 이하도 아니다.

반면에 위정생은 『산해경』을 완벽한 지리서로 간주한다. 그에 의하면 『산해경』은 전국 연(燕) 소왕(昭王) 때의 외래학자 추연(鄒衍)이 왕명을 받들어 조직한 탐험대의 세계지리 현지답사 기록이다. 위정생은 지리학자와 합작하여 『산해경』의 각 지역을 현재의 지명에 일일이 비정(比定)한 『산경지도(山經地圖)』까지 작성하였다. 『산해경』이 이와 같이 실제 지역에 대한 기록일 때 그곳의 동·식물 및 광물 역시 현실적으로 존재하는 사물인 양 해석되기 마련이다.

두·위 양인의 견해는 모두 『산해경』의 한쪽 측면만을 지나치게 강조한 결과이다. 두이미의 주장대로 『산해경』에는 태음숭배의 요소가 다분하고 불사관념이 기조를 이루고 있는 것도 사실이지만 실제 정황일 수도 있는 개별적인 사항 하나하나까지 무리하게 신화적인 전제로 환원시킨 감이 있다. 『산해경』을 지리서로만 보려는 위정생의 견해는 한층 더 위험스럽다. 그는 궁극적으로 『산해경』의 전 지역을 연(燕) 왕국이 개척한 영토라고 주장하였는데 한반도의 대부분과 일본 열도까지 개척 범위로 포괄한 그의 『산경지도』는 고대사적 상식에서의 타당성 여부는 차치(且置)하고 연구의 진의가 과연 어디에 있었는가를 생각게 하는 작품(?)이라 하지 않을 수 없다.

결국 『산해경』은 일정한 방위 개념에 입각한 각 지역에 대한 조사 기록으로 볼 때 기본적으로는 지리서적인 성격을 지니고 있으나 수록된 내용은 해당 지역의 민속·종교·구전신화(口傳神話) 등 원시적 세계관을 반영하고 있는 것들이기 때문에 신화서적인 성격 역시 당연히 띠고 있다. 따라서 『산해경』에 대한 해석은 지리서로서의 기본적인 성격을 염두에 두고 다양한 신화 연구 방법들을 적용해 보는 것이 소망스러울 것이다. 중국의 원가(袁珂), 대만의 이풍무(李豊楙) 교수 등과 구미(歐美) 및 일본의 다수 학자들이 비교적 상술한 두 가지 입장을 고려하면서 문학, 인류학 혹은 민속학적 관점 등에서 조명을 시도하고 있다.

『산해경』을 읽을 때 우리는 우선 기괴함과 아울러 황당하고 우스꽝스러운 느낌에까지 사로잡힌다. 그러나 그러한 느낌은 곧 친숙함으로 바뀌면서, 우리는 자신도 모르게 『산해경』의 별세계로 이입하게 된다. 『산해경』은 상상력과 환상의 보고(寶庫)로서 동아시아 원형적 심상(心象)의 집대성이라고 말할 수 있다. 이러한 이단(異端)의 정신은 갈홍(葛洪)의 『포박자(抱朴子)』에로 계승, 발전되고 결국 도교(道敎)라는 거대한 상징체계를 구축하여 유교와 대립되는 중국의 유력한 이면문화(裏面文化)를 형성하게 한다.

상상력의 원천으로서의 『산해경』이 문학·예술의 세계에 미친 영향은 무엇보다도 지대하다. 일찍이 주석을 단 곽박(郭璞)은 동진(東晉) 굴지의 시인으로 그의 「유선시(遊仙詩)」에는 『산해경』의 시적 변용(變容)이 잘 시도되어 있다. 뒤이어 대시인 도연명(陶淵明)이 「독산해경시(讀山海經詩)」 13수(首)를 지은 이래 허다한 유명 문인들이 『산해경』을 제재로 하여 시가(詩歌)와 소설(小說)을 창작하였다. 소설 『서유기(西遊記)』와 『봉신연의(封神演義)』 등 대표적 신마소설(神魔小說)에 출현하는 온갖 괴물들의 군상(群像) 및 신통력의 극치라든가 중국의 『걸리버 여행기』라 할 이여진(李汝珍)의 『경화연(鏡花緣)』에서 전개되는 기묘한 세계여행 등은 그 중요한 이미지와 상징구조를 대부분 『산해경』으로부터 차용하고 있다.

　근대에 이르러서도 문호(文豪) 노신(魯迅)은 유년시절부터 일찍이 『산해경』을 탐독하여 상상력을 함양했음을 토로한 바 있고, 실제로 그의 『고사신편(故事新編)』은 몇 개의 신화에 대한 소설적 각색으로 꾸며져 있다. 한국의 경우 이미 백제 때에 일본에 『산해경』을 전했다는 역사 기록으로 미루어 적어도 삼국시대부터는 『산해경』이 읽혀져 왔음을 알 수 있다. 고구려 고분벽화에 등장하는 신수(神獸) 및 괴수(怪獸)의 형상은 직접 혹은 간접으로 『산해경』으로부터 유래된 것이 많다. 이후 역대로 다수의 문인들이 곽박, 도연명을 본받아 「유선시」, 「독산해경시」 등을 짓거나, 그들의 작품 속에 『산해경』을 수용하여 왔다. 그러나 『산해경』이 우리에게 주는 영감과 자극은 근대 이전에 한하지 않는다. 『산해경』은 노신의 경우 이상으로 이미 오늘의 문인들로부터 주목을 받고 있다. 시인 황지우(黃芝雨)는 그의 〈산경(山經)〉에서 당대 현실에의 가열된 풍자의식을 『산해경』의 신화적 지도에 그려 넣음으로써 성공적인 패러디를 이룩했다. 한편 박인홍은 〈염유어(冉遺魚)〉라든가 〈벽 앞의 어둠〉에서 『산해경』의 충격적이고도 그로테스크한 괴물 이미지를 통해 일상의 관념을 해체하여 현대인의 불안한 내면의 양태를 서사(敍事)하였다.

　끝으로 『산해경』에는 조선(朝鮮)·개국(蓋國)·숙신국(肅愼國)·맥국(貊國) 등 고대 한국과 관련되는 나라 이름이 등장하고 다수의 학자들에 의해 이른바 동이계(東夷系) 문화로 간주되는 내용들이 적잖이 포함되어 있어 우리의 눈길을 끈다. 예컨대 원가를 비롯한 다수의 신화학자들이 순(舜)과 예(羿) 신화를 동이계 신화로 단정하고 있는 것이 그것이다. 손작운(孫作雲) 같은 학자는 아예 『산해경』 전체를 동이계의 고서(古書)로서 간주하고 있을 정도이다.[2] 고대 한국의 강역(疆域), 문화형태 등과 관련된 이들 부분은 화

---

2) 孫作雲, 「后羿傳說叢考」 『中國上古史論文選集(上)』 (臺北:華世出版社, 1979), 458면.

이론(華夷論)에 입각한 중국의 전통적인 주석과 일제(日帝) 식민사학에 의한 왜곡된 해석의 틈바구니에 끼여 종래 자유롭게 읽혀오지 못하였다. 앞으로 이들 부분에 대한 주체적인 독법이 요청된다 할 것이다.

아울러 우리가 『산해경』에 대해 주목해야 할 것은 이 책이 중국, 한국뿐만 아니라 중국 인근의 여러 민족들, 일본·월남·티베트·몽고 등 동아시아 전역의 고대문화와 깊은 관련이 있다는 사실이다. 왜냐하면 『산해경』 신화가 형성되던 시대의 대륙은 결코 오늘날과 같은 하나의 중국이 존재했던 장소가 아니고 수많은 종족이 이합집산을 거듭했던 무대였기 때문이다. 우리가 『산해경』을 중국 신화집으로만 보지 않고 동아시아 고대문화의 원천이자 상상력의 뿌리로 간주하는 이유가 바로 여기에 있다.

『산해경』에 대한 연구는 오늘날 문학·사학·신화학·민속학·인류학·종교학·생물학·광물학·지리학·과학사 등의 각 방면으로부터 진행되어 산해경학(山海經學)이라 칭할 수 있을 정도로 하나의 종합과학을 지향해 나가고 있다. 이미 영어·불어·일어·러시아어·이탈리아어·한국어 등 수개 국어로 번역된 것은 말할 것도 없지만, 중국·일본 및 구미 각국에서 많은 연구서 및 논문이 산출되어 왔고, 국내의 경우에도 『산해경』 및 중국 신화와 관련된 다수의 논문 및 번역서들이 계속 발표되어 오랜 전래의 역사를 지닌 『산해경』에 대한 우리의 잠재적 관심이 만만치 않음을 보여주고 있다.

앞서 살펴온 바, 『산해경』은 결코 한 측면에서 규정될 수 없는 다방면의, 다학문성의, 다중적 문화체계를 지닌, 그렇기 때문에 '기서(奇書)'라고밖에 달리 표현할 길이 없는 성격의 책이다. 이러한 사실이 『산해경』을 고의로 신비화하여 그것의 탈학문성을 부추기지만 않는다면, 거꾸로 『산해경』은 시공을 초월하여 모든 인류에게 무한한 해석의 가능성으로 한껏 열려 있는 근원적 상징 그 자체라고 감히 말할 수 있을 것이다. 다시 말하거니와 그것은 마치 달의 뒷면처럼 잊혀져 있던 우리의 감춰진 세계의 총체인 셈이다.

3. 『산해경』의 신화세계

『산해경』의 구성과 내용에 대해 알아본 후, 이제 그 신화세계를 탐색해 보기로 하자. 우선 신들의 세계를 보게 되면『산해경』에도 그리스 로마 신화에서처럼 다양한 능력을 가진 신들이 등장하는데 마치 제우스와 같이 『산해경』 신화에서 신들의 왕으로 군림하는 대신(大神)은 황제이다. 그런데 황제는 중원의 지배자였으나 변방의 강자인 치우(蚩尤)의 도전을 받아 신국 (神國)은 일대 전쟁에 휩싸이게 된다. 그 상황을『산해경』에서는 다음과 같이 묘사하고 있다.

> 치우가 무기를 만들어 황제를 치자 황제가 이에 응룡으로 하여금 기주의 들에서 그를 공격하게 하였다. 응룡이 물을 모아 둔 것을 치우가 풍백과 우사에게 부탁하여 폭풍우로 거침없이 쏟아지게 했다. 황제가 이에 천녀인 발을 내려 보내니 비가 그쳤고 마침내 치우를 죽였다.
> (蚩尤作兵伐黃帝,　黃帝乃令應龍攻之冀州之野. 應龍畜水,　蚩尤請風伯雨師,　縱大風雨. 黃帝乃下天女曰魃,　雨止,　遂殺蚩尤.)[3]

황제―응룡―발(가뭄의 신)과 치우―풍백(바람의 신)―우사(비의 신) 두 계열의 신들의 전쟁은 황제 측의 승리로 끝났다. 이후 황제는 여러 종족의 조상으로, 문명의 창시자로 추앙된다. 이 전쟁신화는 여러 가지 의미로 읽히는데 중원과 변방의 대립에서 중원의 정통성 확립, 야만 상태인 카오스에서 조화로운 문명인 코스모스로의 이행 등의 해석이 그것이다. 흥미로운 것은 단군신화에서 환웅천왕(桓雄天王)을 보필했던 풍백과 우사가 이번에는 치우를 도와 황제와 싸우고 있는 모습이다. 이로 미루어 치우가 단군신화

---

3) 『산해경』「대황북경(大荒北經)」. 이하 번역은 졸역, 『산해경』(민음사, 1985)을 따름

내지 한국신화와 모종의 상
관관계가 있지 않을까, 추리
해 볼 수도 있다.

다음으로 『산해경』에 표현
된 신화적 사물의 세계에 대
해 알아보면 『산해경』에는 신
성한 지역, 머나먼 이방 등에
서 언제나 일상을 초월한 기
이한 형상의 사물이 등장한
다. 가령 능양의 못에 산다는
염유어라는 물고기를 보자.

그림 2 치우

다시 서쪽으로 350리를 가면 영제산이라는 곳인데, …완수가 여기에서 나
와 북쪽으로 능양의 못에 흘러든다. 이곳에는 염유어가 많은데 물고기의 몸,
뱀의 머리에 발이 여섯이며 눈은 말의 귀와 같다. 이것을 먹으면 가위눌리지
않고 흉한 일을 막을 수 있다.

("又西三百五十里, 曰英鞮之山, …涴水出焉, 而北流注于陵羊之澤. 是多
冉遺之魚, 魚身蛇首六足, 其目如馬耳, 食之使人不眯, 可以禦凶." 『산해
경』 「서차사경(西次四經)」)

염유어는 단순한 물고기가 아니다. 그것은 물고기 · 뱀 · 말의 신체적 특
징을 합친데다가 발까지 달려 있어 양서류 같기도 한 기이한 동물이다. 신
화적 동물은 대개 이러한 잡종적(hybrid) 형상으로 묘사되는데 그것은 그 동
물이 갖는 비범한 능력을 표현하기 위해서이다. 염유어를 먹을 때 악몽을
꾸지 않는다는 것은 이 물고기가 상상계에 대해서도 힘을 작동시킬 수 있
다는 것을 의미한다. 우리는 이로써 고구려 고분벽화에 왜 염유어가 등장

그림 3 염유어

하는지 그 이유를 알게 된다. 그것은 죽은 자의 편안한 내세를 도모하기 위해서가 아니었겠는가? 『산해경』에 나타나는 신성한 사물은 잡종적 형상 이외에 양성구유(兩性具有)적[4] 특징을 지니기도 한다. 가령 「남산경(南山經)」의 단원산(亶爰山)에 산다는 유(類)라는 짐승은 너구리 같이 생겼는데 저 홀로 암수를 이루고 그것을 먹으면 질투를 하지 않게 된다고 한다. 양성구유란 두 극단을 조화시키려는 신화적 지향의 표현이다. 질투를 하지 않는다는 것은 이 짐승의 양성구유적 특성으로부터 비롯한 공감주술적[5] 효능의 결과이다.

신들의 세계, 신화적 사물의 세계에 이어 살펴보아야 할 것은 신화적 인간의 세계에 대해서이다. 신화적 사물과 마찬가지로 신화적 인간 역시 일

---

4) 양성구유(androgyn): '남자(andro)' 와 '여자(gyn)' 를 뜻하는 그리스어에서 나온 용어로 암수한몸의 상태를 말한다. 신화적 동물은 양성구유로 표현되는 경우가 많은데 융(C.G.Jung)은 이를 완전성의 상징으로 보았다.

5) 공감주술(Sympathic Magic):비슷한 것들 혹은 접촉된 것들 사이에는 보이지 않는 기운이 작용하여 똑같은 효과를 일으킬 수 있다는 생각에 근거하여 사물을 통제하려는 술법. 모방주술과 감염주술의 형태로 나뉘어지며 인류학자 프레이저(J.G.Frazer)에 의해 처음 설명되었다.

그림 4 관흉국

상의 주거 지역이 아닌 곳에서 기괴한 형상으로 출현한다. 가령 중국의 남쪽 변방에 있다는 관흉국이라는 나라의 사람들에 대한 묘사를 보자.

관흉국이 그 동쪽에 있는데 그 사람들은 가슴에 구멍이 나 있다.
("貫匈國在其東, 其爲人匈有竅." 『산해경』「해외남경(海外南經)」)

원문은 간단하지만 주석에 의하면 관흉국 사람들 중 신분이 높은 사람은 웃옷을 벗고 천민들로 하여금 대나무로 가슴을 꿰어들고 다니게 한다고 하였다. 또 다른 기이한 모습은 저인국 사람에 대한 묘사에서도 찾아볼 수 있다.

저인국이 건목의 서쪽에 있는데 그들은 사람의 얼굴에 물고기의 몸이고 발이 없다.
("氐人國在建木西, 其爲人人面而魚身, 無足." 『산해경』「해내남경(海內南經)」)

그림 5 저인국

이것은 완연히 서구 동화에 나오는 인어의 모습이다. 그러나 『산해경』의 그림을 보면 저인국 사람은 서구와 같이 예쁜 여자 인어가 아니라 무뚝뚝하게 생긴 남자 인어이다. 왜 서구에서는 인어를 여성으로 보고 중국에서는 남성으로 인식했을까? 그것이 바로 문화적, 풍토적 차이일 것이다. 사마천(司馬遷)의 『사기(史記)』를 보면 진시황의 무덤 속을 밝히기 위하여 인어의 기름을 짜서 만든 영원히 꺼지지 않는 촛불을 켜두었다고 한다. 그 인어가 저인국 사람이었을까? 『산해경』에서 표현된 신화적 인간은 대부분 이처럼 기괴한 형상을 하고 있다. 너무나도 큰 귀를 두 손으로 붙들고 살아가는 섭이국(聶耳國) 사람들, 머리가 하나에 몸이 셋인 삼신국(三身國) 사람들, 입에서 불을 토해내는 염화국(厭火國) 사람들, 소인국, 대인국 사람들 등 『산해경』에는 우리가 상상할 수 있는 모든 기이한 모습의 인간 군상이 등장한다. 이들이 모두 중원이 아닌 변경 밖에 사는 이방인들이라는 점에서 우리는 여기서 고대 중국인들의 종족 중심주의를 읽을 수도 있을 것이다. 그러나 중원을 의식세계로, 변경 밖을 무의식 세계로 빗대어 본다면 이민족의 이와 같은 다양한 모습은 우리의 무의식에 감추어진 수많은 욕망의 형상적 표현일 수도 있을 것이다.

『산해경』이라는 방대한 책에서 지금까지 예를 들어 소개한 신화적 존재들에 대한 내용은 극히 작은 부분으로 『산해경』의 전체 모습을 드러내 보이기에는 물론 역부족이라 할 수 있다. 그러나 이러한 신화의 편린들을 통해서나마 서구 신화와는 분명히 색깔이 다른 신화의 큰 물줄기를 확인하고 그것이 여전히 우리의 상상력의 근저에서 작동하고 있음을 깨닫는 계기가 되었다면 다행이라 할 것이다.

4. 『산해경』을 어떻게 읽을 것인가?

자, 그렇다면 이제 당신은 물을 것이다. 『산해경』이라는 책이 상상력의 근원이라는 것은 알겠는데 어떻게 읽는단 말인가? 그냥 읽으면 안 될까? 그렇다! 우리는 근대 이후, 우리 이야기를 읽는 방법을 잊어버렸다. 근대 이후, 밖에서 들어온 이야기 곧 소설은 무슨 엄숙한 의미가 담겨 있는 것 같아 (왜냐고? 작가들도, 평론가들도 모두 목에 힘을 주고 말하기 때문에) 경전처럼 읽어야 될 것 같은 생각이 든다. 소설은 현실을 반영해야 하고, 주제의식이 분명해야 하고, 구조가 치밀해야 하고, 등장인물의 성격이 뚜렷해야 하고, 미래에 대한 전망이 담겨 있어야 하고, …해야 하고, …해야 하고, 아마 이런 조건에 견뎌낼 우리 이야기가 있을까? 우리 이야기란, 옛적에 보면, 대개 저녁 먹고 슬슬 산보 삼아 마을 한복판에 가보면 이야기꾼이 사람들을 불러놓고 이야기판을 벌이고 있고, 그걸 몇 푼 주고 부담 없이 듣고 오면 되는 것이었다. 그때 이야기꾼이 말했던 대본을 직접 구해다 읽은 것이 오늘날 전해지는 고전소설이다.

『산해경』은 신화집이니까 물론 고전소설과는 다르다. 여기에 비하면 같은 신화라도 그리스 로마 신화는 너무나 인간 중심적이고 구조도 소설처럼

그림 6 구미호

잘 짜여져 있다. 그런데 『산해경』은 온갖 괴물들이 제각기 출현하지만 일정한 줄거리가 없다. 파편화된 이미지의 행진일 뿐이다. 가령 다음과 같은 구절을 보자.

다시 동쪽으로 300리를 가면 청구산이라는 곳인데 그 남쪽에서는 옥이, 북쪽에서는 푸른 흙이 많이 난다. 이곳의 어떤 짐승은 생김새가 여우 같은데 아홉 개의 꼬리가 있으며 그 소리는 마치 어린애 같고 사람을 잘 잡아먹는다. 이것을 먹으면 요사스러운 기운에 빠지지 않는다.

("又東三百里, 曰靑丘之山, 其陽多玉, 其陰多靑䃅. 有獸焉, 其狀如狐而九尾, 其陰如嬰兒, 能食人. 食者不蠱." 『산해경』 「남산경(南山經)」)

『산해경』은 이와 같은 문장의 수없는 반복이다. 어느 산엘 가면 무엇이 있고, 다시 어느 산엘 가면 또 무엇이 있고, 하는 식이다. 수천 년 전 무당들의 핸드북, 이것이 『산해경』이다. 어느 방향, 어느 지역에 어떤 괴물, 어떤 신, 어떤 이상한 사물이 있는가를 밝혀 놓은 책이다. 아니, 책이 아니라 원래는 그림이었다. 그 그림을 설명해 놓은 말이 오늘날 남아서 글이 되었다. 『산해경』에는 아직도 150폭의 그림이 있다! 위의 예문을 보고 눈치 빠른 독자는 청구산에 사는 짐승이 무엇인지 알아차렸을 것이다. 그것은 구미호이다. 야담에서 많이 나오는 요상한 여우, 혹은 요사스러운 여자의 대명사인 구미호의 아키타입(archetype)이 바로 『산해경』에 있는 것이다. 『산해경』의 글은 이처럼 이미지에 의존한다. 그래서 이야기가 구조적이

그림 7 도연명

지 않고 체계적이지도 않다. 그리스 로마 신화처럼 한 편의 흥미진진한 드라마를, 근대소설처럼 한 편의 잘 짜여진 명작을 예상했다가는 실망하기 십상이다. 끝없이 반복되는 "어디에 무엇이 있고"하는 식의 이야기, 그것을 계속 읽노라면 마치 무당의 주문을 암송하는 듯한 착각에 사로잡힐 수도 있다. 그러나 당신이 아까 얼핏 본 한 구절에서 느꼈듯이 『산해경』의 그 단편적인 이미지 하나하나는 동아시아 상상력의 원천이다. 나는 이런 좋은 책을 행여 당신이 읽다가 중도에 포기하게 될까봐 두렵다. 그러나 당신은 기억해야 한다. 앞서 강조했듯이, 우리 이야기는 그리스 로마 신화나 근대소설에 대해 거는 기대를 갖고 읽으면 별로 재미가 없다. 우리이야기는 비현실적이기도 하고, 얼개가 엉성한 것 같기도 하지만 그것은 동서양 문화권의 세계관의 차이에서 비롯된 것이지 결코 열등해서 그런 것이 아니다.

중언부언 길게 얘기를 해왔지만 결론적으로, 그럼 어떻게 읽어야 하는가? 나는 여기에서 중국의 위대한 시인 도연명(陶淵明)[6]이 『산해경』을 어떻

게 읽었는지, 그 방법을 소개하고자 한다. 도연명은 「산해경을 읽고(讀山海經)」라는 시를 남겼는데 거기에 다음과 같은 구절이 있다.

歡然酌春酒, 반갑게 봄술 기울이며,

摘我園中蔬. 터밭의 푸성귀를 뜯네.

微雨從東來, 보슬비 동쪽으로부터 나리고,

好風與之俱. 훈풍도 더불어 불어올 제.

泛覽周王傳, 『목천자전』[7]을 두루 보고,

流觀山海圖. 『산해경』을 훑어보네.

俯仰終宇宙, 잠깐 사이에 우주를 돌아보게 되니,

不樂復何如. 진정 즐거운 일이 아니고 또 무엇이겠는가?

　도연명은 지금부터 1500여 년쯤에 살았던 전원시인이다. 그는 농사일을 하다가 집에 돌아와 『산해경』을 훑어본다. 이 '훑어보네' 의 원문은 '유관(流觀)' 으로 되어 있다. 즉 "물이 흘러가듯이 본다"는 뜻이다. 물이 흘러가 듯이. 그렇다! 자연스럽게 이미지를 따라서 읽어나가라는 뜻이 아니겠는가? 『산해경』을 읽을 때 당신은 심각하게 의미를 탐구할 필요는 없다. 그저 물 흐르듯 이미지에 몸을 맡기면 될 것이다. 그럴진대 당신은 부지중 『산해경』의 원초적 이미지들을 장악하게 될 것이고 그때 당신의 묻혀 있던 상상력이 잠에서 깨어나 가공할 위력을 발휘하게 될지도 모른다. 도연명은 이

---

6) 도연명(365~427): 동진(東晉)의 대시인. 벼슬을 버리고 전원에 은거하여 술을 즐기고 국화를 사랑한 시인으로 유명하다. 소박하고 자연미가 넘치는 전원시의 대가이다. 작품으로는 「귀거래사(歸去來辭)」「귀원전거(歸園田居)」「음주(飲酒)」 등의 시가 있고 유토피아를 꿈꾼 산문 「도화원기(桃花源記)」가 있다. 특히 신화집인 『산해경』을 두고 읊은 연작시 「독산해경(讀山海經)」 13수를 남기기도 하였다

7) 『목천자전(穆天子傳)』: 중국의 신화서. 주목왕(周穆王)이 여덟 필의 준마를 타고 서쪽으로 여행을 떠나 곤륜산에 이르러 서왕모를 만나고 돌아온 일을 기록했다. 이 책은 서기 281년, 서진(西晉) 무제(武帝) 때 급현(汲縣)이라는 고을에서 도굴꾼 부준(不準)이 전국(戰國) 시대 위양왕(魏襄王)의 무덤을 도굴하는 과정에서 발견되었다

미 "잠깐 사이에 우주를 돌아보게" 되었다고 말하지 않았던가?

[더 생 각 해 볼 문 제]

1. 서양의 인어 아가씨만 알고 있던 우리에게 『산해경』의 인어 아저씨는 충격적이다. 이것
   을 통해 우리는 상상력의 정체성에 대해 생각해 볼 필요가 있다. 혹시 현재 우리의 상상
   력은 서양의 신화, 전설, 동화 등을 표준으로 삼고 있는 것은 아닐까? 반면 우리의 전통
   적인 상상력은 억압되거나 잊혀진 것은 아닐까?

2. 『산해경』이 동아시아 상상력의 원천이라면 당연히 우리 문화와도 깊은 관련을 맺고 있
   을 것이다. 구체적으로 『산해경』의 어떤 내용들이 우리 문화와 관계되는지 살펴볼 필요
   가 있다. 특히 고대 동방의 패권 국가였던 고구려 고분벽화의 신화적 모티프들에 주목
   해보자.

3. 서양 신화가 영화, 애니메이션, 게임 등 현대 문화산업에서 콘텐츠로 활용되고 있는 것
   처럼 『산해경』의 현대적 활용의 가능성에 대해 생각해 보자.

[주 제 어]

동이계(東夷系)

고대 중국의 동방 해안 일대에 걸쳐서 살던 종족. 언어는 주로 알타이어 계통이며 샤머니
즘, 조류숭배 등의 원시종교를 공통으로 갖고 있다. 중국 문명 형성의 초창기에 큰 영향을 미
쳤으며 고대 한국의 종족, 문화와도 깊은 관련이 있다.

양성구유(Androgyn)

'남자(andro)' 와 '여자(gyn)' 를 뜻하는 그리스어에서 나온 용어로 암수한몸의 상태를 말한
다. 신화적 동물은 양성구유로 표현되는 경우가 많은데 융(C.G.Jung)은 이를 완전성의 상징으
로 보았다.

공감주술(Sympathic Magic)

비슷한 것들 혹은 접촉된 것들 사이에는 보이지 않는 기운이 작용하여 똑같은 효과를 일으
킬 수 있다는 생각에 근거하여 사물을 통제하려는 술법. 모방주술과 감염주술의 형태로 나누
어지며 인류학자 프레이저(J.G.Frazer)에 의해 처음 설명되었다.

동양의 오래된 꿈과 새로운 비전

사랑과 평화의 사상 : 『묵자(墨子)』

숨은 차원에서 만나는 생명의 그물 : 『노자(老子)』

『금오신화』를 읽는 두 가지 독법 : 김시습 『금오신화』

2

사랑과 평화의 사상
:『묵자(墨子)』

박문현 | 동의대학교

1. 머리말

2007년 1월 홍콩의 차세대 감독 장지량이 연출을 맡고, 유덕화, 안성기, 아이돌 그룹 수퍼주니어의 멤버인 최시원이 주연을 맡은 범아시아 프로젝트 〈묵공(墨攻)〉이 국내에 개봉되었다. 〈묵공〉은 일본 소학상(小學賞) 수상작이자 베스트셀러인 모리 히데키(森秀樹)의 동명 만화를 한국, 홍콩, 일본의 제작진과 배우들이 손을 잡고 영화화한 작품이다. 〈묵공〉은 특히 전략과 전술을 이용한 전쟁에 초점을 맞춰 각종 병법과 장비들을 동원한 실감나는 전투 장면들을 카메라에 담았다. 그러나 〈묵공〉의 메시지는 평화, 사랑, 반전(反戰)이라는 장지량 감독의 말처럼, 이 영화는 평화를 지키기 위해 전쟁에 뛰어든 혁리(革離)를 통하여 묵가사상이 가진 휴머니즘적인 시각을 강조하였다.

묵자를 창시자로 하는 묵가가 활동한 전국시대는 열국의 찬탈과 살육, 공격과 정벌이 극심했으며 그 피해 또한 막대했다. 이 시대의 많은 사상가들이 전쟁 방지를 위한 평화사상을 말하고 있지만 그 이론이 그리 체계적이지도 않고 실효성도 없는 것들이었다. 천민 출신으로 전쟁으로 인한 평민들의 고통과 피해를 실감한 묵자는 전쟁방지를 그의 가장 큰 과제로 삼았다.

묵자는 전쟁을 종식시키고 복지사회로 가기 위한 '겸애론'과 현실적인 전쟁을 막기 위한 '비공론'을 내놓고 그 이론을 실천한 평화사상가였다.

2. 묵자(墨子)의 생애와 시대적 배경

묵가(墨家)를 창시한 묵자(墨子)는 성이 묵(墨)이고 이름은 적(翟)이다. 노(魯)나라 사람인 그의 생애에 대한 역사적 기록은 많지 않아 자세한 것을 알기는 어렵다. 전목(錢穆)에 의하면 B.C. 475년에 태어나서 B.C. 392년에 세상을 떠난 것으로 보인다. 그의 주요 활동연대는 전국 초기(戰國初期)이다. 그는 일찍이 유학을 공부했으나 유가의 번잡한 예(禮)에 불만을 품고 새로운 학설을 창설했다. 묵자가 살아 있을 때는 제후들이 서로 다투어 천하가 요동치던 불안한 시대였다. 따라서 묵자는 분쟁을 제지하고 평화를 유지하는 것을 자기의 주요 임무로 삼았다. 그는 바쁘게 유세하고 자기의 이상을 선전하느라 조금도 쉴 틈이 없었다. 그러므로 "묵자의 자리는 따뜻할 날이 없었다"는 말이 전해오는 것이다. 유가의 인물들과 마찬가지로 묵자도 요·순·우·탕·문·무 등의 성왕을 숭상했으며 특히 하(夏)나라의 우(禹)왕을 존숭했다. 그는 우(禹)임금의 실천정신과 희생정신을 따르려 노력했다. 맹자는 묵자를 금수(禽獸)와 같은 존재라고 비판하면서도 "머리끝에서 발뒤꿈치까지 온몸이 다 닳도록 천하를 이롭게 하기 위해 노력했다"[1]고 칭찬

---

1) 『맹자(孟子)』, 고자하(告子下)편

했다. 그것만 보더라도 묵자의 천하를 위한 희생정신이 어떠했는가를 짐작할 수 있다.

묵자는 사상가이면서도 논리학자이고 군사전문가였다. '묵변(墨辯)'이 쓰여진 것은 후기 묵가에 의해서지만 이중에 들어 있는 명변(名辯)의 기본사상은 묵자에게서 온 것이다. '성수(城守)' 제편은 묵자의 탁월한 군사적 식견을 표현하고 있다. 그는 불의의 겸병전쟁은 반대하지만 약자들의 자기방어를 위한 전투는 지지한다. 그러므로 묵자의 책에는 전략적 방어사상에 입각한 방어의 전술과 방법이 강조되어 있다. 그가 제출한 방어에 필요한 14개 조건에는 천시(天時) · 지리(地利) · 인화(人和) · 정치 · 경제 · 외교 등 각개 방면이 포함되어 있다. 묵자는 군사전문가임에도 불구하고 학계에서는 이 방면의 인식이 부족하여 그의 군사사상의 깊이 있는 연구가 이루어지지 않고 있다. 묵자는 또 뛰어난 과학기술자로 군사무기를 발명하기도 하고 기하학 · 광학 · 역학(力學) 등에 관한 창의적인 이론을 내놓았다.

묵자의 제자는 3백 명이라고 '공수(公輸)' 편에서 말하고 있으나 이것이 전부가 아닌 것으로 보인다. 그의 제자 중에는 각국에 나가 관리가 되거나 유세를 하고 다니는 사람들도 많았기 때문이다. 여불위(呂不韋)가 "공자와 묵자의 제자들이 천하에 꽉 차 있다"[2]고 말한 것을 보면 그의 학술적인 영향이 대단했음을 알 수 있다. 그러므로 한비자(韓非子)는 "지금 세상에 이름을 떨치고 있는 학파는 유가와 묵가이다"[3]라고 말한 것이다.

묵가와 유가를 비교해 보면 그 조직제도나 구성원들에 있어서 큰 차이를 보인다. 유가가 엄격한 조직관리 제도를 갖지 않고 제자들도 대부분 예악, 문교에 종사하고 있는 것에 비해, 묵가의 조직제도는 비교적 엄격하고 대단한 결속력을 가지고 있었다. 그 조직에는 거자(鉅子)라는 리더를 두었는

---

2) 『여씨춘추(呂氏春秋)』, 존사(尊師)편
3) 『한비자(韓非子)』, 현학(顯學)편

데 묵자(墨者)들은 그를 성인처럼 받들면서 그의 지휘에 따라 일체의 행동
을 감행했다. 묵자의 제자들은 대부분 용사들로 구성되어 있었는데 이들은
보통 무사들과 달리 억강부약(抑强扶弱)의 필요가 있을 때 고도의 전투력을
갖춘 의용군이 되어 약소국을 도와 싸웠던 것이다. 묵자의 인격에 끌리어
그의 제자가 되고 그들에 의해 조직된 묵문집단(墨門集團)은 묵자 스스로가
밝혔듯이 300인 내외로 보이는 방대한 단체로서, 그 성격은『묵자』에 뚜렷
이 드러나 있지는 않으나, 종교성을 띤 국제적 평화유지단체로 생각된다.
강학(講學)을 중시하면서도 기율이 엄격하고 희생정신이 강한, 중국학술사
에 있어서 특이한 집단이다. 거자(鉅子)는 묵자 이후 맹승(孟勝)→전양자(田
襄子)→복돈으로 이어졌다.

　묵자가 살았던 시대는 중국 역사상 보기 드문 격변의 시대였다. 주(周)의
평왕(平王)이 동천한 이후 천자의 권력은 약해져 제후들은 예제를 지키지
않고 스스로 왕(王)으로 칭하곤 했다. 경대부들은 제후를 참월하였으며 심
지어 가신들조차 경대부를 참월하였다. 이렇게 계급조직 하나하나가 파괴
되어 가는 국면을 본 귀족 출신의 공자는 주(周)의 문화를 바로잡으려 애썼
으나, 천민 출신의 묵자는 비록 유학을 배웠으나 주제(周制)의 부흥엔 관심
이 없었다. 그는 사회개혁을 부르짖으며 봉건사회가 해체되어 평등하고 합
리적인 사회가 하루빨리 출현하기를 바랐다.

　묵자가 살았던 춘추 말엽에서 전국 초엽에 걸친 시대는 나라와 나라 사
이의 공벌(攻伐)이 극성하여 이른바 약육강식의 혼란의 시대였다. 춘추시대
에 신하에게 시해당한 임금이 36명, 망한 나라가 52국, 제후로서 망명하여
자기 조정을 보전치 못한 사람은 이루 헤아릴 수 없을 정도이였다. 전국시
대에 와서는 전쟁이 더욱 많아서 맹자의 말대로라면 들판과 성에 시체가
가득할 정도였다. 당시의 전쟁의 특징을 보면 전쟁의 규모가 일반적으로
수만 명이었던 것이 수십만 명으로 늘어난 대규모의 전쟁으로 확대되었다.
전쟁의 기간도 춘추시대에는 하루 또는 며칠에 불과했는데 전국시대에는

수개월, 또는 수년이 걸리는 장기전으로 변하였다. 전쟁의 방식에 있어서도 춘추시대에는 차진(車陣)을 치고 정면으로 충돌하는 형식이었는데 전국시대에는 대규모로 전차·보병·기병(騎兵)이 혼합되어서 필요에 따라 이동하였으며, 진지전과 공격전이 병용되었다. 이러한 세상에서 가장 큰 고통을 겪게 되는 것은 백성들이다. 백성들은 헐벗고 굶주리게 되고 수많은 젊은이들이 피를 흘리며 죽어 갔다. 이러한 참상을 목도한 묵자는 전쟁을 종식시키고 평화로운 세상을 만들기 위해 새로운 평화론을 주창한 것이다.

3. 묵자의 사상체계

묵자의 텍스트에 대해서는 중국 최고(最古)의 도서목록인 『한서(漢書)』 「예문지」에 『묵자』 71편으로 기록되어 있으나 한대 이후 18편이 없어지고 현재는 53편만 남아 있다. 『묵자』에는 10개의 주요 관념이 있는데 이것을 '10론'이라고 말한다. 묵자가 천하를 유력(遊歷)하고는 말했다.

무릇 나라에 들어가면 반드시 힘쓸 일을 선택하여 일에 종사해야 한다. 국가가 혼란하면 어진 이를 높이며 통일사상을 높이라고 말하고, 국가가 경제적으로 어려우면 절용(節用)과 절장(節葬)을 말하고, 국가가 음악을 즐기고 주색에 빠져 있으면 음악을 금지하고 운명을 믿지 말라고 말해야 한다. 또 국가가 음탕하고 무례하면 하늘을 받들고 귀신을 섬기라고 말하며, 국가가 약탈에만 힘쓰고 침공을 일삼으면 겸애하고 비공(非攻)하라는 것을 말함으로써 해야 할 일을 택하여, 일을 바르게 하는 것이라고 말할 수 있다

『묵자』의 편장으로는 상현(尙賢)·상동(尙同)·겸애(兼愛)·비공(非攻)·절용(節用)·절장(節葬)·천지(天志)·명귀(明鬼)·비악(非樂)·비명(非命)의 각

각 상중하(上中下) 30편이 '10론'에 해당하는데 지금은 23편만 남아 있다. 10론과 「묵경(墨經)」을 중심으로 묵자의 기본사상은 다음과 같다.

1) 하느님의 뜻에 따르는 종교사상

묵자는 종교적인 힘을 빌어 사람들의 게으름과 사악함을 훈계하고 부지런하고 착하도록 부추겨 구세의 이상을 실현하려 했다. 묵자의 천(天)은 지고무상(至高無上)의 존재로 인류 만물을 주재하고, 이지적이며, 좋고 나쁨을 나타내는 의지적 인격신이다. 이러한 천은 인류 만물의 주재자일 뿐만 아니라 상선벌악(賞善罰惡)의 덕능을 가진 인류 최고의 통치자이므로 천의 뜻에 순응하고 천을 본받을 것을 묵자는 강조하고 있다.

묵자는 다신론자로서 천을 믿는 것 외에 귀신의 존재를 믿는다. 그에 있어서 인간의 선악을 심판하는 주체는 물론 천이지만 또한 귀신이 천을 보좌하는 것이다. 묵자는 귀신의 존재를 확인하고 그냥 믿기만 하는 것이 아니라 증명을 시도했다. 천과 인간의 가운데 있으면서 인간의 선과 악을 끊임없이 감시하여 어진 이를 상 주고 난폭한 사람을 벌 주는 것이 귀신인데, 세상이 혼란한 것은 이러한 귀신의 존재를 의심하기 때문이라고 했다. 이렇게 귀신이 엄연히 존재하고 그것이 세상을 명찰하고 있으므로 귀신을 잘 섬겨야 한다는 것이다.

묵자는 또 운명론을 배격하고 인간의 실천의지를 강조하고 있다. 비록 천지(天志)가 있고 귀신이 있으나 사람들은 노력하여 복을 구할 것이지 가만히 앉아 신의 도움을 기다려서는 안 된다는 것이다. 만약 운명이 정해져 있다고 믿게 되면 도덕이 파괴되고, 정치가 혼란해지고, 경제가 빈궁해지는 결과를 가지고 올 것이기에, 묵자는 비명(非命)을 주장하여 열심히 노력하여 각자의 직분을 지키면 천하를 이롭게 할 수 있다고 했다.

요컨대 천은 최고의 상제이고, 귀신은 천 아래에 있으면서 천의 뜻에 따라 협조한다. 천과 귀신은 일체를 결정하며 일체를 지배하는 것으로 운명을 인정하지 않으므로 비명(非命)은 천과 귀신의 권위를 더욱 높여주는 것이 된다. 이것이 묵자 종교사상의 대강 체계이다. 그러나 천과 귀신의 관계에 있어서 천이 귀신을 어떻게 지휘하는가에 대해서는 확실한 설명이 없다. 또한 묵자의 사상에는 종교에서 중시하는 내세의 문제라든가 불가사의의 신비한 색채를 찾아볼 수 없고 철저하게 현실적이기에 일반적 의미로서의 종교로 성립될 수는 없었고 묵자도 종교가는 아닌 셈이다.

2) 상현과 상동의 정치사상

『묵자』의 요지는 서로 사랑하고 서로 이롭게 함으로써 서로 미워하고 서로 빼앗으려 하지 않도록 해야 한다는 것이다. 사람이 일단 다른 사람을 자기처럼 사랑하고 다른 사람을 자기처럼 여기게 되면 혼란은 없어지고 세상은 잘 다스려지게 된다. 이러한 대동세계의 이상을 실현하기 위해서 묵자는 겸애주의(兼愛主義)를 위주로 하고 상동(尙同)·상현(尙賢)으로 이를 보충하려 했다.

국가 출현 이전의 자연상태를 혼란의 세계로 보고 이를 극복하기 위해 통치자가 나오게 되었으며 특히 천에 의해 추대된 천자는 국가의 안정과 사회의 질서를 위해 절대적인 권위를 가진다고 말한다. 즉 천자는 입법권과 상벌권을 가지고 인민은 이장에게, 이장은 향장에게, 향장은 제후에게, 제후는 천자에게 각각 윗사람에게 뜻을 같이하는(上同) 단계적인 상향식의 상하 질서를 요구하고, "천자가 옳다고 하는 것은 반드시 옳다고 여기고 천자가 그르다고 하는 것은 반드시 그르다고 생각해야 한다."고 하는 절대적인 지배를 주장한다. 이렇게 하여 삼공(三公)·제후(諸侯)·사(士)·서민(庶民)이 모두 천자에 의해 지배되지만 천자는 천하의 이상을 통일하여 천의 뜻에 따라야 하므로 천자는 다시 천에 의해 지배된다. 이것이 묵자의 상동

(尙同)이론이다. 여기서의 상(尙)은 상(上)을 의미한다. 즉, 묵자는 정치 질서의 최고 주재자로서의 천의 존재를 상정하여 지배체계의 통일성을 강조하고 군권(君權)을 제한하려 한 것이다. 그러나 천이 천하를 통괄한다는 묵자의 논리와 천자가 천하를 통치한다는 현실은 천명의 논리가 뒷받침되어 있는 한 서로 모순되지는 않는다.

천하의 모든 사람이 뜻을 같이해야 할 천자는 물론이고 각급 정치 지도자들은 반드시 현능자(賢能者)자라야만 한다. 그렇지 않으면 중앙집권적인 상동(尙同)정치는 극도의 전제정치가 되고 만다. 이에 묵자는 상동론(尙同論)을 보강하기 위한 상현론(尙賢論)을 따로 설정하여 나라에 현능자가 많으면 정치가 안정되고 잘 다스려진다는 현인정치를 주장하고, 관리의 임용에 있어서는 일체의 정실(情實)을 배제하고 공평하게 현능자를 등용할 것을 강조한다. 즉 "관직에 있다고 항상 그 자리를 지킬 수 있는 게 아니고 평민이라고 해서 항상 천한 상태로 있을 필요는 없다"고 하여 귀족세습정치를 반대하고, 비록 농업이나 상공업에 종사하는 사람이라도 능력만 있으면 등용하여 높은 직위와 많은 녹을 주어 정사(政事)를 맡겨 명령할 권한을 주어야 한다는 것이다. 이와 같이 출신·귀천을 따지지 않는 철저한 능력 본위의 관리임용과, 현능자에 대한 우대, 철저한 능력 심사를 바탕으로 한 적소 배치 등은 무척 진보적인 현인정치사상으로 주목할 만하다.

묵자의 상현론에 있어서 현인의 능력 및 그 현실적인 성과를 지나치게 강조한 나머지 도덕적인 교화의 공능을 소홀히 한 점과 상동론에서 '일동(一同)'의 실현을 지나치게 강조한 나머지 인간의 개성을 무시하고 인성의 존엄성을 말살하려 한 것은 "천하인의 인심에 배반되므로 천하인이 감당하기 어렵다"는 장자(莊子)의 비평을 받을 만한 것이다.

그러나 이러한 방법상의 문제점에도 불구하고 묵자의 '상동(尙同)'과 '상현(尙賢)'의 정치사상은 어디까지나 천하의 모든 백성들이 다 같이 이익을 얻어 최고의 행복을 누릴 수 있게 하는 것을 그 목표로 하고 있다.

3) 절용의 경제사상

묵자가 살던 전국 초기의 왕공대인들은 절약할 줄 모르고 극도의 사치스런 생활로 국고는 텅텅 비고 백성들은 굶주림과 노역에 시달리고 있었다. 이에 묵자는 왕공대인들에게 사치와 낭비의 누습(陋習)을 버리고 천하의 이익을 증가시키는 데 이바지할 것을 요구한다. 국가의 이익을 증가시키려면, 다른 나라를 침략하거나 병탄하여 땅을 확장하기보다 쓸데없는 낭비를 막고 소비를 절약하면 된다는 것이다. 그러면 어떻게 하면 절약할 수 있는가? 이에 대해 묵자는 두 가지 원칙을 세웠다.

첫째, 모든 것은 백성의 소용에 부족함이 없도록 공급이 되면 그것으로 그친다.

묵자는 인간의 욕망은 생명을 유지하는 데 필요한 최저한도를 표준으로 해야 함이 마땅하다고 생각했다. 예를 들면 배고픔을 없앨 만큼의 음식, 비바람을 피하고 남녀의 예를 차릴 수 있을 만한 집, 육로와 수로를 통하여 교통을 편리하게 할 만한 수레와 배 등 최저생활에 필요한 것만을 만족시켜 주면 된다는 것이다. 만약 이러한 한도를 초과한다면 그것은 모두 생활의 필수품이 아니라 사치품이 되므로 절제해야 된다.

둘째, 백성에게 이익을 더해 주는 일이 아니라면 비용을 일절 쓰지 않는다.

묵자는 재물, 정력, 시간을 사용함에 있어서는 유리한 효과를 얻을 수 있어야 한다고 생각했다. 심지어 유가에서 도덕적인 관점에서 극히 중시하는 상례와 장례의 문제에 대해서조차도 이러한 공리주의적 관점에서 경제적 가치에 더 비중을 두어 박장(薄葬), 단상(短喪)을 주장한다. 즉, 부모를 중후한 관곽(棺槨)에 넣어 장례 지내거나 오래도록 곡을 하며 삼년상을 지키는 것은 재물을 낭비하고 신체를 훼손시켜 근로를 방해하고 생산을 감소시키는 것이므로 절제해야 한다는 것이다.

묵자의 시대에는 귀족들이 밤새워 술을 마시고 음탕한 음악을 즐기며 사치와 낭비를 일삼아 사회의 풍속을 해치는가 하면 끝내는 나라를 망하게 하기도 했다. 이에 묵자는 음악을 반대하는 비악(非樂)을 주장한다. 그는 음악을 연주하고 즐기는 것은 옛 성왕의 일에 어긋나는 것이며 백성들의 이익에도 도움이 되지 않으므로 아예 하지 말아야 한다는 것이다.

유가와 도가도 다 같이 사치를 배격하고 검약을 주장하였지만 모두가 소극적인 데 비해 묵자의 절용정신은 중국 역사상 그 누구도 따를 수 없을 정도로 적극적이다. 그러므로 『사기』에서 묵자를 소개하면서 "대체로 묵적은 송나라 대부로서 나라를 방어하는 일을 잘 하였고 절용을 주장하였다."고 하여 절용이 묵자사상의 대표적인 것으로 꼽고 있다.

묵자는 또 생산의 중요한 요소인 노동을 인간의 기본적인 생존요건으로 보고 신성하게 취급하면서 노동의 성과는 반드시 보장돼야 한다고 강조한다.

4) 묵자의 과학과 기술사상

묵자는 풍부한 과학정신을 가지고 있기에 억측을 반대하고 실험을 중시하였다. 그는 또한 법을 중시하였다 '법(法)'은 곧 표준이다. "표준이 없으면서도 그의 일을 이룩할 수 있는 사람은 없다."고 하기도 하고 "목수도 역시 그의 굽은 자를 들고서 천하의 직각과 직각이 못 되는 것을 잰다. 그들은 그들의 굽은 자에 들어맞는 것을 직각이라 말하고 들어맞지 않는 것을 직각이 아니라고 말한다. 그래서 직각과 직각이 아닌 것을 알 수 있게 되는 것이다."고 말한다. 이러한 까닭은 무엇인가? 곧 직각에 관한 표준이 분명하기 때문이다.

'방법(方法)'이란 단어는 원래 직각을 재는 방법이었는데 지금은 일반적인 보통명사로 되어 있다. '방법(方法)'이란 묵자가 가장 먼저 쓴 말이다.

묵자의 과학정신은 삼표법(三表法)에서도 찾아볼 수 있다. "이론을 전개시키려면 반드시 세 가지 기준이 서 있어야 한다. '삼표(三表)' 즉, 세 가지 기준이란 근거, 실증과 효용이다. 옛 성왕(聖王)의 사적(事蹟)에 근거를 두며, 서민들이 보고 들은 사실에서 실증을 찾고, 형벌과 정치를 통하여 국가와 백성의 이익에 합치하는가를 살피는 것이다."

이와 같이 묵자가 경험과 관찰을 중시하여 객관성을 추구함으로써 과학적 사고방법을 채용한 것은 중국철학의 결점을 보완한 것이며 묵가의 과학사상과 기술의 개발에 바탕이 된다.

중국 고대에 있어 시간과 공간 문제를 과학적으로 깊이 있게 다룬 사상과 집단의 하나가 또한 묵가(墨家)이다.

> 구(久,시간)는 다른 시간에 두루 걸치는 것이다. 구(久)는 고금(古今), 단모(旦暮)와 같은 시간이다.(경상(經上), 경설상(經說上))
>
> 우(宇,공간)는 다른 장소에 두루 걸치는 것이다. 우(宇)는 동서남북과 같은 공간이다.(경상(經上), 경설상(經說上))

우리가 시간을 인식한다는 것은 '이시(異時 ; 다른 때)'에 의해서만 가능하다. 여러 가지 다른 '이시(異時 ; 다른 곳)'로부터 추상하여 일반적 시간 개념에 도달한다는 정의(定義)가 과학적 범주에 속하는 것이다. 또한 우리의 공간 인식은 구체적인 여러 가지 '이소(異所)'로부터 추상하여 일반적 공간에 이른다는 것이다. 그리고 공간 속에 물체가 이동하는 상태를 가리켜 운동이라고 정의함으로써 운동과 시공(時空)의 관계를 말해주고 있다.

시간 공간의 상호 관련에 관한 이론은 '경하(經下)'에서도 볼 수 있다. 즉 "운동에는 일정한 공간의 경과와 시간이 필요하다. 길을 가는 데는 가까운 데를 경과하여 먼 곳에 도달한다. 운동은 반드시 선근(先近), 후원(後遠)에 의하는 것이다." 우주 공간과 시간의 연속 중에 무한히 많은 특정 장소와 측정 시간이 서로 관련을 가지면서 항상 그 위치를 달리하고 있다는 것이다.

어느 한 위치에 서서 관찰하는 자의 입장에서 본다면 우주는 다른 관찰자가 보는 것과 현저하게 다른 양상을 띨 것이다. 이러한 묵가의 이론에 대해서 조셉 니담은 중국의 과학이 아리스토텔레스의 논리학의 수양을 쌓지 않고도 그 현대성을 획득할 수 있었던 것에 대해 경탄을 금하지 못하고 있다.

「묵경(墨經)」의 '경하(經下)'에는 8조에 걸쳐 광학(光學)에 관한 내용이 실려 있다. 빛과 그림자의 관계, 빛의 직선 진행 문제와 오목렌즈와 볼록렌즈가 만드는 상(像)의 문제 등이 실험 결과와 이론 설명으로 상당히 완전하고 논리적 체계로 이루어져 있다. 중국의 과학사학자인 전임조(錢臨照)가 말하기를 "세계 광학이론의 가장 빠른 기록은 일반적으로 유클리드의 것이라고 알려져 있다. 그러나 그의 책에는 빛이 직선으로 진행한다는 짤막한 글만 있을 뿐 어떻게 실험해서 그렇게 되었는가 하는 증명은 찾아볼 수 없다. 빛이 직선으로 진행하는 기본성질의 위대한 발견은 묵경(墨經)이 유클리드에 비해 더 빠르고 더 나은 것이다"라고 했다.

'점(點)은 넓이가 없는 선(線)의 맨 끝에 있는 부분이다.'
'원(圓)은 중심을 지나는 모든 직선의 길이가 같은 것이다.'
'원(圓)의 중심은 원주(圓周)로부터 같은 거리에 있다.'
'평행이란 같은 높이를 뜻한다.'
'직사각형은 모두 4선분과 4직각을 가지고 있다.'

이와 같이 「묵경(墨經)」에는 단편적이나마 마치 유클리드의 원론의 일부를 연상케 하는 기하학에 관한 논리적인 기본명제가 실려 있다. 연역적인 방법을 배제한 중국 수학의 전통, 그리고 특히 중국인의 사유 패턴에는 결여되어 있다고 일반으로 알려진 원자론적인 불가분성의 발상, 예를 들면 점에 관한 정의 등이 있다는 것과 관련하여 이러한 기하학에 관한 단장(斷章)이 그리스로부터의 영향이 아닌가 하는 의구심이 없지도 않다. 그러나 묵가의 기술적인 업적을 보거나 과학적 내지는 논리적인 태도를 보더라도 그들의 독창적인 것임을 알 수 있다.

『열자(列子)』에는 "반수(班輸)는 운제(雲梯)를 만들고 묵적(墨翟)은 비연(飛鳶)을 발명하여 두 사람이 다 인간의 지혜의 극치라고 자부하고 있었다."라는 글이 보인다. 여기에 장담(張湛)이 주를 달기를 "묵자가 나무로 된 연을 만들었는데 날아서 사흘을 땅에 내리지 않았다"고 말하고 있다.

『묵자』 가운데 비성문편(備城門篇)을 비롯한 11편은 묵가가 2세기 동안 축적한 방어 전술과 병력의 배치 및 전쟁 무기에 대한 전문 기술과 그에 관한 지식들이 풍부하게 기록되어 있다. 특히 축성(築城) 공정의 실제와 관련된 내용은 고대 중국의 건축, 토목기술사 연구의 소중한 자료가 되고 있다. 예를 들면 비혈(備穴)편에서는 묵가가 '앵청(罌聽)' 이라는 소리를 탐지하는 기구를 발명한 것을 볼 수 있다. 적이 땅 속 깊이 땅굴을 파고 기습해 올 경우를 상정하여 선제(先制)공격을 하기 위한 기구이다. 도공(陶工)으로 하여금 40말 들이 크기에 가운데 배가 불룩하게 튀어나온 물장군을 구워 만들게 한다. 그리고 입마구리 둘레를 얇은 가죽으로 밀봉한 다음 그것을 우물 속 수면에 잠기도록 넣어둔다. 귀가 남다르게 밝은 사람을 시켜서 거기서 엎드려 소리가 나는 그 진동의 방향을 수시로 살펴 들을 수 있게 한다면 적병이 파들어 오는 땅굴의 위치를 정확히 탐지할 수 있다는 것이다. 이러한 설비는 근대 해상 정찰기구인 '성납(聲納)' 의 원리와 매우 비슷하다. 이것이 후대 측성학(測聲學)의 선구인 것이다. 철의 발명으로 인하여 묵자와 그의 제자들은 많은 신무기(新武器)를 만들고 이용할 수 있었던 것이다. 중국의 금중면(촉仲勉) 교수에 의하면 현대의 군사전략, 특히 제2차 세계대전 중 일본이 널리 응용한 '호혈전(狐穴戰)' 은 실제상 묵자서(墨子書) 중에서 그 모델을 모두 찾아볼 수 있는 것이라 한다.

4. 사랑과 평화의 이상

1) 겸애의 이상사회

묵자는 중국 역사상 가장 혼란스러운 시대를 살면서 참혹한 전쟁과 비윤리적인 사회를 직접 눈으로 보고서 어떻게 하면 이 혼란을 막고 평화로운 세상을 만들 수 있을까를 생각한다. 그는 먼저 이 혼란을 다스리기 위해서는 마치 의사가 환자를 치료하기 전에 원인을 찾기 위해 진찰하는 것처럼 혼란의 원인을 밝히는 일이 중요하다고 말한다. 묵자는 당시의 세상이 전쟁과 찬탈과 도둑질로 서로 뺏고 해치는 것뿐만 아니라 권력이나 부(富)나 지식을 가진 계층이 그렇지 못한 계층을 억누르고 기만하며, 귀족계층이 비천한 자들에게 오만하게 거드름을 피우는 것까지도 모두 세상을 크게 해치는 일이라고 한다. 이와 같은 비인간적인 현상이 일어나게 되는 원인은 개인이나 사회나 국가나 각 계층이 각기 자기들 자신이나 그들이 소속된 집단 및 계층만 아끼고 사랑하고 이롭게 하려들고 다른 사람이나 다른 집단이나 다른 계층은 차별하여 멸시하며 해치려 하는 이기심 때문이라는 것이다. 이렇게 하여 남을 배려하고 남을 위해 나를 희생하는 겸애론이 등장하게 된다.

묵자의 사상에 있어서는 천을 존경하고 따르는 곳에 최고의 도덕이 있기에 세상의 혼란을 바로잡기 위해서는 천의 뜻대로 서로 사랑해야 한다는 것이다. 그러나 겸애가 천지(天志)에 그 바탕을 두고 있긴 하지만 인간의 사회적 요청에서 파생된 것이므로 국가와 백성의 뜻에도 들어맞아야 한다.

묵자는 남을 미워하고 남을 해치는 것을 '별(別)'이라 규정짓고, '별' 하게 되면 천하가 큰 해를 입게 되므로 '별'은 그릇된 것이라고 비판한다. 그는 비판에만 그치지 않고 그릇된 것에 대치시킬 수 있는 대안을 내놓는다. "겸(兼)으로써 별(別)을 바꿔야 한다[兼以易別]"는 것이다.

묵자의 겸애사상이 가지고 있는 의미는 다음과 같다.

첫째, 겸애는 보편적인 사랑이다. 천(天)의 자연적 본질을 통해 천의 뜻이 만물을 편벽됨이 없이 보편적으로 사랑하는 것으로 생각한 묵자이기에 그의 겸애의 이상 역시 모든 인류를 보편적으로 사랑하는 것이다.

즉, 묵자에 있어서의 "사람을 사랑한다"는 것은 논리적으로 말하면 사랑하는 것에 대한 주연(周延; 어떤 개념을 포함하는 판단이 그 개념의 외연 전부에 대하여 무엇인가를 주장하고 있을 때 그 개념의 상태를 이르는 말)이다. 그러므로 겸애의 대상은 어떤 일부의 사람도 배제함이 없는 모든 사람이다. 사실 인간은 누구나 다 사랑하는 사람이 있다. 즉 인간은 누구나 다 자기 자녀를 사랑한다. 그러므로 한 사람이 어떤 다른 한 사람을 사랑한다고 하여 그가 보편적으로 모든 사람을 사랑한다고 할 수는 없다. 그러나 반대의 측면에서 보면, 한 사람이 어떤 사람을 미워한다는 사실은 그가 사람을 사랑하지 않는 것을 뜻한다. 이와 같은 추리가 가능한 것은 묵자가 사람과 사람의 관계를 기계적이 아니라 유기적으로 보기 때문이다. 또 묵자의 겸애는 인류 전체를 대상으로 공간과 시간의 제약을 받음이 없이 인간이면 누구나를 가리지 않고 두루 보편적으로 사랑하는 것을 그 이상으로 삼는다.

둘째, 겸애는 평등한 사랑이다. 천하에 있어 모든 나라는 크건 작건 모두 천(天)의 영토요, 인간은 아이 · 어른 · 귀인 · 천인 구분 없이 모두가 같은 천의 신하이기에 천은 만민을 똑같이 지켜주고 똑같이 길러줌으로써 만민을 평등하게 사랑하는 것이다. 이러한 천의 뜻에 따라 겸애를 주장하는 묵자는 "남의 집을 보기를 내 집같이 하고, 남의 몸을 보기를 내 몸같이 소중히 여기며, 남의 집안 보기를 내 집안 보듯 하며, 남의 나라 보기를 내 나라 보듯 소중하게 여기고 차별 없이 서로 사랑하게 되면, 남의 나라를 서로 공격하는 일도, 남의 집안을 서로 어지럽히는 일도 없을 것이며 도둑 또한 없어질 것이다."고 했다. 또 "임금과 신하, 아버지와 아들 사이에는 모두가 서로 충성하고 효도하고 자애하는 마음을 다하게 될 것이니 이렇게만 된다면 천하는 잘 다스려질 것이다."고 한다.

세상에는 대국과 소국, 대가(大家)와 소가(小家), 강(强)과 약(弱), 귀와 천의 상대적인 관계가 현실적으로 존재하고 있지만 이를 인도적 입장에서 본다면 모두가 평등한 것이다. 겸애가 평등한 사랑이라면 선인, 악인을 가리지 않고 천하의 모든 사람을 공평하게 사랑하는 것인가? 그렇지 않다. 묵자가 겸애의 대상으로 삼는 것은 선인일 뿐 남을 해치는 사람이나 도둑과 같은 악인은 그 대상에서 제외된다. 그 까닭은 천의 뜻이 상선벌악에 있기 때문이다. 즉 천은, 사람들을 차별하여 서로 미워하고 서로 해침으로써 천의 뜻에 어긋나는 사람들은 반드시 벌을 주는 것이다. 그러므로 묵자는 세상의 모든 악함과 해로움을 없애기 위해서는 남을 해치는 악인을 사랑할 수 없을 뿐만 아니라 그들을 적극적으로 제거해야 한다고 한다.

셋째, 겸애는 이(利)를 포함한다. 묵자는 애(愛)를 주장할 때 이(利)를 같이 말하는 것을 볼 수 있다.[4] 이것은 애(愛)와 이(利) 사이에 밀접한 관계가 있음을 말해주는 것이다.[5] 그는 어떠한 사물이나 제도, 학설, 관념 등은 모두 한 가지씩 '왜'를 가지고 있다고 생각한다. 바꾸어 말하면 모든 사물은 모두 한 가지씩의 '용도'가 있다. 그러므로 그 사물의 용도를 알아야만 비로소 그것의 옳고 그르고, 좋고 나쁘고를 알 수 있다. 즉, 모든 사물은 모두 실용을 위한 것이기에 만약 실용이 될 수 없다면 곧 그 사물은 본래의 뜻을 잃어버리는 것이다. 그러면 사람들은 왜 서로 사랑을 해야 되나? 그것은 "천

---

4) 예를 들면, "兼相愛, 交相利"(겸애중편), "天必欲人之相愛相利"(법의편), "兼而愛之, 兼而利之"(천지상편), "愛人, 利人"(겸애중편), "愛利萬民"(상현중편) 등이 있다

5) 겸애(兼愛)와 교리(交利)는 둘이면서 하나이고 하나이면서 둘이다. 겸애를 떼고 교리를, 교리를 떼고 겸애를 말하기는 어렵다. 三浦藤作, 『東洋倫理學史』, (東京 : 中興館書店, 1943), 175쪽

하의 이익을 일으키고 천하의 해를 제거하기 때문이다."

또한 천하의 이익을 일으키기에 서로 사랑하는 것이 옳은 것이기도 하다. 그러므로 묵자에 있어서는 천하에 이익을 가져오지 못하는 사랑은 참다운 의미의 사랑이 아닌 것이며, 겸애의 완전한 용어 역시 '겸상애 교상리(兼相愛 交相利)'인 것이다.

묵자는 세상의 혼란을 평정하고 평화로운 겸애의 이상사회를 구축하는 가장 좋은 방안이 사람들이 서로 사랑하는 것임을 확신하고 "남을 사랑하라고 권하지 않을 수 없다"는 것이다.

2) 비공(非攻)의 평화론

천하에 해로움이 되는 것이면 무엇이든지 물리치고, 천하에 이로움이 되는 것이라면 어떤 어려움이라도 무릅쓰고 실천하고야 말겠다는 묵자의 정치적 이상에 있어서 천하에 가장 해로움이 되는 것은 무엇보다도 나라와 나라 사이의 전쟁이다. 그러므로 묵자는 백해무익한 전쟁을 극력 반대하는 것이다. 묵자가 내놓은 '비공(非攻)'의 이론은 침략전쟁을 반대한다는 것으로, 묵학 중에서도 가장 구체적이면서 실질적인 이론이다. 그의 '비공(非攻)'의 이론은 '의(義)'의 윤리적 기초 위에 성립한다.

비공(非攻)의 윤리적 기초 : 의(義)

묵자 내지 묵가학설의 기본정신인 '10론'을 꿰뚫고 있는 최고의 가치규범은 '천지(天志)'이다. 천 혹은 천지가 묵자의 구세활동의 표준인 것이다. 그런데 천은 의(義)를 바라고 불의(不義)를 싫어한다. 따라서 의(義)는 천의 본질이며 천의 의지의 내용이 된다. 곧 묵학의 근본적인 목표는 의(義)로써 천(天)과 인(人)이 교류하고 천으로써 천하를 구제하고자 하는 것이다. 만약 우리가 묵학의 정신을 '묵도(墨道)'라고 한다면 '묵도'는 곧 '의도(義道)'인 것이다.[6] 그러므로 묵자가 말하기를 "천하에 의(義)가 있으면 살고, 의가 없으면 죽는다. 또 의가 있으면 부유하게 되고 의가 없으면 가난하게 되며, 의가 있으면 평화롭게 되고 의가 없으면 혼란해진다."고 한다.

그는 행동과 실천을 중시하는 사상가로서 "모든 일에서 의(義)보다 더 귀한 것은 없다."고 말함으로써 의를 묵자(墨者)들이 수행하고 행동함에 있어서 자아를 규약하는 원칙으로 삼고 있음을 알 수 있다. 그래서 묵자는 "즐거움도 버리고, 성냄도 버리고, 음악도 버리고, 슬픔도 버리고, 인(仁)과 의(義)만 실천하며, 손과 발과 코와 입과 눈이 의(義)에만 종사하는 것은 반드시 성인만이 하는 것"이라고 말하는 것이다. 자기의 생각과 말과 행동에 있어서는 자기의 감정을 배제하고 신중하게 일의 성과를 생각하며 스스로를 조절하고 자제함으로써 개과천선하는 것이 수신의 원칙임을 주장한다. 이러한 주장의 의도는 비공(非攻)이념을 실천함에 있어서도 의(義)로써 기준을 삼기를 희망하는 것이다. 전쟁을 좋아하는 사람들이나 전쟁을 잘하는 사람들이 반드시 의(義)로써 자아를 절제하고 점검함으로써 전쟁에 대한 욕구를 근본적으로 단절하게 하려는 것이 묵자의 생각이다.

묵자에 있어서 의(義)는 천하의 좋은 보물로서 "모든 일에 의보다 더 귀중한 것은 없다."고 했는데 이 '의(義)'가 곧 '이(利)'이다.

이와 같이 묵자에 있어서의 의(義)와 이(利)는 뗄 수 없는 관계이다.[7] 곧 의로와야 이롭다 할 수 있으며 의롭지 못한 행위는 이롭지도 못한 것이다. 의롭지 못한 이(利)는 자기만을 이롭게 할 뿐 오히려 다른 사람을 해롭게 하는 것으로 이것이 유가가 배격하는 소리(小利)이다. 묵자에 있어서도 이러한 소리(小利)는 배격하고 오로지 최대 다수자를 위한 대리(大利), 공리(公利)

---

6) 蔡仁厚, 『墨家哲學』, (台北：東大圖書公司, 1978), 68쪽
7) 『묵자』 외에도 이와 같이 義와 利를 같이 말하는 것으로는 "利者 義之和也"(『易經』 「文言傳」, "義以生利"(『左傳』 卷12), "德義利之本也"(『左傳』 卷7) 등에도 보인다

만을 추구한다. 묵자가 천하의 이(利)를 일으키려고 할 때의 이(利)는 "위로 는 천에 이로워야 하고 가운데로는 귀신에 이로워야 하며, 아래로는 사람 들에게 이로워야 된다."고 할 만큼 이(利)는 공적(公的)이고 객관적이어야 하는 것이다.

침략전쟁의 부정

묵자는 원칙적으로 전쟁을 거부하는 평화주의자이지만 모든 전쟁을 일 률적으로 부정하는 입장을 취하지는 않았다. 다른 나라의 부당한 일방적 침입에 대처하기 위한 자위의 전쟁은 정당화될 수 있으며, 평화의 필요악 으로서의 정의의 전쟁은 정당화될 수 있다는 상대적인 전쟁폐지론자라고 볼 수 있다.

그러면 묵자가 침략전쟁을 반대하는 논리를 들어보자.

첫째, 침략전쟁은 의롭지 못하기 때문이다. 묵자는 다음과 같이 말한다.

어떤 사람이 남의 밭에 들어가 복숭아나 오얏을 훔쳤다면 사람들은 이 일을 듣고서 그를 비난할 것이며 위정자는 벌을 내릴 것이다. 이것은 무엇 때문인 가? 남을 해쳐서 자기를 이롭게 했기 때문이다. 또 남의 개와 닭과 돼지 등을 훔쳤다면 그 의롭지 못함이 복숭아나 오얏을 훔친 것보다 더하다. 그것은 남 에게 더욱 많은 해를 끼쳤기 때문이다. […] 무고한 사람을 죽이고 옷을 빼앗고 창과 칼을 빼앗는다면 그 의롭지 못함이 남의 소와 말을 빼앗아 가는 것보다 더하다. […] 그러나 남의 나라를 침략하는 큰일에 있어서는 이것을 비난하기 는커녕 도리어 칭찬하며 의롭다고 하는 것이다. 이것을 어찌 의와 불의를 구 별할 줄 안다고 말하겠는가?

이와 같이 묵자는 남의 나라를 침략하는 일은 남의 나라를 크게 해치고 자기 나라를 이롭게 하려는 것이기에 그 무엇보다도 더 의롭지 못함을 논리적으로 증명하는 것이다.

묵자는 침략전쟁을 반대하지만 하(夏)의 우(禹)임금이 묘족(苗族)을 정벌했던 일이나, 상(商)의 탕(湯)임금이 하(夏)의 걸(桀)을 정벌했던 일, 주(周)의 무왕(武王)이 상(商)의 주(紂)를 정벌했던 전쟁은 주벌(誅伐)이기 때문에 오히려 찬양하고 있다. 이것은 이론상 모순으로 보인다. 그러므로 어떤 사람이 묵자를 비판하니 묵자가 말하기를 "당신은 내 말의 '유(類)'를 잘 살피지 못하고 있을 뿐더러 '고(故)'를 알지 못하기 때문이다. 그들이 한 것은 이른바 '공(攻)'이 아니라 '주(誅)'라는 것이다."라고 한 것이다. 묵자의 설명에 의하면 천의 뜻을 받들어 불의(不義)를 토벌하는 '주(誅)'는 자신의 권력욕이나 이익 때문에 무고한 나라를 침략하는 '공(攻)'과는 논리적으로 '유(類)'가 다르고 '고(故)'가 다르다는 것이다.[8] 그러므로 천의 뜻에 따라 불의(不義)를 토벌한 옛 세 성왕의 전쟁은 묵자가 반대하고 있는 '공(攻)'과 다른 '주(誅)'이기에 찬양함은 모순이 아닌 것이다.

둘째, 침략전쟁은 아무런 이익이 없기 때문에 이를 반대한다. 전쟁은 침략당하는 쪽이나 침략하는 쪽이 모두 큰 손해를 입게 된다. 전쟁을 일으키는 쪽은 물론, 방어하는 쪽도 군사를 동원해야 하는데 그 수가 사병들만도 십만 명이나 되어야 할 것이며 또 한 번 싸움을 걸었다 하면 길게는 몇 년이요, 짧아도 몇 달은 걸릴 것이다. 그러면 나라 안은 온통 전쟁에 휩싸여 나라는 가난하게 되고 사람들은 모두 자기의 할 일을 못하게 된다. 이러한 인력의 손실에다 재물의 손실 또한 쌍방이 엄청나다. 그러나 이것보다 더 큰 손실은 전쟁으로 인해 나라가 망하는 것이다.

침략전쟁의 방지책

---

8) '유(類)'는 추론(推論)의 범위를 나타내는 개념으로 사물의 연계성(連繫性)을 파악하는 것이며, '고(故)'는 추론의 이유를 나타내는 개념으로 사물의 인과성(因果性)을 탐구하는 묵자의 독창적인 논리사상이다

묵자는 강대국의 침략 야욕을 억누르고, 만약 침략을 당했을 때의 생존을 위해서라도 각국은 국방력을 강화해야 한다고 주장한다. 국방력을 강화하는 가장 좋은 방법은 국가를 부유하게 하고 인구를 많이 늘이며 정치가 안정되도록 하는 것이다. 그 다음으로 강구해야 할 일은 방어용 무기를 갖추고 방어기술을 개발하여 성을 튼튼히 지키는 것이다. 이렇게 하면 나라의 환난을 거의 면할 수 있을 것으로 보는 것이다. 따라서 나라의 환난을 방지하는 근본적인 대책은 미리 대비하는 것이다.

국방상의 자위수단으로 가장 중요한 것은 식량과 군대와 성곽이다. 한 나라가 자기 나라를 방위하기 위해서는 이 세 가지를 반드시 충실히 갖추어야 한다. 식량이 풍부하고 군대가 강하며 성곽이 공고하다면 다른 나라의 침략을 두려워할 필요도 없을 뿐만 아니라 어떤 나라도 이런 나라를 함부로 넘보지 않아 전쟁이 없는 평화로운 세계를 이룰 수 있는 것이다.

또 국토를 방위하기 위해서는 수비의 주체가 되는 군대를 조직하고 군사를 훈련시키는 일이 그 무엇보다도 중요한 일인데 『묵자』에는 이에 대해 상세히 언급하고 있다. 특히 주목할 만한 것은 전국민 개병제(皆兵制)를 채택하고 있는 것이다. 이것은 묵자가 처음으로 창안한 것으로 노소의 남자와 20세 안팎의 여자들을 병역에 복무케 하여 전투에 투입시키는 것이다.[9] 특히 여자들도 병역에 복무케 한 것은 묵자의 또 다른 평등정신을 엿볼 수 있는 것으로 주목된다.

또 전쟁이란 전 인민의 생사가 걸려 있으므로 전쟁을 직접 담당하는 군사들의 정신을 바로잡아 군을 정예화 하는 것이 중요하다. 만약 기율이 확립되지 않고 명령이 지켜지지 않아 전쟁에 임하기 전에 이미 기강이 해이해진 군대라면 어떠하겠는가? 『묵자』에는 오늘날 생각해 볼 때 지나치리만큼 엄한 형벌을 정해 군을 다스려야 한다고 주장한다. 예를 들면,

---

9) 현존하는 『묵자』에는 비성문(備城門)편 이하의 11편이 모두 방어의 기계와 전술을 논하고 있다

창에 의지하여 성 위에서 벽에 매달려 내려 뛰거나 성을 오르내림에 있어서
여러 사람들과 행동을 같이하지 않는 자는 처단한다. 응답을 하지 않고 멋대
로 소리 지르는 자는 처단한다. 죄인을 놓치는 자는 처단한다. 적을 칭찬하고
우리 편을 비방하는 자는 처단한다.(호령편)

이와 같이 그 범죄에 따라 엄벌을 부과한 것은 상하의 행동을 일치토록
함으로써 전력을 집중시켜 국난을 극복하고자 하는 묵자의 강한 의지 때문
이다. 실제로 수어집단이라고도 할 수 있는[10] 묵자(墨者)집단에 있어서는
엄한 기율이 있었으며 그 기율에는 집단의 영도자인 거자(鉅子)도 예외 없
이 절대 복종해야만 하였다. 묵가의 기율이 이렇게 엄격했기에 묵자들은
일치단결하여 강고(强固)한 집단을 이룰 수 있었으며 이렇게 길러진 용무(勇
武)의 정신은 후세 사회의 유협(遊俠)정신의 남상(濫觴)이 되기도 했으나 이
엄격성이 약점이 되어 묵가가 쇠미하게 되는 원인이 되기도 한다.

묵자는 또 그 자신 군사전문가로서 수성(守城)의 전술 및 방어기구의 개
발에도 뛰어난 능력을 발휘했다. 예를 들어 성을 공격해 오는 적을 방어하
는 방법뿐만 아니라, 성벽 가까이 매달아 놓고 그 속에 사람이 타고서 성벽
을 기어오르는 적병을 창으로 찌를 수 있게 하는 현비(懸陴)나 누(壘)를 만드
는 방법을 『묵자』의 '비아부(備蛾傅)' 편 등에서 상세히 설명하고 있다.[11]

---

10) 방수초(方授楚)는 묵가의 조직은 학술성의 단체일 뿐만 아니라 동시에 오늘날의 혁명정당 비슷하며, 청
　　대 말엽에 '반청복명(反淸復明)'을 종지로 한 민간 비밀결사 단체인 '회당(會黨)'과 더욱 비슷하다고
　　말하고 있다(『墨學源流』, 115쪽 참조)
11) 영화 〈묵공〉에는 묵가가 사용하는 수성전(守城戰)의 각종 기묘한 전략들이 우선 커다란 볼거리이며,
　　또 묵자들이 서로 싸울 때 사용하는 곤충과 독을 병행한 독특한 싸움방식 역시 눈길을 끈다. 그리고 또
　　수백만 마리가 집단으로 날아다니며 주위의 동식물을 가차 없이 공격하는 메뚜기 떼나 짧은 시간 내에
　　급속도로 번식하여 주위의 동식물들을 공격하는 구더기처럼 생긴 흡혈충 떼를 전쟁에 이용하는, 생화
　　학 무기전을 방불케 하는 묵자들이 개발한 전쟁수단 역시 흥미진진하다. 이것들은 모두 『묵자』를 바탕
　　으로 작가가 상상력을 발휘한 것이다

묵자의 '비공'을 통한 평화사상도 한갓 이론으로만 주장된 게 아니다. 그는 '비공'의 실천을 위해 때와 장소를 가리지 않고 온갖 위험을 무릅쓰며 행동했던 것이다. 이제 묵자의 일생을 통해 가장 위대한 업적이라 할 수 있는 평화운동의 예를 보기로 하자.

묵자가 그의 평화사상을 주장한 것 가운데 가장 태도와 표현이 강경하고 기록이 상세한 것은, 초나라가 만든 운제(雲梯)라는 군사 장비를 가지고 송나라를 침략하려 했을 때 묵자가 그 소문을 듣고 초나라로 가서 송나라 침략을 중지시킨 다음과 같은 실례(實例)이다.[12]

과학기술의 명인이며 군사전문가이기도 한 공수반(公輸盤)이 초나라를 위하여 성을 공격하는 운제를 만들어 송나라를 침략할 준비를 하였다. 묵자는 노나라에서 이 소식을 듣고 즉각 출발하여 열흘 낮과 열흘 밤을 달리어 초나라의 도읍인 영(郢)에 이르러 공수반을 만났다. 묵자가 말하기를 "초나라는 여유 있는 땅을 가지고 있으나 백성들이 부족합니다. 부족한 백성을 죽임으로써 여유 있는 땅을 위하여 다툰다는 것은 지혜롭다 말할 수가 없습니다. 송나라는 죄도 없는데 그 나라를 공격한다는 것은 어질다고도 말할 수 없습니다. 알면서도 간(諫)하지 않는 것은 충성되다 말할 수가 없고, 간(諫)하여 뜻을 이루지 못하는 것은 강하다고 말할 수가 없습니다. 의로움으로 사람들을 죽이지 않는 것과 여러 사람들을 죽이는 것은 일의

---

12) 이 예화(例話)는 무척 유명한 고사로서 『묵자』 공수(公輸)편뿐만 아니라, 『회남자』 수무훈(修務訓)편에도 실려 있다. 근대에 와서는 노신(魯迅)(1881~1939)이 공수(公輸)편과 그 밖의 기록에 의거하여 '비공(非攻)'이란 단편소설을 썼다. 또 이 예화를 바탕으로 일본의 사케미 켄이치(酒見賢一)는 1991년에 역사소설 『묵공(墨攻)』을 썼고, 모리 히데키(森秀樹)는 1992년에서 1996년까지 만화 『묵공』 11권을 내놓았다. 이 만화는 우리나라에서도 1998년에 서울문화사에서 번역 발간되었다. 한대(漢代)에서 부터 쓰여지기 시작한 '묵수(墨守)'라는 말은 이 '지초공송(止楚攻宋)'의 예화 중 묵자가 성(城)을 굳게 잘 지켜 굴하지 않았다는 데서 연유하는 것으로, 자기의 의견을 바꾸기를 싫어하여 끝내 고집하는 것을 일컫는다

'유(類)'를 안다고 말할 수 없습니다."고 했다. 즉 초나라가 죄도 없는 송나라를 침략한다는 것은 '부지(不智)' '불인(不仁)' '불충(不忠)' '불강(不强)' '부지류(不知類)'의 잘못을 저지르는 것이라고 설득한다. 이러한 묵자의 논리적인 설득에 굴복한 공수반은 그 책임을 임금에게 미룬다. 묵자는 초나라 임금을 직접 만나 말하기를 "지금 여기에 한 사람이 있는데 그가 가진 아름다운 무늬가 새겨진 좋은 수레를 버려두고 이웃에 있는 다 낡은 수레를 훔치려 합니다. 그의 수놓인 비단 옷은 버려두고 이웃에 있는 짧고 볼품없는 옷을 훔치려 합니다. 그의 맛있는 기장과 고기는 버려두고 이웃에 있는 겨와 지게미를 훔치려 합니다. 이러한 사람을 어떠한 사람이라 하시겠습니까?" 하니 임금이 말하기를 "물론 도적질하는 버릇이 있는 사람이겠지요."라고 했다. 크고 부유한 초나라가 작고 가난한 송나라를 침략하는 것도 자기가 가진 것이 많은 데도 하찮은 남의 것을 훔치려는 도벽과 같다는 것이다. 묵자가 다시 "저는 임금님의 관리들이 송나라를 공격하려 하는 것도 앞 사람들과 같은 종류의 일이라고 생각합니다. 저의 생각으로는 반드시 의로움만 상하게 될 뿐 얻어지는 게 없을 것으로 압니다." 하니 임금이 말하기를 "좋은 말씀이오. 비록 그러하다 하더라도 공수반이 나를 위하여 운제를 만들었으니 꼭 송나라를 빼앗아야만 하겠소"라고 했다.

여기서도 우리는 묵자의 논리적 기교를 볼 수 있다. 먼저 한 비유를 든 후 다시 본래의 문제로 돌아온다. 이러한 방법으로 묵자는 임금의 침략행위가 도벽과 같다는 것을 깨닫게 만들어 놓고 있다. 그러나 임금은 다시 공수반이 만든 운제를 핑계로 묵자와의 논변을 회피한다. 이에 묵자는 다시 공수반을 만난다. 묵자는 허리띠를 끌러 성을 만들고 나무 조각으로 기계를 삼았다. 공수반은 성을 공격하는 방법을 아홉 번이나 바꾸면서 기계로 공격했으나 묵자는 아홉 번 모두 이를 막아냈다. 공수반은 성을 공격하는 기계의 방법을 다하였지만 묵자의 수비에는 여유가 있었다. 마침내 공수반이 묵자에게 굴복했다. 묵자는 다시 초나라 임금에게 말하기를 "공수반의 뜻은 다만 저를 죽이려는 것뿐입니다. 저를 죽이면 송나라는 초나라의 침략을 막아낼 수가 없을 테니 쉽게 공격할 수 있을 거라는 거지요. 그러나 금골희 등 저의 제자 3백 명이 제가 발명한 군사무기를 가지고 이미 송나라 성 위에서 초나라의 군대를 기다리고 있습니다. 비록 저 하나를 죽인다 하더라도 그들을 이겨낼 수는 없을 것입니다.”고 하니, 초나라 임금은 “알겠습니다. 나는 송나라를 침략하지 않겠습니다.”하고 굴복하고 만다.

아무런 벼슬도 없는 묵자가 초나라의 임금과 공수반을 만나 이들을 설득하고 전쟁을 막는다는 것은 쉬운 일이 아니다. 우리는 당시의 상황을 생각해 볼 때 묵자가 변론하고 모의전쟁을 할 때는 무척 긴장되었으리라 여겨진다. 그러나 묵자는 이런 고난과 위험을 무릅쓰고 초와 송나라에 조금도 손실을 끼침이 없이 곧 일어나고야 말 침략전쟁을 방지한 것이다. 이때 묵자는 종횡가(縱橫家)로 착각할 만큼 논리적인 웅변력을 발휘하였다. 침략을 중지시킨 주된 요인은 그 자신이 공수반보다 뛰어난 전략가일 뿐만 아니라 금골희 등 3백 명으로 편성된 특공대를 송나라의 성에 배치해 놓았기 때문이다. 이 이야기 속에는 묵자가 이론적으로 ‘비공론’을 제창했을 뿐만 아니라 실제로 묵자(墨者)로 구성된 평화유지군을 편성했다는 역사적 사실이 내포되어 있다. 또 이 이야기에는 놓칠 수 없는 에필로그가 곁들여 있다. 즉, 묵자가 죽을 고생을 거듭한 끝에 송나라의 성문에 이르자, 아무것도 모르는 송나라 사람들은 초군(楚軍) 내습 소문에만 두려움을 느껴 성문을 굳게 닫고 생명의 은인인 묵자를 받아들이지 않았다. 때마침 내리는 비에 묵자는 성문 앞에 주저앉아 비를 맞으며 갈 곳을 모르는 처량한 신세가 되었다는 것이다. 이것은 묵자의 헌신적인 평화운동을 교묘하게 형상화한 것이다.

이상의 예화를 통해서 묵자는 침략전쟁이 잘못된 것임을 논리적으로 비판하고 침략자의 야욕을 꺾기 위해 헌신적으로 노력한 구세의 사상가이며 이론의 실천가임을 알 수 있다. 그는 이론만의 평화주의자와는 다른 것이다.

5. 묵학(墨學)의 쇠미(衰微)

묵학은 한때 유학과 함께 현학(顯學)으로 많은 사람들의 호응을 받았으나 2백여 년이란 짧은 기간 그 사상의 빛을 발하다가 돌연 사라지게 된다. 묵학(墨學)이 현학(顯學)에서 절학(絶學)으로 된 원인을 다음과 같이 말할 수 있다.

첫째, 묵자는 하층계급의 권익을 옹호하는 것으로부터 시작하며 구세의 구호를 외쳤으나 묵자가 죽은 후 후기의 묵자들은 권력층에 의존하는가 하면 민중을 부리기도 했다. 특히 인구의 절대 다수를 차지하고 있는 농민들에 대한 관심이 적었다. 또 후기에 들어와 더욱 발달한 묵변(墨辯)의 논리사상이나 과학기술이론은 민중들의 생활과는 너무나 거리가 먼 것이었다. 이와 같이 민생을 외면한 묵가에 대해 지지하는 계층이 점점 줄어든 것이 묵가 쇠미의 한 원인이 된 것으로 보인다.

둘째, 묵가의 분열과 내부의 갈등이 집단의 세력을 약화시키고 이에 의해 쇠망의 길로 걷게 된 것으로 보인다. 무릇 하나의 사상집단이 확대되고 발전함에 따라 내부의 분열이 생기는 것은 일반적이다. 불교나 기독교는 물론이고 유가 역시 그러했지만 모두가 아직도 존속하고 있다. 특히 유가는 묵가의 분열 당시 8파로 갈라졌으나 오히려 발전을 계속해 왔다. 묵가가 이들과 다른 것은 후기 묵가에 들어와 「묵경」의 내용 등으로 이론이 난해하여 해석이 분분할 소지가 있었고, 또 하나 묵가 집단의 강고한 성격 때문에 그들의 주장을 통일하기가 어려웠기 때문이라 생각한다.

셋째, 묵가집단의 조직규율이 너무나 엄격했던 것이 쇠미의 한 원인이다. 묵가의 통솔자인 거자(鉅子)의 권위는 절대적이었으며 묵가는 거자의 통솔 아래 일사분란하게 움직여야만 했다. 묵자 183명의 집단 자살은 중국 역사상 그 유례가 없는 일로 오늘날의 사교의 집단 자살을 연상케 한다. 묵가가 종교적 이론을 선진제자(先秦諸子)의 어느 학파보다 풍부하게 갖추고 있으나 내세에 대한 비전이 없는 한 엄격한 규율과 순교자적인 죽음은 묵자들에게 두렵게만 여겨졌을 것이다.

넷째, 성읍 수비의 군사적 활동에 치중했기 때문에 그 역할의 한계도 묵가 쇠미의 한 원인이 된 것으로 보인다. 묵학에는 「묵경」와 같은 심오한 이론적인 부분이 있으나 근본적으로는 구세의 기치를 내걸고 실천하고 행동하는 경향이 강한 집단이었다. 특히 의협(義俠)을 중시하여 그들이 가진 수공업기술을 바탕으로 성읍을 수어하는 일에 주력했던 것이다. 그러나 통일을 이룩한 진한대(秦漢代)에 있어서 이러한 성읍 수비의 성격을 띤 묵가집단은 그 설 자리를 찾지 못했을 것이다.

이상의 몇 가지 원인으로 인해 묵가는 쇠미한 것으로 보인다. 그러나 학파로서는 진대에 있어서 쇠미하여 소멸했으나 사상으로서는 한대(漢代)의 초기에 많은 흔적을 남긴 것으로 보인다. 유가가 한무제(漢武帝)시대에 정치에 등장하여 관학화(官學化)에의 길을 걷게 된 것은 군주일원(君主一元)의 전제정치이론과 묵가사상과의 결합을 통해서일 것으로 생각된다. 또한 묵학의 민중의식과 종교의식은 사회 하층에 스며들어 태평도(太平道) 등 원시도교의 성립에 많은 영향을 준 것으로 보인다. 이렇게 묵학의 맥은 끊어지지 않고 2천여 년 동안 사상사의 속 깊이 지하수로 흐르다가 청조(淸朝) 말기 이후 지표에 등장하게 된다. 묵학이 부흥하게 된 것은 그 사상의 약점에도 불구하고 그 강점이 청조(淸朝) 말기는 물론 이 시대에도 유효하기 때문이다.

[더 생 각 해 볼 문 제]

1. 묵자의 겸애의 사회와 『예기』에 보이는 대동(大同)의 사회를 비교해보자.

2. 묵학은 진한(秦漢) 시대 이후 자취를 감췄다. 하지만 사상사의 저류에는 면면히 흘러 온 것으로 보인다. 묵학의 영향을 받은 사상에 대해서 생각해보자.

3. 묵학이 한국 및 일본에 유입되어 전개된 흔적을 찾아보자.

[주 제 어]

겸애

남을 사랑하기를 마치 자기를 아끼듯 해야 한다는 것이다. 겸애는 이로움을 근본으로 삼고 서로 이로움을 주고받는 것이다. 겸애에 반대되는 별애(別愛)는 이기심에 근거하는 자기중심의 차별적 사랑으로 남을 해치고 자기만의 이익을 추구하는 것이다. 묵자는 별애를 겸애로 바꾸어야 정치적, 경제적 평등사회를 이룰 수 있다고 주장한다.

비공(非攻)

침략전쟁을 반대하는 것이다. 그러나 나를 보위하기 위한 자위의 전쟁은 반대하지 않는다. 전쟁의 목적은 승리자라는 명성을 얻고 이익을 얻기 위해서라고 한다. 그러나 한 사람을 죽이면 불의라고 하면서 수천 수만 명을 죽인 전쟁 도발자는 영웅으로 존경하는 것은 논리적 모순이다. 또 소득을 계산해 보면 침략당하는 쪽은 물론이고 침략하는 쪽도 얻는 것보다 잃는 것이 많다. 따라서 침략전쟁은 의롭지도 않고 이롭지도 않은 것이기에 적극적으로 막아야 한다는 것이다.

삼표법(三表法)

내세우고자 하는 이론은 반드시 세 가지 기준에 합치해야 한다는 묵자의 독창적인 논증 방법이다. 세 가지 기준이란, 첫째는 전통적 기준이고, 둘째는 경험적 기준, 셋째는 공리적 기준이다. 즉, 첫째는 옛 성왕들의 일에 근본을 두고, 둘째는 백성들의 귀와 눈으로 듣고 본 사실에서 근원을 따져야 하며, 셋째는 국가와 백성들의 이익에 부합될 수 있는가를 살펴보아야 한다. 묵자는 이 세 가지 기준에 들어맞아야 진리라 할 수 있다는 것이다.

숨은 차원에서 만나는 생명의 그물
: 『노자(老子)』

이성희 | 동의대학교

1. 노자와 『노자』라는 책

혼돈과 황홀의 경전 『노자』

처음에 그것은 언어들이 스스로 수런거리며 떠도는 비밀스런 종교의 주문 같았다. 다시 보았을 때 그것은 기발하면서도 음험한 정치학의 내밀한 교재였다. 그리고 다시 보았을 때 그것은 우주의 법칙을 적은, 판독하기 어려운 공식들이었다. 난세를 사는 처세훈이었다가, 우주적 생태학이었다가, 최첨단 여성운동 가이드북이었다가, 심오한 시(詩)였다가, 바람이었다가, 아니, 무(無)였다가, 그리고 또 이제 무엇으로 변전하면서 열린 것인가? 『노자』, 그것은 여전히 우리에게 황홀한 혼돈이다.

『노자』가 가지는 문화적 파워는 불과 오천여 자로 이루어진 그 책에 관한 연구물이 인류 문화사 전체를 통해서도 유래를 찾아보기 힘들 정도의 방대한 집적량을 이루고 있는 데서 쉽게 짐작할 수 있다. 오천여 자의 한

자 한 자가 가진 무궁한 해석학적 여백은 새길수록 새로운 맛을 생산하여 『노자』를 거듭거듭 새롭게 변신하게 한다.

『노자』의 저작 연대나 저자에 대한 논란은 20세기 초 중국을 뜨겁게 달 구었던, 옛것을 의심하는 의고(疑古) 논쟁의 백미였다. 이 논쟁에는 당대 내 로라하는 석학들이 빠짐없이 참여하고 있었다. 그러나 근래 두 번의 놀라 운 발굴이 지금까지의 모든 논쟁과 해석에 다시 충격을 가하고 새롭게 요 동치게 했다. 1973년 중국 장사 마왕퇴 한묘에서 발굴된 '백서 노자' 와 1993년 8월에 중국 호북성 곽점촌의 초나라 무덤에서 발굴된 죽간에 쓰여 진 『노자』, 세칭 '죽간본' 이 바로 그것이다. 백서본은 진나라 혹은 한나라 초기에 쓰여진 것이다. 그리고 곽점의 초간본은 놀랍게도 기원전 4~5세기 의 것이라고 한다. 기원전 4~5세기는 맹자와 장자가 생존했던 때가 아니 던가. 생각해 보라, 맹자와 장자가 보았고 혹시 그들의 손때가 묻었을지도 모를 문헌을 지금 여기서 만나 볼 수 있다는 것을. 이 얼마나 경이로운 일 인가.

백서본은 현행본과 약간의 출입이 있을 뿐이지만 초간본은 현행본과 상 당히 다르다. 그러나 최근의 연구 결과에 따르면, 원본에서 초간본, 백서 본, 현행본에 이르기까지 많은 변형과 착종이 있었지만 노자의 근본 사상 은 일관된다. 그리고 설사 우리가 지금 보고 있는 『노자』가 지금은 알 수 없 는 그 가상의 원본과 다르면 또 어떠랴. 이미 현행본이 이천 년 이상 동아 시아인들과 삶을 같이했고, 우리들의 사유와 상상력에 참여하고 영향을 끼 쳐왔다는 것은 어김없는 사실인 것이다.

『노자』의 원저자는 공자와 동시대 인물이며 주나라 황실 도서관 관장을 역임했던 노담(老聃)이라는 사람으로 추정된다. 그에 대해서는 『사기(史 記)』에 재미있는 일화가 전해진다. 당대 최고의 학자라고 자타가 공인하는 공자가 주나라에 가서 노담을 만나 예(禮)에 관해 물었다. 이때 노담은 훗날 자신의 저작에서 주장했던 "아는 자는 말하지 않는다(知者不言)"는 말과는 달리 꽤 많은 말을 하였는데 대체로 이렇다.

> 당신은 옛날부터 전해져 오는 예에 관하여 이야기하고자 하지만, 기록으로 남아 전하는 예에 관해서는, 그것을 실천했던 이들은 모두 죽어 뼈와 함께 썩고 말았고 다만 그 언어만이 오늘날까지 전해질 뿐이다. […] 내가 듣기로 뛰어난 상인은 재물을 깊이 감추어서 빈 것 같고, 군자도 덕을 성취하면 겉모습이 어리석은 사람처럼 보인다. 그대는 자신의 마음속에 도사린, 남보다 뛰어나고자 하는 마음가짐과 많은 일을 벌이려고 하는 욕심과, 모양을 갖추어 위엄을 부리려는 태도와 무슨 일이든 하려고 하는 생각을 버리는 것이 좋을 것이다. 그것들은 모두 그대 일신에 아무런 도움도 되지 않는 것들이다. 내가 그대에게 이야기하고자 하는 것은 이것뿐이다.

대답을 듣기는커녕 호되게 꾸중만 들은 공자는 돌아가 제자들에게 탄식하며 말했다. 물고기나, 길짐승, 새는 사냥 도구로 잡을 수 있지만 바람과 구름을 타고서 하늘로 날아오르는 용은 자신이 알 수도 없고 잡을 수도 없는데, 노담은 용과 같은 사람이었다고.

예란 천하의 질서다. 예를 찾고자 하는 공자가 코스모스적 군자라면 감추어져 빈 것 같고 우둔한 것 같은 노담은 카오스적인 진인(眞人)이다. '알 수 없는 용'이란 그런 카오스를 상징한다. 공자가 예를 물은 것은 질서를 잃어버리고 타락한 천하를 바로잡고자 하는 코스모스의 포부를 드러낸 것이지만 노담의 대답은 선문답처럼 황당하다. 우선 전통적 예의 가치를 부정한 다음, 무슨 새로운 대안을 제시하는 것이 아니라 천하를 바로잡겠다는 그 마음을 포기하라고 권유하고 있다. 그러나 이 일화 속에 이미 『노자』의 가장 내밀한 전언이 숨어 있다. 공자가 문제의 해답을 추구했다면 노자는 문제 자체를 해소하려고 했던 것이다. 이게 도대체 무슨 말인가? 이 강의는 이에 대한 탐색이 될 것이다.

왜 다시 『노자』인가

왜 다시 『노자』인가? 왜 다시 우리는 그 먼지 앉은 낡은 책을 다시 열어야 하는가? 그것은 춘추전국이라는 격동기의 한가운데서 노자가 가졌던 고뇌와 모색이 유래가 없는 혼란의 위기에 처해 있다고 진단되는 오늘날에도 그 풍부한 시사성을 잃지 않고 있기 때문이다. 이는 노자에게 문제를 제기했던 시대와 우리에게 문제를 제기하고 있는 현대가 이천 오백여 년의 시간적 간격에도 불구하고 근원적인 공통점을 가지고 있기 때문이다.

춘추시대는 생산력의 급격한 확대를 통한 경제 구조의 변화와 기존 질서의 붕괴 속에 열려진 공간이었다. 사회적 고삐가 풀린 시공인 것이다. 농업 생산력의 증대는 잉여 생산물의 증가와 소토지소유제의 출현을 가능하게 하였고 사유재산의 증가는 인간 욕구의 폭발적인 확대를 가져왔다. 서주(西周)시대로부터 진한제국(秦漢帝國)까지의 역사 과정 전체는 한 마디로 욕망의 주체할 수 없는 확대 과정이었다. 제동 장치를 상실한 욕망의 확대는 철제 무기를 이용한 무절제한 폭력적 전쟁에 이르게 된 것이다.

멀리 볼 게 뭐 있는가. 욕망의 폭발적 증대와 그에 따른 폭력, 그러한 폭력성에 기초한 삶의 형태란 사실 오늘날 우리들의 모습이 아니던가. 현대의 과학사상가 카프라는 현대를 물질적 욕망, 확대, 경쟁을 주요 가치로 가진 남성적인 '양(陽)—지양적' 가치관에 지배되는 문명이라고 규정한다. 이 점은 그의 시대에 대한 노자의 통찰이기도 했다.

지배와 소유의 욕망은 서양 근대 문명을 출발시킨 기본 동력이었다. 그리고 오늘날 현대에 와서 그 극점에 이르고 있다. 이러한 욕망의 확대는 성장에 대한 강박관념으로 작용하여 너무 많은 변수—GNP, 이익, 도시화, 사회제도, 그리고 오늘날 세계화—를 극대화시켜 왔고 또한 그 효과를 극대화시키기 위해 모든 기능의 전문화, 특수화[分]를 추구하였다. 그 결과는 사회에 있어서 전반적인 유연성[柔弱]의 상실을 초래하였다. 생물종에 있어서 지나친 전문화와 특수화는 기능의 유연성과 다양성을 상실케 하여 환경의 변화에 대응할 수 없게 하므로 멸종의 원인이 된다. 뿐만 아니라 토인비에 의하면 문명에 있어서도 유연성의 상실은 붕괴의 가장 중요한 요인이다.[1] 노자는 이미 "견고하고 강한 것은 죽음의 무리들이고 부드럽고 약한 것은 삶의 무리(故堅强者死之徒, 柔弱者生之徒.)"(76장)임을 엄중히 우리에게 경고하였다.

춘추전국시대와 현대 문명이 '욕망의 지나친 확대'라는 상당히 공통적인 문명의 형태에 근거하고 있다면 따라서 춘추전국시대의 문제를 근본적으로 극복하고자 한 노자의 철학은 오늘날 문명의 위기를 해결하는 데도 유효한 비전이 될 수 있을 것이다.

2. '반(反)'의 사유와 숨은 차원

『노자』 81장은 비록 오천여 자 밖에 안 되지만 그 함축적인 언어는 매우 복잡하고 다양한 의미를 담고 있다. 그러나 『노자』의 전 체계는 40장의 짤막한 두 구절 속에 경이롭게 압축된다. 『노자』 오천 자의 난해한 서술들은 기실 이 두 구절의 부연, 각주라 해도 과언이 아니다.

되돌아오는 것이 도의 움직임이요,
유약한 것이 도의 작용이다.[2]

---

1) 욕망의 확대에 따른 전문화와 특수화, 그리고 그것에 의한 유연성 상실이 주는 개체와 문명에 대한 영향은 카프라의 『새로운 과학과 문명의 전환』, 리프킨의 『엔트로피』를 참고할 것

(反者道之動, 弱者道之用.)

'반(反)'은 도의 운동 방식이고 '약(弱)'은 도의 작용과 효용이다. '반', 즉 '되돌아옴'의 움직임은 『노자』라는 텍스트를 구성하고 있는 내재적 구성 원리요, 논리학이다. "바른 말은 도리어 반대로 들린다."(正言若反 78장)는 말은 노자 자신의 논리를 잘 표현하고 있다. 『노자』에서 '반'은 3가지 의미가 있다. 첫째, 대립과 부정[相反]이고, 둘째는 상반하는 운동과 상성하는 운동이 교차하는 역설[相反/相成], 그리고 마지막으로 전체가 원의 순환으로 이어지는 '순환적 생성' [返]이다. 이러한 세 가지의 의미는 노자가 통찰한 도의 움직임, 끊임없이 생성 순환하는 자연의 실상을 3단계의 계기로 드러내고 있는 것이다.

부정

『노자』는 우선 중국에서 처음으로 부정의 정신과 논리를 확립했던 철학책이다. 중국학자 오곤여(鄔昆如)에 따르면, 『노자』에는 무려 545회의 부정사가 사용되고 있다. 비교적 가벼운 의미로 소(小), 유(柔), 약(弱), 과(寡), 희(希)가 있고 좀더 강한 단계로 막(莫), 비(非), 불(不), 외(外), 절(絶), 기(棄)가 있다. 거기에다가 가장 많이 사용되고 있는 무(無)까지 합하면 약 64종의

---

2) 『노자』의 번역은 대체로 『노자 도덕경과 왕필의 주』(김학목 옮김, 홍익출판사)에 따랐지만 필자의 해석으로 대체하고 수정하기도 하였다. 이 책을 우리 강의의 텍스트로 선정한 것은 무엇보다 『노자』의 가장 오래되면서도 모범적인 해석인 왕필의 주가 번역되어 있어서 일독을 권할 만하기 때문이다. 그리고 노자 철학을 자타가 공인하는 '도' 개념을 중심으로 해석하지 않고 '반'과 '약'에서 시작하는 것에는 이유가 있다. '도'는 노자 자신의 말처럼 몇 마디의 언어로 섣불리 규정할 수 없는 것이다. 또한 '도'는 노자가 세운 가설적 관념으로서 그는 그가 경험 세계에서 체험하고 느낀 도리를 모두 그것에 붙여서 그것의 특성과 작용으로 삼은 것이다. 그 자체의 특성상 개념 규정을 거부하는 가설적 관념을 논의의 중심으로 삼을 때 자칫하면 공허해질 우려가 있다. 반면 '반'과 '약'이야말로 노자가 체험하고 느낀 가장 구체적인 경험의 압축이라고 할 수 있기 때문이다

다양한 등급의 의미를 가진 부정사가 사용되고 있다. 『노자』 전체를 통하여 가장 일반적인 표현 형식이 '부정'이라고 단언한다 해도 지나치지 않을 것이다.

부정은 세계에 대한 회의와 물음에서 비롯된다. 그것은 사회·정치적으로 심각한 의미를 함축한다. 노자의 부정은 과잉된 것, 방자한 것, 불필요한 것의 부정이며, 기존의 억압적 권위와 폭력에 대한 불인정과 거부를 담고 있다. 춘추전국시대의 궁극적 권위는 최고의 신인 상제[帝 ; 조물주]이다. 노자가 "(도가) 조물주(상제)보다도 앞서 있는 듯하다(象帝之先)"(4장)라고 선언할 때 그것은 상제의 권위에 타격을 가하고 상제를 빙자한 통치자들의 권위를 전복시킨다. 그러나 상제보다 앞선 그 도가 또한 무명이다("道常無名." 32장). 당시의 용법으로 '명(名)'은 명분(名分)이며 그것은 가부장적 통치 질서를 의미한다. 공자는 문란해진 명분 질서를 바로잡기 위해 적극적으로 '명분을 바로잡을 것'[正名]을 주장하였다. 반면 명분을 부정하는 노자의 무명(無名)은 기존의 권위 체계에 대한 매우 근원적이고 전면적인 거부다.

그러나 『노자』 철학 체계 전체에서 볼 때 노자의 부정은 단순히 부정으로 끝나지 않는다. 그 속에 긍정으로의 반전을 품고 있다. 부정 속에서 긍정이 솟아오를 때 혼돈의 역설이 발생하게 된다.

역설

역설은 우리를 당황하게 만들지만 그러나 역설에 의해 비로소 『노자』는 단순한 체제 부정의 불온서적을 넘어서 비밀스러워지고 심오해진다. 역설이란 한 진술 안에 모순적인 것이 공존하는 것이다. 도대체 흰색이면서 동시에 검은색일 수 있는가? '아니오'이면서 동시에 '예'일 수 있는가? 『노자』 도처에서 발견되는 "구부리면 곧아진다(枉則直)"(22장), "큰 사각형은 모서리가 없다(大方無隅)"(41장), "아무것도 함이 없지만 하지 못함이 없다(無爲而無不爲)"(48장), "꽉 찬 것은 빈 것 같이 보인다(大盈若沖)"(45장), "아무것도 함이 없음을 행한다(爲無爲)"(63장) 등의 역설들을 우리는 어떻게 이해해야 할까? 『노자』 형이상학의 총론에 해당되는 1장과 2장을 통해 그 역설의 혼돈 속으로 들어가 보자.

(1) 세상 사람들은 모두 미의 미됨을 알고 있는데, 그것은 추한 것 때문일 뿐이다. 세상 사람들은 모두 선의 선됨을 알고 있는데, 그것은 선하지 않은 것 때문일 뿐이다.

(2) 그러므로 있음과 없음은 서로를 낳고, 어려움과 쉬움은 서로를 이루어 주며, 길고 짧은 것은 서로가 비교하고, 높음과 낮음은 서로 차이가 생기며, 가락과 음율은 서로 반응하고, 앞과 뒤는 서로가 따른다. (이것은 항상된 것이다).[3]

(3) 이 때문에 성인은 '아무것도 하지 않음' [無爲]이라는 일에 머물러 있고, 말없는 교화를 행한다.

(4) 만물이 이로부터 일어날지라도 (자연/성인은) 공치사하지 않고, 생성시키지만 소유하지 않고, 함이 있을지라도 내세우지 않고, 공을 이루어 놓을지라도 거기에 집착하여 머물지 않는다. 대저 머물지 않음으로 (공이) 떠나가지 않는다.

(天下皆知美之爲美, 斯惡已; 皆知善之爲善, 斯不善已. 故有無相生, 難易相成, 長短相較, 高下相傾, 音聲相和, 前後相隨. [恒也]. 是以聖人處無爲之事, 行不言之敎. 萬物作焉而不辭, 生而不有, 爲而不恃, 功成而弗居. 夫唯弗居, 是以不去.) (2장)

---

3) "恒也"는 현행본에는 없고 백서본에 있다. 이 구절이 들어감으로써 전후 문맥의 이해가 명확해진다

(2)에서 열거한 현상들은 모두 자연의 실상을 언급한 것이다. 자연의 실상은 '항상된 것'이다. '항상됨'은 노자가 도나 자연의 규율을 서술할 때 사용하는 술어다. 자연의 실상은 언제나 상호 대립되고 모순된 것들이 서로 의존하면서 상생하는, 역동적인 역설의 모습이다. 그러나 사람들은 (1)에서처럼 대립의 한 면만을 '아름답다'거나 '선'하다고 분별하고 거기에 집착하고[居], 내세우고[恃], 그것을 소유하려[有] 한다. 이것은 '분별하는 앎'[知]의 작용인데 모든 싸움과 충돌은 여기서 시작된다. 이 분별하는 앎과 맞물려 있는 것이 '언어'[言]다. 언어는 그 속성상 항상 사물을 분별하고 분류한다. 성인의 말없는[不言] 교화를 강조하는 이유가 여기에 있다. 말과 언어의 한계는 또한 『노자』 1장의 그 유명한 첫 구절에서 충격적으로, 그러나 매혹적인 역설로 표현되고 있다.

> 도라고 말할 수 있는 도는 '항상된 도'가 아니고,
> 이름 부를 수 있는 이름은 '항상된 이름'이 아니다.
> (道可道非常道, 名可名非常名.)

도에 대해서는 말할 수 없다는 말을 노자는 말하고 있다. 언어로 분별하여 말할 수 없는 것을 말하려고 할 때 노자의 언어는 역설의 형태를 띠게 된다. 이러한 역설의 언어를 우리는 선불교의 자가당착적 화두에서 자주 발견한다. 다음 화두 하나를 들어보자.

> 풍혈 스님에게 어느 때 중이 묻기를 "말해도 미묘한 이치를 떠나고 침묵해도 미묘한 이치를 떠나니 어떻게 했으면 좋겠습니까?" 하니 풍혈 스님이 "강남의 3월에는 꾀꼬리 우는데 백화가 향기롭더라"라고 하였다.

말해도 틀리고 침묵해도 틀린다면 도대체 어떻게 해야 할 것인가? 우리

는 정확한 답을 알 수 없다. 그러나 분명한 것은 이 역설의 상황에 대한 해답은 말도 아니고 침묵도 아니다. 뿐만 아니라 이 둘의 어중간한 잡탕도 아니다. 이러한 역설적 상황 앞에서 우리의 일상적인 말문은 막히게 된다. 그러나 모든 말과 논리가 한순간에 꽉 막히는 바로 그때, 언어의 질서에 의해서 은폐되어 있던 새로운 혼돈의 차원이 솟아오르게 된다. 그것은 말과 침묵의 대립을 넘어선 차원, 그래서 말이면서 동시에 침묵인 차원! 이것을 이끌어 내는 것이 선의 화두가 가진 언어 전략이다. 언어를 통해서 언어를 넘어서는 차원을 불러오는 것. 그러할 때 언어의 차원에서 대립되어서 상호 충돌하는 모순은 해결되는 것이 아니라 그 자체가 해소되어 버린다.

칼 G. 융은 표층의 심리에서 발생한 모순 대립의 문제는 그 차원에서 해결되지 않고 더 깊은 심층의 심리로 들어갈 때 해소되어 버린다고 하였다(구스타프 칼 융『원형과 무의식』). 이러한 문제는 시인에게도 제기된다. 동서양의 사유와 상상력을 종합하려고 했던 멕시코의 위대한 시인 옥타비오 파스는 시에 있어서 돌과 깃털이라는 심상의 대립이 해소되는 제3의 차원을 말한다. 그것은 돌은 돌이고 깃털은 깃털이지만, 동시에 돌은 돌이면서 깃털이고 깃털은 깃털이면서 돌이 되는 최고의 이미지가 이루어지는 차원이다(옥타비오 파스『활과 리라』).[4] 중의 물음에 대한 정합적인 대답 대신 뒤에 이어지는 풍혈 스님의 엉뚱한 시구는 이러한 차원을 암시하는 것이 아닐까?

『노자』를 펼치고 그 첫 구절 앞에 설 때 우리는 이러한 체험의 문 앞에 서 있는 셈이다. 실로『노자』와『장자』에 나타나는 역설의 화법은 선불교 화두의 원형이다. 선불교란 인도의 불교와 노장사상의 융합 속에서 탄생했던 것이다. 그렇다면 말로 할 수 없는 것을 말하는 역설을 통해 노자는 우리를 어떤 세계로 데려가려고 하는 것일까?

---

4) 모순 대립이 보다 고차원에서 해소되는 것은 에드윈 애보트가 1844년에 쓴 기이한 소설『플랫랜드: 스퀘어의 다차원 여행 로맨스』에서 기하학적으로 매우 재미있게 서술되고 있다. 우리나라에는 1998년『플랫랜드이야기』로 번역되어 있다. 일독을 권한다

생성과 순환, 숨은 차원

역설을 통해 노자가 우리를 안내하는 차원은 앞에서 인용한 1장의 다음 구절들을 살펴보면 짐작할 수 있다.

> (1) '이름 없음'[無名]이 만물의 시작이고, '이름 있음'[有名]이 만물의 어미이다.
>
> (2) 그러므로 항상 '어떤 것도 하고자 하는 것이 없음'[無欲]에서는 그것으로 '사물이 시작되는 미묘함'[妙]을 살펴서 헤아리고, 항상 '무엇인가 하고자 하는 것이 있음'[有欲]에서는 그것으로 '사물이 되돌아가서 끝나게 되는 종결점'[徼]을 살펴서 헤아린다.
>
> (3) 위의 두 가지는 나온 곳은 같은데 이름을 다르게 붙였으니, 하나로 합쳐서 그것을 '현묘'[玄]하다고 한다. 현묘하고 현묘하니 온갖 미묘한 것들이 나오는 문이다.
>
> (無名天地之始, 有名萬物之母. 故常無欲以觀其妙, 常有欲以觀其徼. 此兩者同出而異名, 同謂之玄. 玄之又玄, 衆妙之門.)

첫 구절의 역설을 통해서 언어 너머의 세계를 환기시킨 노자는 여기에서 언어를 넘어선 생성의 세계로 우리를 조심스럽게 이끌어 간다. (1), (2)에서는 무명/유명, 무욕/유욕, 묘/요의 대립을 통해 상호 모순적인 것들을 대비시키고 있다. 그러나 이러한 대립하는 양자가 생성·순환 과정 속의 양상들에 불과하다는 것을 (3)에서 말하고 있다. 두 가지 모순 대립하는 것은 생성·순환하는 과정의 국면을 구분해서 붙인 이름일 뿐이다. 그들은 근본에 있어서는 하나이다. 생성과 순환의 전체를 그 혼돈된 전체로서 파악한 것이 '현(玄)'이다. '현' 자는 본래 무(無)에서 생명이 시작되는 모습의 상형이다. 문자적인 의미에서도 '현'은 유(有)와 무(無) 사이의 경계이며 이 두 영역을 아우르는 의미를 갖는다. 노자는 또한 이러한 있는 듯 없는 듯한 세계를 "황홀"(恍惚, 14장)이라고 하였다. 분별하고 쪼개는 언어로서는 무궁한 생성·순환의 실상인 황홀한 '현'을 포착할 수 없다. 이러한 역동적인 혼돈을 굳이 정태적인 언어로 포착하려고 할 때 그것은 역설이 될 수밖에 없는 것이다.

역설을 통해서 노자가 우리를 안내하고자 했던 세계는 바로 '현'의 세계다. 언어의 차원에서 세계를 경험하는 우리에게 '현'의 세계는 드러나지 않는 숨은 차원이다. 숨은 차원은 모든 대립[異]이 대립인 채로 하나[同]가 되는 세계다. 그것을 노자는 '현동(玄同)'(56장)이라고 하였다. 현동의 차원에서는 모든 것이 조화[和] 속에 유동하면서 쉼 없이 생성·순환하고 있다. 이 숨은 차원을 노자는 '하나[一]'로 표현하기도 하는데 모든 만물은 이 조화의 '하나'를 얻음으로써 생성된다("天得一以淸, 地得一以寧, 神得一以靈, 谷得一以盈, 萬物得一以生." 39장). '하나'를 품음으로써 생성되는 만물은 다양성의 세계를 구성하지만 동시에 '하나'로 통한다. 그리하여 모든 만물은 이 숨은 차원을 바탕으로 하여 생성되었다가 그리고 다시 이곳으로 복귀한다.

분별하고 쪼개는 서양 근대 사유는 생성과 융합의 실상을 포착하는데 한계가 있다. 이 한계를 극복하기 위한 문턱에 가까스로 이르렀던 몇몇 서양의 지성들은 가끔 이 조화와 융합의 차원을 엿보기도 하였다. 예컨대 칼 G. 융은 이 차원을 개체를 넘어서 온 세계와 이어지는 '집단무의식'이라고 하였고, 화이트헤드는 우주 모든 존재에 고유한 '밑바탕을 이루는 조화'라고 하였다. 그리고 저명한 물리학자이면서 철학적 사유를 전개한 데이비드 봄은 모든 것이 하나로 연결되는 '숨은 질서(implicate order)'라고 하였다.

드러난 차원에서 개별적이고 고립된 것으로 보이던 것이 이 숨은 차원에서는 하나로 이어져 있다. 모두가 서로 연결된 '자연의 네트워크'[天網, 73장]를 이루고 있다. 현대물리학에서 말하는 '비국소성(non-locality)'의 원리는 이러한 생각들이 단지 몽상이 아님을 잘 웅변해 주고 있다. 비국소성의 원리에 따르면 표면적으로 고립되어 있는 듯이 보이는 양자 입자나 물체가 숨겨진 질서를 통하여 하나의 물리적인 실체를 이루고 있어서, 한 입자에게 일어나는 변화가 동시에 다른 입자에게 영향을 끼칠 수 있다는 것이다. 이 차원에 대한 깨달음을 노자는 '밝음' [明](16장)이라고 한다. 이 밝음을 가지게 될 때 모든 대립과 모순은 해소된다. 모든 것은 하나의 조화 속에 있는 것이다. 그것을 대순(大順, 65장)이라고 한다.

그러나 하나 명확히 해두어야 할 것이 있다. 이러한 숨은 차원은 이 세계와 다른 하늘 저 어디에 있는 실체적인 장소가 아니다. 그것은 기실 무(無)이며, 그 무의 차원은 모든 만물 속에 스며들어 있어 만물과 떨어져 있지 않다는 것이다. 그 모습을 노자는 이렇게 말하고 있다. "아무것도 없음이 틈이 없는 사이로 들어간다(無有入無間)"(43장). 이러한 숨은 차원을, 그리고 숨은 차원의 작용을 노자는 방편적으로 '도(道)' 라고 부르는 것이다.

3. 유약[弱]의 작용과 암컷의 문명론

무위(無爲)

유약함은 '반' 의 움직임에서 나오는 작용이며 동시에 '반' 의 움직임은 유약의 작용 속에서 그 무궁한 움직임이 가능하게 된다. 유약함은 무엇보다 우선 아무런 함이 없는 듯한 무위의 모습이다. 무위란 억지로 하지 않고 그 자연스러움[自然]에 따르는 행위이다. 숨은 차원의 도가 만물의 생성에 작용하는 방식은 강압적인 명령이나 힘이 아닌 무위인 것이다. 무위는 마치 아무것도 없는 것처럼 지극히 부드럽기 때문에 모든 것 속으로 스며든다(43장 참조). 만물 속에 스며들면서 도는 "만물을 입혀 주고 길러 주지만 그러나 주인 노릇을 하지 않는다(衣養萬物而不爲主)"(34장). 이 때문에 일이 이루어져도 만물은 모두 각각 '스스로 그러하게' 된 것처럼 보이는 것이다. 그것이 '스스로 그러함'이라고 하는 '자연'의 모습이다. 노자는 통치자 역시 도를 본받아서 무위의 통치를 해야 한다고 생각했다.

> 내가 아무 하는 일이 없으니 백성들이 저절로 감화되고
> 내가 고요함을 좋아하니 백성들은 저절로 바르게 되고
> 내가 일삼을 것을 없앴더니 백성들이 저절로 부유해지고
> 내가 무욕하니 백성들이 저절로 소박해진다.
> (我無爲而民自化, 我好靜而民自正, 我無事而民自富, 我無欲而民自樸.) (57장)

노자는 천하의 정치 사회적 문제는 나쁜 인위적 통치에 원인이 있어서 그것을 좋은 인위적 통치로 바꾸기만 하면 해결될 수 있다는 식의 단순 해법에 반대한다. 문제는 인위 그 자체에 있다. 공자가 노자에게 예를 물은 것은 좋은 인위적 통치 방식을 물은 셈이다. 그러나 좋음/나쁨의 대립 분별이란 드러난 차원의 편견임에 지나지 않는다. 노자는 전혀 다른 방식을 제기한다. 그것은 무위, 즉 다스리지 않는 다스림으로의 차원 변경이다. 그것은 숨은 차원을 드러내는 방식이다.

'무위', '호정', '무사', '무욕'하고자 하는 무위의 정치는 결국 세상을 대상으로 하는 정치가 아니다. 인간의 무의식적인 자연성을 자연의 무위성에 맞추는 마음 수행의 길이다. 세상을 다스리는 정치가 아니라 각자 자신의 마음을 다시 보게 하는 정치이다(김형효, 『사유하는 도덕경』). 그러할 때 천하의 모든 대립은 저절로 해소된다. 그리하여 노자는 공자에게 예에 관해 대답하는 대신 인위의 마음을 무위의 마음으로 바꿀 것을 권유한 것이다.

생명

'반'의 생성·순환과 '약'의 작용이란 다름 아닌 생명의 모습이다. 노자는 역사와 자연의 관찰 속에서 무릇 생명이란 쉼 없이 생성·순환하는 것이며 쉼 없이 생성·순환하는 생명의 모습은 본질적으로 부드러운 것임을 알았다.

> 사람이 살아 있을 때는 부드럽고 약하지만, 죽으면 견고하고 강하게 된다. 만물과 초목도 한창 피어날 때는 연약하고 여리지만, 죽으면 말라서 딱딱해진다. 그러므로 견고하고 강한 것은 죽음의 무리들이고, 부드럽고 약한 것은 삶의 무리들이다.
>
> (人之生也柔弱, 其死也堅强. 萬物草木之生也柔脆, 其死也枯槁, 故堅强者死之徒, 柔弱者生之徒.) (76장)

여기서 노자가 문제 삼는 것은 자연적인 삶과 죽음이 아니다. 문제는 삶을 살아가는 태도이다. 김지하 시인의 말을 빌면 삶의 태도가 '살림'의 양식이냐 '죽임'의 양식이냐의 문제다. 자연적 생성의 유연한 순환과 하나가 될 것인가, 아니면 자연의 생성으로부터 떨어져 나와 인위적인 직선(견고하고 강한 것)의 길을 갈 것인가? 인위적인 삶의 양식은 항상 자연의 한계를 넘어서 심하고[甚], 사치하고[奢], 지나친[泰] 것을 추구한다(29장 참조). 그리하여 그 길은 "사람이 태어나 (자연의 생명을 다 누리지 못하고) 움직여 죽음으로 들어가는(人之生, 動之死之)"(50장) '죽임'의 길이 되는 것이다.

직선적인, 견고하고 강한 죽임의 길은 감각에서 가장 잘 드러난다. 지나치게 감각의 쾌락을 추구하는 삶의 위험성을 노자는 12장에서 다음과 같이 경고하고 있다.

> 여러 가지 아름다운 색깔은 사람의 정상적인 눈의 기능을 잃게 하고,
> 여러 가지 아름다운 소리는 사람의 정상적인 귀의 기능을 잃게 하며,

여러 가지 맛있는 음식은 사람의 정상적인 미각의 기능을 잃게 하고,

말달리며 사냥하는 것은 사람의 정상적인 마음을 미치게 하고,

얻기 어려운 재물은 사람들의 행위를 어지럽게 만든다.

이 때문에 성인은 배를 위하지 눈을 위하지 않는다.

(五色令人目盲; 五音令人耳聾; 五味令人口爽; 馳騁畋獵令人心發狂; 難得

之貨令人行妨. 是以聖人爲腹不爲目.)

노자가 비판하는 감각 숭배의 삶은 놀랍게도 또한 지금 우리 삶의 모습
이기도 하다. 끊임없이 더 많은 자극을 요구하는 감각 숭배의 문명을 노자
는 '눈'으로 상징하고 있다. 눈은 뇌와 통한다. 뇌는 모든 감각을 주관하고
특히 시신경과 직접 연결되어 있다. 서양 근대 문명의 출발인 르네상스는
시각의 예찬에서부터 시작되어서 이성과 뇌의 예찬으로 이어진다. 감각의
중추로서 뇌는 수용된 감각 자료를 분류하고 거기에 상응하는 반응을 지시
한다. 그러나 이에 못지않게 우리 생명 과정의 본질적 작용인 감정과 마음
이란 과연 어디에 있을까? 그리움과 슬픔, 기쁨, 직관적인 느낌 이러한 것
이 과연 뇌의 신경체계 속에 있는 것일까? 동아시아 사람들은 희로애락(喜
怒哀樂)이라는 마음의 작용은 원초적으로 배에서 나온다고 생각했다. 지금
도 우리가 자주 쓰는 말인 '쓸개 빠진 놈' '간도 크다' '비위(脾胃)도 좋다'
등을 보면 우리 옛사람들의 인간이해·생명이해는 배(장기) 중심이었다.
동아시아인들에게 인간의 생명이란 오장·육부의 순환체계인 것이다.
　눈—뇌와 배를 생물학적으로 다음과 같이 도식화 할 수 있겠다.

(1) 눈—뇌 : 뇌척수—중추신경계—체성신경계—운동·감각신경—골격근

　　(수의근)

(2) 배(오장) : 자율신경계—교감·부교감신경—내장근(불수의근)

(1)이 수시로 변하는 환경과의 관계 속에서 반응하고 적응하는 몸의 시스템이라면 (2)는 인간 진화의 전 역사라는 오랜 시간을 통해서 자연에 적응된 몸의 시스템이다. 따라서 (1)은 그때 그때의 문명과 삶의 양식의 변화에 따라서 달라지는 인위의 리듬이라고 한다면 (2)는 쉽사리 변하지 않고 안정되어 있는, 자율적이고 지속적인 자연·무위의 리듬이라고 할 수 있다.[5] 이 무위의 리듬은 '현동'의 숨은 차원에 닿아 있다. 칼 G. 융에 따르면, 대뇌척추계는 대낮의 의식을 지배하는 반면 무의식은 교감신경에 이어져서 감각기관 없이 삶의 균형을 얻고, 매우 비밀스러운 방법으로 다른 생명(타자)의 가장 내밀한 내면과 소통하고 있다고 하였다. 뇌척추는 항상 자아를 명확하게 분리하려고 하는 데 반해 후자는 자아를 넘어서는 모든 신비적 융합의 토대이다(칼 G. 융, 『원형과 무의식』). 융이 말하는 교감신경계는 주로 배에서 작동하고 있다. 판소리와 같은 우리 전통예술에서 최고의 소리는 배창자에서 울려나와야 하고 청중의 배창자를 울려야 한다고 하는 것은 이를 말하는 것이 아니겠는가.

눈―뇌/배, 이 두 개 라인의 리듬이 적절하게 균형을 이룰 때 우리 몸은 건강하다. 그러나 오늘날 우리 문명의 속도는 (1)의 속도를 엄청나게 증가시킴으로써 (1)과 (2)의 균형을 깨뜨리고 말았다(석기시대의 몸의 리듬과 산업사회의 감각 리듬이 어떻게 조화될 수 있겠는가?). 산업사회에서 가진 자와 못 가진 자의 구분은 정보화 사회에서는 빠른 자와 느린 자의 구분으로 대체된다. 현대 사회는 빠른 자가 느린 자를 지배한다. 그리하여 '더 빠르게' 라는 무한 경쟁이 시작되는 것이다. 그러나 빠른 속도의 삶의 양식은 자연 생태계와 우리 몸을 결국 죽임으로 이끌어 감을 알아야 한다. 자연 생태계에 맞춰진 생명의 속도는 느림이다. 느림 속에서만이 건강도, 인생에

---

5) 서양 생물학자에 따르면 우리의 몸은 석기시대에 맞춰져 있다. 우리 몸이 가진 진화의 시계는 무척 느리다. 랜덜프 네스와 조지 윌리엄즈가 쓴 『인간은 왜 병에 걸리는가』를 참조할 것

대한 음미도, 이웃에 대한 관심도, 아름다움에 대한 감응도 가능하다. "오
관의 구명을 막고 그 문을 닫으면 종신토록 바쁠 것이 없다(塞其兌, 閉其門, 終
身不勤)"(52장)고 하는 노자나 유유히 노닒(逍遙)을 강조하는 장자는 우리에
게 느림의 삶을 가르쳐 주는 느림의 철학자들이다. 요즘 유행하는 명상이
니 단전호흡이니 하는 것도 다름 아닌 뇌를 비우고 배를 단련하는 것이다.
인위적인 속도로 치닫는 감각과 생각을 비우고 태고적 자연과 원초적 생명
에너지의 리듬에 우리의 몸의 리듬을 일치시키는 것이다.

허정(虛靜), 겸허, 부쟁(不爭)

유약의 태도는 자신을 비우는 '허정'에서 가능하다. 꽉 찬 것은 딱딱하
기 마련이다. 『장자』「천하」편에서 노자의 사상 경향을 한마디로 다음과
같이 요약하고 있다.

> 겉으로는 유약 겸손한 태도를 행동의 실재로 삼고, 안으로는 자신을 공허하
> 게 비움으로써 만물을 해치지 않는 것을 자신의 마음가짐으로 삼았다.(以濡弱
> 謙下爲表, 以空虛不毀萬物爲實.)

상제보다 앞서고 모든 세속적 권력보다 위대하다는 노자의 도는 또 다른
하나의 권력 실체가 아니라 사실 텅 비어 있는 것이다. 노자는 "도는 비어
져 있으면서 작용한다(道沖而用之)"(4장)라고 하였다. "진실로 그 중심을 잡
아라(允執厥中)"고 하는 유가의 '중(中)'이 중심으로써 표준 척도이며 나라
를 다스리는 권력의 중심이라는 실체성을 갖는 것인 반면 노자의 '충'(沖)
은 중심이면서 동시에 비어 있는 무(無)이다. 그러나 그것은 자신이 비어 있
기 때문에 모든 사물들의 생성과 쓰임을 가능하게 만든다. 11장에서 노자
는 이를 비유적으로 잘 보여준다.

서른 개의 바퀴살이 하나의 바퀴통에 모여 있는데, '바퀴통의 구멍'[無]이
있기 때문에 수레의 효용이 있게 된다.(三十輻共一轂, 當其無有車之用.)

'정'(靜)은 '허', '무'와 통한다. 비어 있는 것은 필연적으로 고요하기 마
련이다. 고요하다는 것은 근원(숨은 차원)으로 돌아가 있음을 말한다.("歸
根曰靜", 16장). 그러나 그것은 모든 움직임이 사라진 상태가 아니라 모든 움
직임을 함축하고 있는 상태다. 모든 것은 '허정'에 가까울수록 유약해지지
만 그 작용성과 효용성은 오히려 커진다. 그래서 노자는 "있음이 이롭게 되
는 것은 없음의 효용 때문이다.(故有之以爲利, 無之以爲用.)"(11장)라고 하는 것
이다.

자신을 비울 때 겸허해진다. 가득 찬 것이 권장되지 못하는 것은 '반'의
생성 순환에 의거하면 당연한 일이다. 모든 존재가 강성하고 가득 차게 되
면 곧 노쇠해지기 때문이다.("物壯則老", 30장).

최상의 선은 물의 작용과 같다. 물은 만물을 이롭게 하면서도 다투지 않고,
뭇 사람들이 싫어하는 곳에 머물러 있으니 도에 가깝다.(上善若水, 水善利萬物,
而不爭, 處衆人之所惡, 故幾於道.) (8장)

모든 것을 이롭게 하면서도 스스로는 겸허하게 낮은 곳으로 내리는 물이
야말로 도의 모습을 잘 보여주고 있다. 도는 겸허하게 자기를 낮추기 때문
에 다투지 않는다. 『노자』에는 '부쟁'(不爭)의 문제가 여덟 차례나 언급되
고 '군사'[兵]에 관해서는 13차례나 언급되고 있다. 그만큼 그 시대에 만연
한 폭력성에 대해 노자가 고뇌했음을 알 수 있다. 폭력성을 근원적으로 없
애는 방법은 외적인 제도의 수립에 있는 것이 아니라 내면의 변화에 있다.
즉, 욕망을 비워가는 마음의 수양에 있다.

배움을 행하면 날로 보태고 도를 행하면 날로 덜어낸다

덜어내고 덜어내어 아무것도 함이 없음에 도달하니

아무것도 함이 없지만 하지 못함이 없다.

(爲學日益, 爲道日損, 損之又損, 以至於無爲, 無爲而無不爲.) (48장)

지배와 소유를 위한 지식을 배우는 것은 날로 정보량을 더해가는 것이지만 도를 닦는 것은 마음을 비우고 또 비우는 일이다. 비우는 것은 단지 지식을 비우는 것만이 아니다. 그 지식의 바탕을 이루고 있는 지배와 소유의 욕망을 비우는 것이다. 즉 도를 닦는다는 것은 무지무욕(無知無欲)의 과정인 것이다. 그 과정이 충실하게 이루어졌을 때 우리는 숨은 차원(도)의 무위와 만나게 된다. 그 만남이 깨달음[明]이다. 그리하여 우리가 도의 무위에 따르게 될 때 모든 것은 다툼이나 폭력 없이 이루어지게 된다.

암컷의 문명론

역사는 언제나 남자들의 것이었다. 그들은 지속적인 지배를 통해 우월하다고 판단된 가치는 남자의 특성에 부여하고 열등하다고 간주된 특성들, 지배자들 스스로 회피하고 싶은 특성들은 여자들의 것으로 할당하였다. 문제는 이것이다. 남자들의 지배는 생물학적 남자의 지배일 뿐만 아니라 여성성에 대한 남성성의 일방적 가치 우위를 가져왔다. 그리하여 여성적인 것은 무의식의 창고 속에 억압된 채 은폐되어졌다. 혹은 사회적으로 피지배층을 이룬 (생물학적) 여자들에게 할당되어 비천한 것으로 여겨져 왔다. 말하자면 여자들은 억압된 사회적 무의식의 계층이다. 이러한 억압이 인류 문명 전체를 신경질적인 정신 질환의 상태에 빠뜨리고 있다. 그것은 근대 문명의 여명기에 인류가 저지른 마녀 사냥 속에서 이미 복선으로 깔려지고 있었다.

철기 농기구의 사용에 의해 생산력이 비약적 확대되면서 남성적 문명이 거대한 근육을 꿈틀거리며 기지개를 켜던 바로 그 시기, 춘추시대에 남성적 문명의 위험성을 경고하고 여성적 문명을 적극적으로 옹호한 가장 오래된 페미니스트가 바로 노자이다. 그의 선언을 보라.

암컷은 늘 고요함으로써 숫컷을 이긴다(牝常以靜勝牡). (61장)

『노자』에서 여성성을 표현하는 것으로는 모(母, 어미), 빈(牝, 암소), 자(雌, 암컷) 등의 상징들이 있고 또 유약함, 부드러움, 음(陰), 물, 계곡, 문(門) 등이 여성성을 표현하면서 다양하게 쓰이고 있다. 이러한 여성성의 환기를 통하여 노자는 날로 왕성해져 가는 남성적 문명에 경고하면서 새로운 여성적 문명의 전망을 제시한다. 노자의 문명론은 당시 주나라에서 진한(秦漢)으로 지속적으로 강화 발전되는 남성 이데올로기인 가부장적 종법 질서에 대한 근원적인 도전이다. 『노자』 속에서 남성성은 모(牡), 웅(雄) 등으로 표현되고 그것의 모습은 '단단한 것'[堅], '강한 것'[剛] '소유'[有], '지배'[宰] 등으로 나타난다. 이러한 가치의 추구는 경쟁과 전쟁으로 절정에 이르고 결국 죽음으로 대단원을 맞이하게 된다. '죽임'의 문명이다.

부드럽고 약한 것은 삶의 모습이며 여성적이다. 반면 견고하고 강한 것은 죽음의 모습이며 남성적이다. 불행하게도 이러한 남성성의 문명은 오늘날 극한까지 확대 재생산되고 있다. 아폴론의 차가운 이성과 헤라클레스의 근육, 부자 관계에 근거한 충효의 윤리체계가 이러한 문명의 뿌리를 이루고 있다. 모—자의 관계가 생명의 생성 관계라면 부—자의 관계는 사회적 권위와 질서의 관계이다.

칼 G. 융에 따르면 우리의 정신은 여성적인 측면인 아니마(anima)와 남성적인 측면의 아니무스(animus)의 부분으로 나누어진다. 성별에 관계없이 모든 인간은 이 두 부분을 가진다. 다만 남성에게는 아니무스가 의식화되고 아니마는 억압된다. 여성에게는 아니마가 의식화되고 아니무스가 억압된다. 그러나 여성에게 의식화된 아니마는 여성 자신이 사회적으로 억압받기 때문에 사회적으로는 여전히 억압된 측면을 이룬다. 남성적 문명이 아니무스 지향이라면 노자가 꿈꾸는 여성적 문명은 아니마 지향이다.

중요한 것은 억압당한 여자들이 남자를 대신한 새로운 지배자가 되는 것이 아니라, 여성 속의 억압된 아니무스의 강화가 아니라, 모든 여성들이 보디빌더의 근육을 가지게 되는 것이 아니라, 남성과 남성적 문명 속에 억압되어져 온 아니마의 복권이다. 이것은 동시에 여성들의 사회적 지위의 복권이며 전체 문명의 정신병적 상태를 벗어나는 길이다. 에리히 프롬은 모계사회의 연구를 통해서 그 속에서 새로운 사회의 전망을 찾아낸다. 그에 따르면 모성적 신뢰감이나 따스함은 인류의 역사 과정 속에서 점차 상실되고 대신 부친적인 죄의식, 학문적 억압, 권위주의적 도덕율이 지배적으로 되어갔다. 프로테스탄티즘의 남성적 성격을 계승한 자본주의는 그 부계사회의 극점에 있다. 그는 새로운 건전한 사회를 지향하는 사회는 반드시 모계사회의 문화가 재현되도록 하려는 의지를 상실하지 말아야 한다고 주장한다(마틴 제이, 『변증법적 상상력』).

나 홀로 뭇 사람과 다른 것이 있다면 온갖 것을 '먹이는 어미' [食母]를 귀하게 여기는 것이다. (我獨異於人, 而貴食母.) (20장)

'골짜기의 신묘함' [谷神]은 사라짐이 없으니 이것을 일컬어 '현묘한 암소' [玄牝]라고 한다. 신비한 암컷의 문을 천지의 근본이라고 한다. 그것은 있는 듯 없는 듯 존재하면서 작용함에는 지침이 없다. (谷神不死, 是謂玄牝. 玄牝之門, 是謂天地根. 綿綿若存, 用之不勤.) (6장)

그것은 낳으면서도 자기 것으로 소유하지 아니하고, 무엇인가를 했지만 내세우지 않고, 자라게 하면서도 지배하려 하지 않는다. 이것이 현묘한 덕이다.(生而不有, 爲而不恃, 長而不宰, 是謂玄德.) (51장)

여성적인 것은 가장 근원적인 것이다. 그것은 모든 생명의 근원인 모성에서 발원하기 때문이다. 온갖 것을 먹이는 어미는 여성이며 동시에 노자에게 있어서는 무궁무진한 변화·생성의 근원이다. '곡(谷)'은 이러한 여성성의 메타포이며 '신(神)'은 여성성이 가지는 신묘한 기능을 말한다. 노자에 있어서 계(谿)와 곡(谷)은 비어져 있음으로 모든 것을 수용하는 무한한수용성(여성성)이면서 동시에 모든 생명이 거기서 나오는 무궁한 생성의창조성을 가진 것이다. 여성성의 무궁한 생성 작용을 노자는 '현묘한 암소'로 상징하고 있는데 이러한 메타포들은 결국 모두 숨은 차원의 자연이나 자연의 힘을 말하는 것이다. 근대 문명에서의 여성 지배는 자연 지배를통한 자연 파괴와 보조를 같이하고 있다. 노자는 그 자연인 어미를 귀하게여길 것을 간곡히 부탁하고 있는 것이다.

그러한 어미의 가장 주목할 만한 특징은 자기가 낳고 기른 것은 소유하거나 지배하려 하지 않는 데 있다. 노자가 꿈꾸는 여성적 문명은 사치와 소유와 경쟁과 지배의 양식을 거부하고 욕망을 줄이고, 소박을 귀히 여기는작은 공동체이다. "있는 그대로를 드러내고 질박함을 껴안아라, 사사로움을 적게 하고 욕심을 적게 하라!"(見素抱樸, 少私寡欲. 19장) 이것이 노자가 외치는 최고의 슬로건이다. 여성적 문명은 확대지향의 거대물 숭배 문명이아니라 '작은 것이 아름답다'는 소박한 문명이며, 저(低)엔트로피 문명을추구한다. 간디는 인류가 살아남는 길은 자발적으로 가난해지는 수밖에 없다고 하였는데, 이 '자발적 가난'이야말로 또한 노자가 꿈꾼 삶의 모습이라고 할 것이다.

노자의 곡신, 암컷, 그것은 가장 근원적이고 오래되고 낡은 그 무엇이다.그러나 그것은 또한 인류가 새로운 문명에로 들어가는 문이기도 하다. 인류가 만들어낸 가장 오래된 고전 속에서 꿈꾸어졌던 것을 우리는 다시 바로 지금 꿈꾸어야 한다. 우리는 더 이상 정신병을 앓는 상태로 삶을 지속할 수 없기 때문이다. 우리는 너무나 오랜 동안 죽음을 조각하고 있었다. 이제 삶을 꿈꾸어야 할 차례이다.

4. 다시 노자를 꿈꾸며

서양의 근대 문명은 '개인' 의 발견으로부터 시작된다. 개인주의는 개체로서의 '나' 란 존재에 대한 자각과 인본주의, 그리고 민주주의의 발전의 바탕이 되었지만 동시에 지나친 개별화, 개체화를 가져왔다. 개체[我]에 대한 집착은 서양의 실체론적 철학, 당구공과 같은 입자를 물질의 기본단위로 생각하는 뉴턴의 물리학, 그리고 개체의 욕망을 긍정하고 조장하는 자본주의와 함께 발전하였다. 반면에 타자와의 연계, 생명의 연대감 등을 잊게 만들었다. 『노자』는 개체성을 넘어서 하나의 생명으로 통합되는 세계의 모습을 우리에게 보여주려 한다. 유가가 사회적 연대감을 중시한다면 노자는 인간사회를 넘어선 총체적인 우주공동체의 가능성을 우리에게 보여준다. 이러한 통합의 세계는 숨은 차원이지만 진정한 자연의 실상이다. 우리가 이것을 깨닫게 될 때 우리는 개체성이 무시되지 않은 채 모든 생명이 서로 이어지면서 서로 배려하는[慈] 생명공동체를 꿈꿀 수 있게 될 것이다.

현대 문명이 다다른 생태계 파괴, 생명 파괴라는 막다른 골목에서 노자의 철학은 새롭게 그 준엄한 목소리를 가다듬는다. 노자 철학이 가진 함의는 우리 시대의 막다른 골목에서 엄숙하게 재음미되어야 한다. 노자 철학은 결코 박물관 속의 유물이나 미라가 아니다. 그것은 여전히 '지금 여기' 살아서 맥동치고 있는 정신이며, 실천이다.

1. 노자는 가장 이상적인 삶의 모습으로 80장에서 '작은 나라와 적은 백성' [小國寡民]을 주
   장했는데 그것이 오늘날에 가질 수 있는 현실적 가치와 또 그 가능성을 생각해보자.

2. "만일 발이 날쌘 아킬레스와 동작이 느린 거북이가 경주를 하되 출발에 있어서 거북이가
   조금이라도 앞에 있다면 아킬레스는 결코 그 거북을 앞지르지 못할 것이다." 라는 유명한
   제논의 역설과 노자의 역설은 어떤 차이가 있을까?

3. 『노자』에는 '모' (母) 자는 7차례 나오는 데 반해 '부' (父) 자는 꼭 한 번만 나온다. 모자관
   계를 중심으로 생각하는 상상력과 부자관계를 중심으로 생각하는 상상력의 차이는 무엇
   일까?

4. 환경문제의 해결책을 최근에 많은 사람들이 『노자』에서 찾고자 한다. 오늘날 우리 문명
   이 겪고 있는 환경 위기에 대해서 노자사상이 갖는 장점과 또 결핍하고 있는 부분은 무
   엇인지 찾아보자.

[주 제 어]

역설(paradox)

일반적으로 인정되고 있는 견해와 상반되는, 또는 적어도 그렇게 보이는 견해를 말한다. 논
리적인 의미로는 외관상 동시에 참이면서 또 거짓인 명제를 일컫는다.

무위(無爲)

행위를 하지 않는 것이 아니라 '스스로 그러함' [自然]에 어긋나는 인위적이고 조작적인 행

위를 하지 않는 것을 말한다. 그러나 우리의 행위가 어디까지가 인위적이고 어디까지가 무위인지는 매우 애매하다. 오늘날 생태학적 입장에서 보자면 생태학적 순환을 깨지 않는 행위는 무위이고, 그 순환을 교란시키거나 깨뜨리는 행동은 인위라고 할 수 있겠다.

자연(自然)

노자가 처음으로 사용한 술어. 『노자』에서는 영어의 nature에 해당되는 명사가 아니라 주로 형용사적으로 사용되었다. nature에 해당되는 술어는 천지(天地) 혹은 만물(萬物)이다. 형용사적인 '자연'은 '스스로 그러함' 또는 '저절로 그러함'으로 해석할 수 있다.

아니마(anima)

칼 G. 융의 심리학 술어. 아니마는 남성의 심리에 있는 모든 여성적인 심리적 경향들의 인격화이다. 예를 들면 모호한 느낌, 기분, 예감, 비이성적인 것들의 수용, 개인적 사랑의 능력, 자연에 대한 느낌, 무의식과 관계 등이다. 아니무스는 이와 대립되는 것으로 여자의 심리에 있는 남성적인 심리적 경향들의 인격화이다.

생성(生成)

『노자』에 나오는 '생'(生) 자는 대체로 '낳는다'는 의미보다 '생성한다'는 의미가 강하다. '낳는다'는 것은 어떤 조물주나 신이 무(無)에서 전혀 새로운 것을 창조한다는 의미지만 생성은 혼돈 속에서 형상화, 혹은 이 형상에서 저 형상으로 되었다든가 하는, 전체량에는 가감이 없는 물질의 변화다.

『금오신화』를 읽는 두 가지 독법

: 김시습 『금오신화』

정출헌 | 부산대학교

 **첫 번째 독법 : 고독한 중세 지식인의 시각으로 읽어보는 『금오신화』**

다섯 살 때 경서에 두루 통하고 시를 능란하게 지어 신동으로 불렸던 사람. 이런 재주를 알아본 세종이 뒷날 크게 쓰겠노라 다짐했던 사람. 하지만 울분과 방랑으로 점철된 삶을 살다 충청도의 한 허름한 절간에서 생을 마감했던 사람. 그가 누구인지 아는가? 그는 바로 우리 고전소설의 명편인 『금오신화(金鰲新話)』를 지은 김시습(1435~1493)이다. 그가 이런 삶의 행로를 걷게 된 계기는, 거듭된 가정사의 참극으로 지쳐가던 중 접한 세조의 왕위 찬탈 사건이다. 21세라는 젊고 순수한 나이에 이런 소식을 들었던 김시습은 깊은 비탄에 휩싸여 문을 걸어 닫은 채 며칠을 통곡했다. 그리고 서책을 모두 불태워버린 뒤, 미친 승려의 행색으로 전국을 떠돌아다녔다. 어린 조카를 죽음으로 내몰고 왕위를 빼앗은 수양대군의 그 불법적 행위를 도저히 용납할 수 없었던 것이다. 전국을 방랑하던 김시습은 경주 금오산(金鰲山)

에 잠시 머물며 『금오신화』를 지었다. 그리고는 "후세에 나를 알아줄 사람이 반드시 있을 것"이라며 이 소설을 석실에 감추었다고 한다. 당대 현실과 화해할 수 없었던 고뇌와 한 번도 펼쳐보지 못한 이상을 먼 훗날 자기를 알아주는 사람에게 전하고자 했던 것이리라. 그런 점에서 『금오신화』는 고독한 삶을 살았던 한 중세 지식인의 소설적 독백이라 할 만하다.

1) 어디에도 용납되지 못한 김시습의 방외인(方外人)적 삶

세상에 대한 미련을 끊고 전국 곳곳을 떠돌아다니던 김시습은, 자신의 이런 삶에 대해 다음과 같이 고백한 바 있다.

일찍이 과거에 나선 벗들이 부질없이 나를 벼슬길에 추천한 적도 있었으나 그런 것은 아예 관심조차 두지 않았다. 하루는 문득 강개(慷慨)한 사변(事變)을 당하였다. 나는 생각했다. 남자가 세상에 태어나 자신의 뜻을 실천할 수 있음에도 불구하고 물러나 도덕과 윤리를 저버린다면 이는 수치가 될 것이로되, 만일 자신의 뜻을 실현할 수 없을 바에는 차라리 제 한 몸이나 깨끗이 하는 것이 나을 것이라고. […] 어떻게 할 것인가, 좀처럼 결정할 수 없었다. 그러다가 하룻밤에 문득 깨달은 바가 있었다. 차라리 승려의 옷으로 갈아입고 산사람 노릇을 한다면 자기 염원을 이룩할 수 있을 것이라고. […] 만일, 내가 관료사회에 나아갔더라면 이같이 깨끗한 생활은 누릴 수 없었을 뿐 아니라 자유로운 강산 유람도 못하였을 것이 아닌가? 아! 세상에 태어나서 이해와 명예에만 헤매고 생업에만 허둥거려, 뱁새가 둥지를 떠나지 못하듯, 박 넝쿨이 섶 가지에 얽히듯 자기 몸을 얽매어 버린다면 어찌 괴로운 일이 아니겠는가?
— 김시습, 「관서록 발문(關西錄跋文)」 중에서

세상의 명예와 물욕을 찾아 매일매일 헉헉대는 오늘날의 우리에게도 날

카로운 비수처럼 꽂히는 경구인 듯도 하다. 그런데 율곡 이이는 「김시습전」에서 이런 김시습의 삶을 일컬어 "마음은 유자(儒者)였으나 자취는 불자(佛者)였다[心儒跡佛]"고 규정한 바 있다. 유가인으로서의 삶과 불가인으로서의 삶을 동시에 걸어갔다는 것이겠는데, 뒤집어 생각해 보면 이는 두 세계 어디에도 안주하지 못했다는 말이다. 실상 그는 승속(僧俗)의 두 세계 어디에도 안주하지 못하고, 이들을 부단히 오고간 인물이었다. 그런 삶을 보여주는 일화들은 많이 남아 있는데, 다음의 사례도 그러하다.

사람들은 김시습의 행동을 위험하게 여겨 전에 서로 사귀어 놀던 사람들도 다 절교하고 왕래하지 않았다. 홀로 시정배의 미치광이 같은 아이들이나 만나 놀며, 취하여 길가에 쓰러지고, 늘 어리석은 척하며 웃고 지냈다. 뒤에 설악산에 들어가기도 하고, 혹 춘천산에서 살기도 하여 드나듦이 무상하니, 사람들은 그의 정처를 알지 못했다.

— 남효온(南孝溫), 『사우명행록(師友名行錄)』

내가 신묘년 금오산에서 독서를 할 때, 동봉(東峰) 김시습을 만나 열흘쯤 함께 지냈다. 김시습은 매일 맑은 물을 갖추어 예불을 드리고, 예불이 끝나면 곡을 하고, 곡이 끝나면 노래를 부르고, 노래가 끝나면 시를 짓고, 시를 짓고 나면 다시 곡을 하고는 그 시고(詩稿)를 태워버리곤 했다.

— 양희지(楊熙止), 『대봉집(大峰集)』

세상 모든 사람들은 그를 미치광이로 취급하여 외면해 버리고, 실제로 그 자신은 미치광이 행세를 하며 어지러운 세상과 깊고 깊은 산속을 무시로 드나들었다. 그렇다고 산속의 생활도 정갈한 것은 아니었다. 맑은 물을 받쳐 들고 매일 올리던 정성스런 예불, 밑도 끝도 없이 구슬프게 울음을 우는가 싶더니 뜬금없이 불러대는 노랫소리, 또는 붓을 들어 시를 짓는가 싶더니 그를 몽땅 불살라버리던 저 기이한 행동들! 김시습은 그렇게 기인처럼 살았다. 그렇지만 속세와의 관계를 완전히 끊어버리지 못했던 일화들도 적지 않게 전한다. 그는 자기가 버리고 도망친, 아니 도망칠 수밖에 없었던 인간 세상을 여전히 잊지 못했던 것이리라.

> 누가 높은 지위에 임명되었다는 소식을 들을 때마다 여러 날씩 통곡하며 말하기를 "우리 백성이 무슨 죄가 있어 저런 자가 이런 소임을 맡게 되었는가?" 하였다. [⋯] 혹은 농부가 밭을 가는 형상을 나무로 조각하여 백여 개를 책상 위에 벌여 놓고 진종일 뚫어지게 바라보다가 문득 통곡하며 불살라 버리곤 했다.
>
> — 이자(李耔), 「매월당집 서(梅月堂集序)」

왜 그랬던 것일까? 그건, 조선시대 사대부라면 마땅히 꿈꾸었던 경세의 꿈을 한 번도 펼 수 없게 만든 세상에 대한 원망과 그렇게 주저앉아버린 자신에 대한 울분 때문이었음이 분명하다. 그는 자신을 용납하지 않는 현실세계를 피해 세속을 떠났으나 그렇다고 해서 현실세계의 모든 것과 결별한 것은 아니었다. 실제로 "백성은 임금에 힘입어 살아가고 있으며, 임금 역시 백성에 의지하지 않고는 왕위를 유지할 수 없다. 민심의 지지를 받으면 만세에 걸쳐서 군주가 될 수 있고, 민심이 이반되면 하루 저녁을 기다릴 것도 없이 필부로 돌아갈 것이다. 군주와 필부 사이에는 털끝만한 간격도 없다."고 하여 유가적 이념에 충실한 민본주의를 단호한 어조로 갈파했는가 하면, "불법(佛法)은 세간에 있는 것이니 세간을 떠나서 깨달음이 있을 수 없다. 세간을 떠나서 보리(菩提)를 구하려는 것은 토끼에게 뿔을 찾는 격이다."고 하여 부처의 진정한 가르침이란 현실세계를 떠나 존재하지 않는 것임을 믿어 의심치 않았다. 하지만, 김시습에게 자신의 이념을 펼 수 있는 기회는 끝내 찾아오지 않았다. 이 산 저 산 깊은 산속을 전전하던 그가, 문

득 자신의 초라해진 몰골을 들여다보며 지었을 다음 시는 그래서 더욱 쓸
쓸하게 읽힌다.

> 俯視李賀　이하(李賀)를 내리깔아 보아
> 優於海東　해동에서 최고라고들 말하지.
> 騰名謾譽　공명이나 명예도
> 於爾孰逢　너와는 무슨 상관.
> 爾形至眇　하찮은 너의 모습
> 爾言大閒　오활한 너의 언행.
> 宜爾置之　이런 심산궁곡에
> 丘壑之中　버려져 마땅하리.
>
> ― 김시습, 「자사진찬(自寫眞贊)」

　　태어나서 죽을 때까지 세상에 한 번도 쓰이지 못한 지식인으로서의 자
괴, 아니 자조가 깊이 배어 있다. 이와 유사한 성격의 시편은 그의 문집인
『매월당집』에서 적지 않게 발견할 수 있다. "마음이 세상살이와 어긋나기
만 하니, 시를 빼놓으면 즐길 것이 없네.[心與事相反 / 除詩無以娛]"라 고백했
듯, 김시습은 자신의 울울한 심경을 시편에 담아 풀어내곤 했던 것이다. 이
를테면 「자소(自笑)」라든가 「서민(敍悶)」과 같은 작품은 자기 연민과 갈등,
또는 자기 정체성에 대한 깊은 고민을 참으로 절절하게 담아내고 있다. 이
런 시편이 그러하듯, 그가 젊은 시절 전국을 떠돌아다니다 잠시 머물렀던
경주 금오산에서 지은 『금오신화』에도 자신의 울울한 심경이 곳곳에 배어
있으리라.

2)『금오신화』의 비극적 결말과 작가 김시습의 삶

김시습이 죽은 뒤, 이름만 무성할 뿐 정작『금오신화』는 그 행방을 알 수 없었다. 무슨 까닭인지 전승이 끊긴 것이다. 그러다가 1927년 최남선이 『금오신화』를 일본에서 발굴하여 국내에 소개함으로써 비로소 우리 앞에 다시 나타났다. 아마 임진왜란 때 일본으로 흘러들어간 것으로 추측되는데,『금오신화』는 열렬한 애호에 힘입어 그곳 일본에서 여러 차례 간행되었던 것이다. 그런데, 무슨 생각으로 이런 소설을 지었던 것일까? 김시습은 그때의 정황을 담은 시 두 편을 지은 바 있는데, 그중 하나는 다음과 같다.

玉堂揮翰已無心　옥당(玉堂)에서 붓을 휘두르는 데엔 이미 마음 없으니
端坐松窓夜正深　소나무 어른거리는 창가에 앉았노라니 밤 정히 깊네.
香揷銅鑪烏几淨　구리 향로에 향을 꽂고 검은 책상 정결히 하여
風流奇話細搜尋　풍류 있는 기이한 이야기를 세세하게 찾노라.
— 김시습,「제금오신화 2수(題金鰲新話二首)」

　작가 김시습이『금오신화』를 쓸 당시의 정경과 심사를 이만큼 생생하게 보여주는 자료란 흔치 않다. 여기에서 문장으로 이름을 날리리라 자부했던 자의 어긋나버린 현실, 그리고 그로부터 배태되었음직한 작가 자신의 격절감을 읽어내는 일이란 그리 어렵지 않다. 밤 깊은 산사의 적막함은 그런 심사를 생생하게 전달한다. 그럼에도 불구하고 지금 그곳에서 몰두하고 있는 이른바 풍류기화(風流奇話)가 그런 그에게 어떤 의미가 있는 작업이었던가 깊이 유념하지 않으면 안 된다. 현실로부터 소외당한 자의 울울한 심사가 그 속에 우의(寓意)되어 자조적인 빛깔을 띠지 않을 수 없겠지만, 그런 차원에만 국한되는 것이 아니라 나름대로 득의에 찬 자부심이 배어 있기 때문이다. 따지고 보면 자의든 타의든 세상과 화합할 수 없었던 자에게 있어, '자조'와 '자득'은 늘 동전의 양면과도 같은 법이다. 김시습에게 있어서도 마찬가지였는데, 당대인들도 그 점을 인정하고 있었다.

나는 책을 읽다가 어루만지면서 세 번 감탄하였다. 다만 서술의 양상은 구
종길(瞿宗吉)의 『전등신화』를 답습하였는데, 입의(立意)와 출어(出語)는 그보다
나으니 어찌 청출어람일 뿐이겠는가?

　어숙권이 지적하고 있듯 『금오신화』는 중국 명나라 때 구우가 지은 『전
등신화』에 자극을 받아 창작된 작품이지만, 주제적인 측면[立意]이든 수사
적인 측면[出語]이든 그것을 훌쩍 넘어선 작품이다. 그건 현실세계에서 소외
되어 있던 김시습의 불평한 심사가 풍류기화 곧 남녀 간의 기이한 사랑이
야기 속에 은밀하게 깃들어 있는 한편, 당대 최고의 문장가로 자부하던 김
시습의 글쓰기 솜씨가 한껏 발휘되고 있기 때문이다. 주제적 측면이든 수
사적 측면이든, 청출어람이란 말로도 그 탁월함을 감당할 수 없다고 하지
않았던가?

　우리에게 너무도 잘 알려진 『금오신화』는 이렇게 해서 창작된 소설이다.
모두 다섯 편의 단편소설로 엮인 소설집이지만, 본래는 규모가 보다 컸으
리라 추정하기도 한다. 현재 전하는 『금오신화』 맨 뒤에 '갑집' 이라 적혀
있다. 그렇다면 '을집' '병집' '정집' 으로 이어졌을 것이 분명하고, 전범
이 되었던 『전등신화』처럼 각 권당 5편씩 총 20편 정도의 규모를 갖추고 있
었으리라 추정할 수 있기 때문이다. 하지만 남아 있는 다섯 편만 보더라도
그 면면은 참으로 흥미롭다. 남원의 불우한 서생이 만복사에서 왜구에게
죽임을 당한 여인의 환신(幻身)과 짧은 사랑을 나눈 뒤 끝내 이별할 수밖에
없었던 「만복사저포기」, 가문의 지위가 현격히 달랐던 청춘남녀가 부모의
반대를 무릅쓰고 결혼했으나 홍건적의 난으로 말미암아 생사가 나뉜 비극
적 사랑을 그려낸 「이생규장전」, 개성 출신의 서생이 평양 부벽루에서 기
자조선의 기씨녀(箕氏女)를 만나 시를 주고받으며 하룻밤을 지내고 난 뒤 죽
었다는 「취유부벽정기」, 불우한 서생이 꿈속에 염라대왕을 만나 뒤틀린 세

상사의 모순에 대해 토론하고 돌아왔다는 「남염부주지」, 그리고 세상에 쓰이지 못한 문사가 꿈에 용왕의 초청으로 용궁에 가서 상량문을 지어준 뒤 극진한 대접을 받고 돌아왔다는 「용궁부연록」이 그것이다.

그런데 우리의 눈길을 끄는 것은 이들 다섯 편에 등장하는 남성 주인공의 형상이다. 이들 모두는 뛰어난 재주를 품고 있음에도 현실에서 쓰이지 못해 소외된 젊은 지식인들이다. 때문에 이들은 깊은 고독에 빠져 있는가 하면, 참기 어려운 울분을 품고 있었다. 김시습은 이들의 이런 심사를 때론 죽은 여자와의 기이한 사랑으로, 때론 염라대왕·용왕과 같은 비현실적인 존재와의 만남을 통한 회포의 토로로 해소시키기도 한다. 「만복사저포기」와 「이생규장전」은 명혼담(冥婚談)의 형식을 통해, 「남염부주지」와 「용궁부연록」은 몽유담(夢遊談)의 형식을 통해, 그리고 「취유부벽정기」는 명혼담과 몽유담이 혼합된 형식을 통해 남성 주인공의 고독과 울분을 풀어주었던 것이다. 하지만 귀신과의 만남이든 비현실적인 존재와의 교섭이든, 그것 모두 현실에서는 실현 불가능한 상황의 설정이라는 점에서 공통된다. 비현실적인 방법으로 풀어버릴 수밖에 없었던, 현실세계와의 저 두터운 장벽과 깊은 단절! 이로 인해 작품 전편은 비극적 정조가 짙게 배어 있다. 그러나 이를 보다 분명하게 드러내고 있는 대목은 비극적으로 끝나는 주인공의 결말이다. 비현실적인 경험을 겪고 난 남성 주인공들은 한결같이 죽거나 세상과 인연을 끊고 자취를 감춰버리고 만다.

양생은 그 뒤 다시는 결혼을 하지 않고 지리산에 들어가 약초를 캐며 살았다. 그가 어디서 어떻게 세상을 마쳤는지 아무도 알지 못한다.

—「만복사저포기」

이생은 그녀의 유골을 거두어 부모의 묘소 곁에 묻어주었다. 장례를 치른 뒤에도 이생은 여인을 추모하고 생각하다가, 병을 얻어 수개월 만에 세상을 떠났다.

—「이생규장전」

홍생은 집안사람에게 자기 몸을 깨끗이 목욕시켜 옷을 갈아입히게 하였다. 그리고서 향을 피우고 땅을 소제한 뒤 뜰에 자리를 펴게 했다. 그리고 나서 턱을 괴고 잠깐 누웠다가 갑자기 세상을 떠났다.

—「취유부벽정기」

몇 달 뒤, 박생은 병을 얻었다. 그는 스스로 필경 다시는 일어나지 못하리라는 것을 알았다. 박생은 의사와 무당을 사절하고 세상을 떠났다.

—「남염부주지」

그 뒤, 한생은 세상의 명예와 이익을 생각하지 않고 명산에 들어갔다. 어느 곳에서 세상을 마쳤는지 알 수 없다.

—「용궁부연록」

『금오신화』의 이러한 비극적 결말은 글머리에서 말한 작가 김시습의 비타협적인 삶의 행로와 무관하지 않은 듯하다. 현실과 화합할 수 없었던, 그리하여 평생을 비분과 방랑으로 지내야 했던, 그러다가 결국 충청도 홍산에 있는 조그만 절간 무량사(無量寺)에서 59세를 일기로 생을 마감했던 김시습! 그것은 바로 자신이 쓴 소설 주인공의 삶과 너무도 닮아 있었던 것이다. 『금오신화』를 석실에 감추고서 훗날을 기약했던 까닭은, 자신이 품고 있던 현실에 대한 울분과 분노를 이해해 줄 수 있는 지기를 기다렸던 것이리라. 그러하다면 우리들이 그런 독자의 마음으로 「이생규장전」를 읽어보도록 하자.

3) 「이생규장전」의 전반 : 금지된 사랑, 그러나 이를 뛰어넘은 사랑

「이생규장전(李生窺墻傳)」은 『금오신화』에 수록된 다섯 편 가운데 가장 애
틋한 정감을 자아내는 작품이다. 우선, 제목이 뜻하는 바는 무엇인가? 해석
하면 '이생이 담장을 들여다본다' 는 뜻이 되겠는데, 이생이 공부하러 가는
길에 우연히 담장 너머로 아리따운 최랑(崔娘)을 훔쳐보고 연정을 품게 된
데서 따온 제목이다. 이들 두 남녀는 참으로 어울리는 한 쌍이었는가 보다.
세상 사람들이 이렇게 노래했다고 하는 걸 보니.

風流李氏子　풍류재자 이 도령
窈窕崔家娘　요조숙녀 최 낭자
才色若可餐　그 재주 그 모습 듣기만 해도
可以療飢腸　배가 부를 정도라네.

하지만 제목이 암시하는 바는 범상치 않다. 이처럼 어울리는 두 남녀를
가로막고 서 있는 '담장' 이란 말 그대로 담장에 그치지 않기 때문이다. 그
것은 때론 남녀 간의 자유로운 만남을 금지하던 '사회적 관습' 으로, 때론
문벌과 지위가 엇비슷해야 결혼할 수 있었던 '신분적 제약' 으로, 때론 죽
음에 의해 어쩔 수 없이 이승과 저승으로 갈라서야만 하는 '삶의 유한성'
으로 거듭 변주된다. 청춘남녀의 사랑을 가로막던 중세사회의 금압을 암시
하는 문학적 상징이었던 것이다. 실제로 작품은 이생과 최랑의 만남과 이
별, 그리고 재회라는 반전을 세 차례 반복한다. 물론 반복 과정에서 그들의
사랑을 가로막는 현실적 제약은 점차 그 무게가 더해지고, 이를 넘어서려
는 그들의 의지 또한 그만큼 더 강렬해진다. 그러한 그들의 식을 줄 모르는
열정은 깊은 감동을 불러일으키지만, 그 이면에서는 그들의 사랑이 점차
파국을 향해 내딛고 있는 조짐이 언뜻언뜻 내비치고 있음을 세심한 독자라

면 누구나 읽어낼 수 있다.

먼저 이들의 만남이 결혼으로 이어지기까지의 과정을 보자. 이들 두 남
녀가 처음 만난 때는 온갖 꽃이 만발한 화창한 봄날이었다. 화창한 봄날과
청춘남녀의 만남. 작품은 실로 화사하게 시작된다. 그리고 담장 너머로 연
시(戀詩)를 주고받으며 시작된 이들의 사랑은, 이생이 그날 밤 최랑이 사는
집 담장을 몰래 넘어감으로써 맺어진다. '높은 담장'과 '캄캄한 밤'이야말
로 남녀 간의 사랑을 엄격하게 통제하던 당대의 사회적 관습을 은밀하게,
그렇지만 선명하게 드러낸 문학적 표현이다. 그러나 그들은 이것을 넘어선
다. 젊은 남녀의 뜨거운 연정은 그 무엇으로도 막아낼 수 없음이다. 하지만
금지된 만남에 대한 두려움 또한 없을 수 없었다. 이생은 이를 다음과 같은
짧은 시구로 표현하고 있다.

他時漏洩春消息　날 어쩌다가 봄소식이 새어나가면,

風雨無情亦可憐　무정한 비바람에 또한 가련하게 되리라.

이 같은 두려움에 대해 최랑은 "대장부의 의기를 가지고서 어찌 그런 말
씀을 하십니까? 뒷날 우리의 비밀이 새어나가 부모님께 꾸지람을 듣게 되
더라도 제가 책임지겠습니다."라 답한다. 그리고는 이생을 자기의 방으로
이끌고 들어가 운우의 정을 나눈다. 그런 뒤, 이생은 밤이면 밤마다 담을
넘어 들어가 최랑과 밀회를 나눈다. 하지만 이런 관계는 오래가지 못하는
법! 이생이 우려했던 바가 곧 현실로 들이닥쳤으니, 이생 부친은 그들의 은
밀한 애정행각을 눈치 채고서 이생을 고향 울주로 쫓아 보냈던 것이다. 그
때 이생은 한마디 항변도 하지 못한 채 쫓겨 가지만, 최랑은 그렇지 않았
다. 자신들의 관계가 드러나면 자신이 책임지겠다던 말을 실행에 옮겼던
것이다. 최랑은 자신의 부모를 설득하여 이생과 결혼을 하였으니, 그녀의
말을 직접 들어보자.

아버님, 어머님! 저를 길러주신 은혜가 깊어 감히 숨기지 못하겠나이다. 가만히 생각해 보니, 남녀가 서로 사랑을 나누는 것은 인간의 정리로서 중대한 일이옵니다. [⋯] 부모님께서 만일 저의 바람을 들어주신다면 남은 목숨을 보존할 것이고, 만약 간곡한 청을 거절하신다면 죽음만 있을 뿐입니다. 이생과 함께 저 황천에서 노닐지언정, 맹세코 다른 가문에는 시집 가지 않겠습니다.

사랑하는 이와의 만남을 위해 목숨을 걸었던 최랑의 의지와 행동은 참으로 결연했다. 그리하여 자신들의 만남을 허락 받았음은 물론, 문벌의 현격한 차이에도 불구하고 이생과 결혼할 수 있었던 것이다. 여기까지가 작품의 전반부에 해당한다. 여기에서 금지된 만남에 조바심 내고 부친의 꾸짖음에 한마디 변명도 못하고 쫓겨 갔던 이생의 소극적인 행위에 비해, 죽음도 불사한 최랑의 당차고도 결연한 태도는 빛을 발한다. 이 점을 우선 기억해 두자.

4) 「이생규장전」의 후반 : 비극적인 결말, 그러나 눈물겹도록 아름다운

그렇게 어렵게 이룬 이생과 최랑의 결혼생활은 오래가지 못했다. 그들을 갈라놓는 또 다른 장애가 있었으니, 그것은 홍건적에 의한 최랑의 죽음이었다. 최랑은 자신의 정조를 유린하려는 홍건적에게 "차라리 이리의 밥이 될지언정 어찌 개·돼지에게 정조를 더럽히겠느냐"며 맞서다 그들의 칼에 죽음을 당했던 것이다. 우리는 최랑의 이런 죽음을 정조를 목숨보다 귀중히 여겨야 한다는 고루한 유교적 규범의 묵수로 치부해서는 안 된다. 사랑하지 않는 자에게 자신의 몸을 더럽힐 수 없다는, 곧 이생에 대한 절대적인 사랑이 뒷받침되지 않았다면 이 같은 용기가 가능하지 않았을 것이기 때문이다. 하지만 이번에 들이닥친 장애는 그들을 이승과 저승으로 갈라놓는 죽음이라는 점에서 한층 심각한 것이었다. 그러나 때로, 사랑은 죽음도 뛰어넘는 힘을 발휘하기도 하는 법이다. 죽은 최랑은 환신(幻身)으로 이생 앞에 다시 나타났으니, 그들의 열렬한 사랑은 죽음조차 갈라놓을 수 없었던 것이다. 작품은 그 장면을 이렇게 그리고 있다.

> 이생은 슬픔을 이기지 못하여 작은 누각에 올라가서 눈물을 흘리며 길게 탄식하였다. 어느새 날이 저물었으나 그는 우두커니 홀로 앉아 있었다. 지난날 노닐던 일을 생각해 보니 한바탕 꿈이었다. 이경(二更)이 되었을 무렵, 달은 희미하게 지붕과 들보를 비췄다. 그때였다. 멀리 복도에서 발자국 소리가 들려왔다. 그 소리는 멀리서부터 점점 가까이 다가왔다. 다 이르렀는가 싶어 바라보니 바로 최랑이었다.

이제, 우리는 이 대목에서 이생의 모습에 주목하자. 희미한 달빛을 타고 자기 앞에 나타난 최랑이 귀신임을 알았지만 조금도 무서워하지 않는다. 오히려 반갑게 맞이하는 것이다. 그리고는 부귀공명과 세속적 인연을 모두 끊어버리고 그녀와 단둘이서 미진한 부부의 정을 나누는 삶을 주저 없이 선택한다. 여기에 이르면, 조바심 많고 소극적이던 예전의 모습을 그에게서 찾을 수 없다. 진정한 사랑이 귀신에 대한 두려움이나 세속적인 부귀영화에 연연해하지 않는 인간으로 변모시켰던 것일까? 그러나 이승과 저승의 구분은 인간의 힘으로는 어쩔 수 없는 법! 서너 해가 지난 뒤 최랑이 떠나야 할 때가 왔음을 알리고 저승으로 돌아가자, 이생 또한 그녀에 대한 사랑으로 병을 얻어 죽고 만다.

화창한 봄날 시작된 젊은 남녀의 사랑은 온갖 장애로 인한 우여곡절을 거쳐 결국 죽음으로 마감되었던 것이다. 비극이다. 그러나 눈물겹도록 아름다운 비극이다. 남녀의 만남이 진정한 사랑으로 승화되는 지점이 바로 이처럼 비극이 아름답게 느껴지는 순간이라고 한다면, 그건 역설일까? 아니, 역설만은 아니다. 누구보다 치열하게 현실의 모순에 대해 고민했고 한

치의 양보도 없이 이와 맞서다가 비극적인 생을 마감했던 작가 김시습은 이들의 사랑에서 진정한 인간 사랑의 아름다움을 발견했기 때문이다. 그러하다. 작품 말미에 붙어 있는 후일담, 곧 이들 청춘남녀의 비극적인 사랑을 지켜보던 김시습의 최종 판단은 이러했다.

이 이야기를 들은 사람들은 모두 애처로워하고 슬퍼하여 그들의 절의(節義)를 사모하지 않는 이가 없었다.

김시습은 절의를 읽어내고 있다, 이생과 최랑의 사랑에서! 이생에 대한 자신의 사랑을 지키기 위해, 최랑은 목숨을 걸고 부모를 설득시켜 이생과 결혼을 이루었는가 하면 오랑캐에게 더럽혀지지 않으려 목숨마저도 선뜻 내던졌다. 이생은 어떠했던가? 최랑의 헌신적인 사랑을 목도하고 난 뒤, 이생은 세상의 부귀영화가 덧없음을 깨닫고 그들만의 진정(眞情)을 지켜나가는 삶의 방식을 기꺼이 선택했는가 하면 목숨마저도 버린다. 비극적 결말이다. 하지만 이런 비극적인 남녀 간의 사랑에서 인간만이 지켜낼 수 있는 절의를 읽어낸다는 것은 분명 김시습의 독특한 독법임에 틀림없다. 한평생 절대적인 고독에 떨면서도 한 치의 흐트러짐도 없이 절의를 지키려 했던 사람만이 감지할 수 있는, 그런.

5) 『금오신화』가 주는 또 다른 교훈

흔히, 우리들은 『금오신화』 하면 중국의 『전등신화』를 모방한 소설이란 사실을 떠올리게 된다. 조금은 민망하고, 조금은 부끄럽게. 물론 김시습은 『전등신화』를 감동적으로 읽었고, 그런 경험이 『금오신화』 창작의 주요한 계기가 되었다는 사실은 분명하다. 그러나 우리는 이런 사실을 부끄럽게 여기거나 우리 문학의 열등함을 입증하는 증거로 삼아서는 안 된다. 문화란 으레 다른 문화와 끊임없는 영향을 주고받으며 발전하는 법이다. 우리가 부끄럽게 여겨야 할 점이 있다면, 그건 선진 문화의 자양분을 발 빠르게 흡수하여 보다 훌륭한 우리 문화로 재창조하지 못하는 경우에 한해서이다.

하지만 김시습의 『금오신화』는 여러 측면에서 우리 문학의 독자성을 한껏 발휘하고 있을 뿐 아니라 『전등신화』에 비해 훨씬 탁월한 사상적 · 예술적 성취를 이루어내고 있기도 하다. 15세기를 살았던 비판적 지식인의 내면 풍경을 이렇듯 흥미로우면서도 절절하게 담아낸 작품을 찾기란 쉽지 않다. 김시습은 중국의 저 통속적인 취향이 물씬 풍기는 『전등신화』를 앞서 살펴본 것처럼 고독한 중세 지식인의 소설적 독백으로 훌륭하게 환골탈태시켜 놓았던 것이다. 그렇다면, 지금은 어떠한가? 세계화 시대를 살고 있는 우리는 미국이나 일본 등 여러 나라의 문화를 수시로 접하고 있다. 그럼에도 우리는 과연 이들의 장점을 제대로 받아들여 한층 우량한 우리 문화로 만들어내고 있다고 자부할 수 있는가? 아니, 그러기는커녕 그들의 가장 질낮은 문화적 표피만을 흉내 내고 있는 것은 아닌지. 우리 모두 깊이 반성해 볼 일이다. 아니, 반성만 할 게 아니다. 명나라 구우의 『전등신화』와 조선 시대 김시습의 『금오신화』의 비교를 통해 우리 옛사람들의 지적 작업을 직접 확인해 보는 게 필요할 일이다.

두 번째 독법 : 패러디의 관점에서 『금오신화』 감상하기

19세기 말, 조선을 다녀간 프랑스의 외교관 모리스 꾸랑(Maurice Courant, 1865~1935)은 4,000종에 달하는 우리 도서를 정리하면서 고전소설도 빠뜨리지 않았다. 아니, 고전소설에 대한 자신의 평가와 소회까지 간결하게 적어 놓았을 정도로 깊은 관심을 보였다. 그가 읽고 내렸던 고전소설의 감상은 이러했다. "고전소설은 두세 권만 읽으면 전부 읽은 거나 다름없다. 그러하니 우리네 아동용 우화 가운데 가장 졸작보다도 오히려 재미가 없다.”라고. 우리가 익히 들어온 고전소설에 대한 통념을, 서구의 낯선 이방인도 이처럼 일찍이 간파하고 있었던 것이다. 정말이지 우리 고전소설의 특징은 천편일률적인 내용, 상투적인 표현, 권선징악적 주제, 행복한 결말, 평면적인 인간형, 단선적인 시간의 흐름, 주인공의 일대기적 구조 등으로 규정될 법하다. 그리고 이런 면모는 고전소설의 저급한 작품성, 모리스 꾸랑의 표현을 빌면 프랑스 어린애가 읽는 우화 가운데 가장 형편없는 작품보다 재미없다는 평가를 뒷받침하는 징표이기도 하다.

그럼에도 불구하고, 우리네 선조들은 프랑스의 졸작 동화보다 재미없다는 이런 고전소설에 무척이나 열광했었다. 왜, 그랬을까? 우리가 고전소설을 제대로 이해하고 감상하기 위해서는, 이런 납득하기 어려운 상황을 설득력 있게 설명하는 것으로부터 출발하지 않으면 안 된다. 어떤 사람은 자신 있게 말한다. 그때는 텔레비전도 없고, 영화도 없고, 만화도 없고, 게임기도 없고, 오락거리라곤 오직 소설밖에 없어 하는 수 없이 즐긴 것이라고 말이다. 맞는 말인 듯하지만, 맞는 말이 아니다. 정말로 재미없다면, 바보가 아닌 이상 재미있게 읽을 리 없다. 오락거리가 지금보다 적었던 것은 사실이지만, 그래서 소설에 대한 몰입이 좀더 용이했던 것은 사실이겠지만, 그것과 별개로 고전소설은 그 자체 재미있는 읽을거리였다. 우리는 고전소설의 무엇이, 그들을 그토록 열광하도록 만들었는지 물었던 것이다. 그러니 그 점에 대해 답해야 했다.

오늘 우리는 그런 질문에 대한 답변을 마련해 보려고 한다. 두 세권만 읽으면 전부 읽는 거나 다름없을 정도로 비슷비슷하면서도 뻔한 고전소설이 뭐 그리 재미있다고 읽고 또 읽었는가를 해명해 보려는 것이다. 그때, 고전소설에서의 비슷비슷하다는 느낌은 아마도 우리가 자주 쓰는 ‘천편일률’이란 말과 상통하는 것이겠다. 고전소설에서 천편일률에 접근하는 방식은 여럿일 수 있다. 하지만 여기서는 작가의 창작기법과 독자의 감상 태도라는 두 층위를 염두에 두기로 한다. 그리고 그런 '천편일률'을, 현대문학에서 종종 논의되는 패러디라는 창작기법과 연관지어 생각함으로써 해결의 실마리를 마련해 보고자 한다. 고전소설에서의 '천편일률'과 현대문학에서의 '패러디'라는 것이 모종의 유사성을 갖고 있으리란 게 오늘 우리의 잠정적 전제인 것이다.

1) 한시와 고전소설 : 용사(用事)와 모방(模倣)

지금 읽어보면 낡고 진부한 감이 없지 않지만, 한국 문학사의 주요한 쟁점들을 엄선·정리하여 단행본으로 묶어낸 적이 있었다. 그건, 고전문학 연구에 상당한 기여를 했던 한 개인의 정년을 기념하는 의례적인 행사에 그치지 않고 국문학계의 역량이 대거 참여한 국문학 연구사의 중간 결산이기도 했다. 그때, "금오신화는 전등신화의 모방인가"라는 테마도 쟁점으로 뽑혔었다. 제목이 암시하듯, 점검의 방향은 『금오신화』가 『전등신화』를 답습(또는 효방)했다는 옛 사람의 증언과 지금/우리도 부정하기 어려운 두 작품 간의 상사(相似)라는 곤혹스런 현상을 어떻게 '슬기롭게' 벗어날 수 있는가에 모아졌다. 청출어람, 환골탈태 등의 용어를 구사하며 『금오신화』가 단순 모방작이 아님을 증명하는 한편 작가 김시습의 창조적 개성과 우리의 전승설화가 만나는 지점에서 산생된 작품임을 설득력 있게 논증하고자 애썼던 것이다. 『금오신화』를 우리 고전문학사의 발전과정에서 해명하려는 의지를 선명하게 표방하고 있고, 그 논지의 타당성을 지금도 일정정도 인정할 수 있다. 하지만 그 즈음의 우리들은 자랑스러움과 부끄러움이 뒤얽힌 심경으로 『금오신화』를 읽지 않을 수 없었다는 점을 고백해야 옳겠다. 고전소설이 우리 문학사에 '최초'로 모습을 드러냈다는 점, 그런데 그게 우리 민족 자체의 순수 창작이 아니라 중국소설의 '모방'으로 가능했다는 점 때문이었다. 그래서 우리는 다음과 같은 어숙권의 증언을 소중하게 간직하곤 했다.

> 김시습의 『금오신화』 중에 『남염부주지』은 실로 소설 가운데 제일이다.
> […] 나는 책을 읽다가 어루만지면서 세 번 감탄하였다. 서술의 양상은 구종길
> 의 『전등신화』를 답습하였는데, 입의와 출어는 그보다 나으니 어찌 청출어람
> 에 그칠 뿐이랴?

우리가 여기에서 늘상 주목했던 구절은 『금오신화』가 모방작임에도 불
구하고 내용[立意]과 표현[出語]의 측면에서 원작 『전등신화』보다 뛰어나다
는 청출어람이란 평가였다. 그런데 패러디라는 창작기법을 고전소설과 연
계하여 생각하고자 하는 지금의 우리가 위의 인용문에서 보다 주목해야 할
대목은, 어숙권은 『금오신화』를 『전등신화』와 견주면서 읽고/감상하고 있
었다는 점이다. 그건, 다른 사람들도 마찬가지였다. 금오산에 머물던 김시
습이 『금오신화』를 써서 석실에 감추며 "후세에 나를 알아주는 자가 반드
시 있을 것이다."라 증언했던 김안로 역시 『금오신화』는 『전등신화』를 '본
받고[效]' 있다고 말한 바 있다. 『추강냉화』, 『해동잡록』 등에서도 그 점 마
찬가지다. 작자 김시습도 자신의 작품이 『전등신화』의 영향으로 창작되었
다는 점을 애써 감추려하지 않았던 것이다. 독자는 물론이고 작가도 분명
하게 인지/표방하고 있던 원작과 그의 모방작, 『전등신화』와 『금오신화』는
그런 관계에 있는 작품이었다.

그때, 우리는 이런 두 작품의 관계가 패러디의 기본요건에 상당정도 부
합되고 있음을 상기할 필요가 있다. 원작이 존재하고, 그 사실을 모두 알고
있고, 그들 사이에 비평적 거리가 있다는 점에서 그러하다. '모방'이란 표
현을, 요즘 작가들이 당당하게 표방하고 있는 '패러디'라는 말로 바꿔 불
러도 좋은 것이다. "『금오신화』는 『전등신화』를 모방한 것이 아니라 패러
디한 것이다!"라고. 이건, 단순한 말장난의 차원이 아니다. 그보다는 고전

소설에 대한 불공정한 태도, 아니 고전소설의 천편일률을 새롭게 음미하기 위한 인식 전환의 출발점일 수도 있다. 다음 두 구절을 비교해서 읽어보라.

> [李奎報, 絶 句] 春暖鳥聲軟 日斜人影長
>
> (봄 따스하니 새소리 부드럽고, 해 기우니 사람 그림자 길어라.)
>
> [杜荀牧, 春宮怨] 風暖鳥聲碎 日高花影重
>
> (바람 따스하니 새소리 부서지고, 해 높으니 꽃 그림자 짙어라.)

숱한 예가 있겠지만, 논의의 편의를 위해 어느 현대시 연구자가 활용한 바 있는 작품을 다시 인용해 보았다. 두 구절의 흡사함은 부연할 필요조차 없다. 그런데 우리는 이규보의 이런 한시를 두고, 당나라 시인 두순목의 한시를 '모방 또는 답습' 했다고 폄하하지 않고 '용사시학(用事詩學)'을 위한 훌륭한 사례로 소개하고 있다. 고전소설에서는 모방(또는 천편일률)이라 말하는 그것을, 한시에서는 용사(또는 용사시학)라 부르고 있는 것이다.

선입관이 없이 본다면 별반 다르지 않을 법한 유사한 창작기법을 평가하는 데 있어, 한시와 고전소설 분야에서는 왜 이런 차이를 보이고 있는가? 그건, 서구/근대소설의 관점에서 우리/전근대소설을 재단하던 고질적인 병폐인 동시에 고전소설의 서사문법에 별반 관심을 기울이지 않던 고전소설 연구의 낙후성과 관련이 있을 터다. 서구/근대소설에서는 모방을 몰개성의 극단으로 기피했지만, 우리/고전소설에서는 결코 모방이 몰개성과 등치되지 않았다. 전근대 동아시아 문화권에서 용사(用事)가 한시 창작의 기본이었던 것처럼, 소설 창작에 있어서도 모방을 적절하게 활용하던 창작 관습은 존중되어야 한다. 이인로와 이규보가 한시 창작에 있어 용사(用事)와 신의(新意)의 중요성을 각각 내세우고 있었지만, 박지원이 문학 창작 전반에 걸쳐 법고(法古)와 창신(創新)의 정신을 강조했던 것처럼, 옛것을 본받되 새로움을 창출해야 하는 과제는 한시는 물론 고전소설이라고 해서 예외

일 수 없었던 것이다. 그렇다면 고전소설에서 '도' 모방이니 아류니 하는 불명예스런 딱지를 붙이기 이전에 원작과 모방작 간의 '비평적 거리' 를 엄 정하게 따져보았어야 마땅하다. 한시 연구에서 용사를 매우 중요하게 염두 에 두면서 작가의식을 섬세하게 분별하고 음미하려 했던 것처럼.

2) 고전소설의 천편일률 : 반복 또는 변주

고전소설은 단순한 모방과 구분되는 패러디, 곧 '의식적인 모방' 과는 거 리가 먼 상사(相似)가 무수히 반복되는 게 사실이기도 하다. 그로 말미암아 천편일률이라는 비판을 면하기란 쉽지 않다. 우리는 그런 천편일률의 원인 을 고전소설 담당층의 창작력 빈곤에서 찾아 들어갈 수도 있지만, 그에 앞 서 낭독과 청취에 의해 향유되던 고전소설의 존재 방식에 주목해야 한다고 믿는다. 시와 가(歌)의 분리가 근대시의 주요한 징표였던 것처럼, 낭독과 묵 독이라는 향유방식의 차이는 고전소설과 근대소설을 가르는 주요한 징표 였다. 고전소설에서 발견되는 리듬감 있는 율문, 공식구적 표현, 상투적인 묘사, 시간의 단선적 흐름, 줄거리의 반복적 요약 등은 그런 환경에 적합하 도록 개발된 창작기법인 것이다.

그런 사정은, 근대 이전 서구의 중세소설[roman]에서도 마찬가지였다. 그 럼에도 그걸 트집 잡아 우리의 고전소설은 '뻔하다, 유치하다' 라 했던 모 리스 꾸랑의 비판은, 근대소설[novel]에 길들여진 한 서구인의 편견 또는 오 만에 가깝다. 그런 위험에 빠지지 않고 고전소설을 고전소설답게 감상하려 면 어찌해야 하는가? 그건 한두 장만 읽어보면 결말까지 훤히 짐작되는 뻔 함에도 불구하고, 고전소설을 읽고 또 읽던 사실을 단서 삼아 해당 작품의 서사문법이라든가 미학적 장치를 꼼꼼히 따져보는 것이겠다. 그럴 때 우리 는 비로소 비슷한 줄거리가 주는 '반복의 안도감' , 그러나 독자의 기대를 때때로 비껴가는 '변주의 새로움' 을 만나게 된다. 얼마간의 비약을 무릅쓰고 그걸 이름 붙여 말해본다면, '패러디의 미학' 이라 할 수 있지 않을까?

좀더 부연하면 이렇다. 유수한 고전문학 작가의 문집에는 한시가 가장 많이 실려 있는데, 수백 수천 수에 달하는 경우도 적지 않다. 얼핏 보면, 아니 한시의 전통에 익숙지 않은 눈으로 보면, 모두 그게 그것처럼 보인다. 이황의 시를 주희의 문집 속에 끼워 넣어둔다면, 그걸 가려낼 수 있을 사람이 과연 몇이나 될까? 그들은 너무나 흡사한 작품을 너무나 많이 썼던 것이다. 하지만 누구도 그걸 가지고 모방했다느니 표절했다느니 하며 비난하지 않는다. 이황의 위상 때문이 아니다. 기존의 문학적 전범을 준용하되 거기에 약간의 변용을 가하는 것이야말로 한시 창작의 기본이자 한시 미학의 정수이기 때문이다. 그렇다면 전근대 문학에서 매우 중시하던 '법고와 창신' 으로부터 근대문학에서 자주 구사되는 패러디 미학의 요체, 곧 텍스트와 텍스트 간의 '반복과 차이' 를 이끌어내는 것은 결코 무리가 아니다.

패러디의 개념을 이처럼 폭넓게 적용한다고 해도 천편일률적으로 반복되는 고전소설에서 과연 차이/변주, 곧 '비판적 거리' 를 읽어낼 수 있는가 반문할 수도 있겠다. 대답은 반반인데, 그에 대해 분명하게 답하는 건 고전소설 연구자에게 주어진 앞으로의 과제다. 하지만 한 가지만은 분명하게 지적해 둘 필요가 있다. 작가의 개성, 상상력, 독창성을 강조하는 지금의 문학 창작 태도를 절대적 기준으로 삼아 지난 시절의 문학을 폄하한다든지 반대로 지금의 우리를 과대평가해서는 안 된다는 점이다. 수백 년이 지난 뒤, 범범한 독자들이 우리 시대의 소설가인 박경리와 박완서, 아니 이들과 신경숙의 작품 세계를 지금/우리처럼 확실하게 분별할 수 있겠는가? 불과 2~30년 지났을 뿐인데 남진과 나훈아를 제대로 구분하지 못한 채 '흘러간 뽕짝 가수' 로 함께 묶어버리는 요즘의 대학생처럼, 그때가 되면 박경리든 박완서든 신경숙이든 '아주 낡은' 근대의 여성작가로 묶어버릴 게 분명하다.

사정이 이러하다면, 고전소설의 묘사 수법이 상투적이라고, 결말 처리가 한결같다고, 내용이 뻔하다고 너무 쉽게 단정지어 말하지 말아야 한다. 그보다는 천편일률처럼 되풀이되는 반복을 접할 때마다 당대의 문학적 관습, 사회적 토양, 사상적 흐름 등에 깊이 유념하면서 그곳에서 일어나고 있을지도 모를 미묘한 변주의 지점을 찾아보려 노력해야 한다. 하지만 우리들은 고전소설을 읽으며 그런 노력을 기울여본 적이 별반 없다. 우리가 개그 콘서트를 보고 제대로 웃기 위해서는 매주 일요일 저녁마다 텔레비전 앞에 앉아 그 되풀이되는 패턴을 체득해야 하는 인내심, 그리고 발 빠르게 변해가는 드라마·영화·광고의 유행과 연관지어 이해하기 위한 노력이 필요하듯, 지금과 매우 다른 감각 위에서 산출된 고전소설을 제대로 음미하기 위해서는 그보다 더한 인내와 노력이 요구되는 것이다.

그리하여 『금오신화』를 읽을 때는 15세기로 거슬러 올라가 상층 사대부의 마음으로 읽어야 하며, 『춘향전』을 읽을 때는 18세기로 거슬러 올라가 일반 서민의 마음으로 읽어야 한다. 게다가 『금오신화』와 『춘향전』의 전사(前史)에도 해박해야 한다. 이들 작품의 원천이었던 『전등신화』라든가 관탈형(官奪型) 설화를 비롯하여 춘향전 근원설화를 알아 비교할 수 있어야 한다. 그래야 당대인들이 느꼈던 반복과 변주의 지점을 대략 비슷하게나마 엿볼 수 있지 않겠는가.

앞서 인용한 이규보의 「절구」를 제대로 감상하기 위해서는 두순목의 「춘궁원」을 미리 알고 있어야 한다. 그래야 이규보가 기존의 전범을 이어받으면서 어떻게 변주하고 있는지를 깨달을 수 있는 것이다. 그게, 한시를 감상하는 상식이자 교양 있는 독자의 감상법이다. 유홍준이 『우리 문화유산 답사기』 서문에 인용하여 일약 국민적 명언이 되었던 구절, "사랑하면 알게 되고, 알면 보이나니, 그때 보이는 것은 전과 같지 않으리라."라 했던 말을 고전소설의 아름다움을 제대로 음미하기 위한 자리에서도 원용할 만하다. 어느 현대문학 비평가가 강조하고 있듯, 패러디도 독자의 역량에 따라 인식의 정도가 다를 뿐 아니라 미학적 효과 또한 다른 것이다.

3) 『금오신화』를 짓던 즈음 : 미견서(未見書)와 불견서(不見書)

『금오신화』가 『전등신화』의 강력한 자장 위에서 산출된 작품이란 건 이젠 진부한 상식이다. 그리고 두 작품의 영향관계를 따지는 논의 또한 식상하다. 그럼에도 불구하고 『금오신화』에 실려 있는 개별 작품에 대한 분석은 물론 『전등신화』와의 관계에 대한 탐구는 여전히 이어지고 있다. 『금오신화』가 펼쳐 보인 작품세계, 그리고 『전등신화』로 대변되는 중국소설과의 교섭 양상은 우리 고전소설의 흐름을 이해하는 시금석과도 같기 때문이다. 하지만 패러디의 관점에서 고전소설의 천편일률을 새롭게 음미하기 위해서라면, 진부하더라도 그곳으로 되돌아갈 필요가 있다. 『금오신화』야말로 '모방'과 '재창작'이라는 극단적 평가에 시달리던 작품이었기 때문이다. 문제는 다시 『금오신화』인 것이다.

새삼스런 말이지만, 김시습은 『금오신화』를 창작하기에 앞서 구우의 『전등신화』를 매우 인상 깊게 읽었다. 그건 『금오신화』란 작품 자체가 보여주는 유사성에서도 드러나지만, 『전등신화』를 읽은 감상을 읊은 「제전등신화후(題剪燈新話後)」에서 확인된다. 7언 고체시 형식으로 지은 작품 서두는 이러하다.

> 山陽君子弄機杼　산양군자(山陽君子)가 글 짓는 솜씨를 부려
>
> 手剪燈火錄奇語　등불 돋우며 기이한 말 기록했네.

산양이란 오늘날 강소성(江蘇省) 회안(淮安)으로 구우의 선조가 살던 곳이다. 그래서 구우를 산양군자로 일컬었던 것이다. 서두는 이렇듯 등불을 밝혀가면서 기이한 이야기를 짓던 정경을 그리는 것으로 시작한다. 그러고 난 뒤, 다채로운 문체의 구사, 신이에 대한 전례, 작품세계의 연원, 생동하는 문장의 기세, 인상적으로 읽은 작품들, 그리고 다 읽고 난 뒤의 여운을

곡진하게 적어내려 간다. 그런데 흥미롭게도 이와 유사한 시편이 간행본 『전등신화』의 첫머리에서도 발견된다. 『전등신화』 앞뒤에는 작품과 관련된 서발(序跋)이 여러 편 실려 있는데, 구우 자신의 자서뿐만 아니라 친구 능운한(凌雲翰)의 서(序), 오식(吳植)의 인(引), 계형(桂衡)의 병서(幷序), 김면(金冕)의 발(跋), 호자앙(胡子昂)의 후기(後紀), 당악(唐岳)의 후지(後志) 등이 그것이다. 여기서 눈길을 끄는 것은 계형이 쓴 「전등신화시」이다. 계형은 김시습처럼 작품에 대한 자산의 감상을 장편의 7언 고체시로 읊고 있었는데, 시작은 이러하다.

山陽才人疇與侶　산양재인은 나의 친구로서
開口爲今闔爲古　입만 열어 고금의 일 풀어냈네.

　계형은 산양재인 구우가 고금의 일을 가지고 작품을 지은 사실을 밝힌 뒤, 김시습의 「제전등신화후」에서와 마찬가지로 작품과 관련된 이모저모를 무척 길고도 자세하게 적고 있다. 그렇게 볼 때, 계형의 제시(題詩)와 김시습의 제시가 맺고 있는 관련성은 부정하기 어렵다. 김시습은 『전등신화』를 읽으면서 받은 감동을, 작품 앞뒤에 붙어 있던 중국 여러 문인의 감상평과 견주어보기 위하여 긴 고체시를 지었던 것으로 보이는 것이다. 이런 사실은 김시습이 『전등신화』에서 받은 감동이 얼마나 컸는가를 반증하는 동시에 원작과 견줄 만한 작품을 직접 창작해 보고 싶은 충동으로 발전한 저간의 정황을 짐작하게 만든다. 그런데 흥미롭게 보아야 할 대목은 이들 두 사람의 감상 태도 또는 목적이 다른 방향으로 갈라지고 있는 지점이다. 감상의 끝은 이렇게 서로 달랐다.

[1] 醉來呼枕睡一覺　술에 취했다가 부르는 소리에 잠을 깨어보니
高車駟馬游南柯　사두마차 수레 타고 노닐던 남가일몽일러라.

[2] 眼閱一篇足啓齒 전편을 읽고 나면 입이 저절로 벌어져

　　蕩我平生磊塊臆 내 평생 쌓였던 불평한 심사 씻어내누나.

　계형과 김시습, 두 사람 모두 소설이란 갈래가 주는 허구적 체험을 통한 감동과 충격을 토로하고 있다는 점에서 비슷하다. 하지만 김시습에게 있어 『전등신화』를 읽는다는 것이 평생 풀어내지 못한 울울한 심사를 깨끗이 씻어내는 도구였음을 토로하는 [2]의 마지막 구절은, [1]에서 보듯 계형의 그것과 다르다. 계형은 『전등신화』가 펼쳐 보인 작품세계를 남가일몽으로 치부하는 데 그쳤을 뿐이다. 게다가 김시습은 진실만을 일방적으로 주장하는 정명론적(正名論的) 글쓰기와는 다르게 '사실' 과 '허구' 를 아우르고, '보이는 것' 과 '보이지 않는 것' 을 연결시켜 자신의 평생 맺힌 울울한 심사를 담아낼 수 있는 글쓰기로서의 가능성을 '소설' 『전등신화』에서 발견하기도 했다. 그리하여 김시습은 『전등신화』에서 받은 감동을 가지고 『금오신화』를 짓게 되었던 것인데, 그 즈음의 심경을 이렇게 밝혀 놓은 바 있다.

矮屋靑氈暖有餘 작은 방 푸른 방석엔 온기 남아 있고
滿窓梅影月明初 창 가득 매화 그림자 비치고 달 떠오를 무렵.
挑燈永夜焚香坐 등불 돋아 밤새도록 향 사르고 앉아서
閑著人間不見書 세상에서 보지 못한 글을 한가로이 쓰노라.

玉堂揮翰已無心 옥당에서 붓을 휘두르는 데엔 이미 마음 없으니
端坐松窓夜正深 소나무 어린 창가에 단정히 앉았으니 밤 정히 깊어라.
香揷銅鑪烏几淨 구리 향로에 향을 꽂고 검은 책상 정결히 하고
風流奇話細搜尋 풍류 있는 기이한 이야기를 꼼꼼하게 찾아 쓰노라.

　김시습 자신이 지은 「제금오신화 2수」의 전편이다. 이들 두 수는 현전하는 『금오신화』 간행본 맨 끝, '서갑집후(書甲集後)'라는 제목으로 적혀 있다. 그런데 그런 체제 또한 구우의 『전등신화』 체제를 그대로 본뜨고 있는 것이다. 구우도 「제전등록후 절구 4수」를 지어 매 집마다 맨 끝에 붙여 두었었다. 그러고 보면 김시습은 『전등신화』의 감상에서뿐만 아니라 『금오신화』를 창작하는 데 있어서도 그 체제조차 전례를 따르려 했던 듯하다.

　그만큼 『전등신화』는 김시습에게 소중한 전범이었던 셈이다. 하지만 감상에서와 마찬가지로 창작에 있어서도 김시습은 자신만의 각별한 문제의식을 그곳에 담아두고자 했는데, 두 번째 수를 주목할 만하다. 여기에는 문장으로 이름을 떨쳐 보리라던 꿈을 품고 있던 김시습 자신의 어긋나버린 현실, 그로부터 밀려드는 한없는 격절감이 오롯이 담겨 있다. 홍문관에서 문장으로 뽐내보려던 마음을 접은 채 밤 깊은 산사에 홀로 앉아 풍류·기화를 찾고 있는 정황에서 '천재' 김시습의 자부심과 '방외인' 김시습의 소외감이 착잡하게 뒤얽혀 있는 것이다.

　우리는 이를 세상과 화합하지 못한 초기 한문소설 작가가 빚어내고 있는 자조와 자부의 서사미학이라 부를 수도 있겠다. 그런데 김시습은 『전등신화』라는 전범에 크게 의지하고 있으면서도 첫 번째 수 마지막 구에서 보듯 '인간불견서(人間不見書)'를 짓고 있노라 말하고 있다. 그건, 구우가 「제전등신화」 제1수에서 호사가에게 들은 고금의 기괴한 일을 원천으로 삼아 '인간미견서(人間未見書)'를 창작했노라고 자부했던 것과 동일한 맥락이다. 구우든 김시습이든, 기존의 이야기를 창작 원천으로 삼되 단순한 모방에 그치지 않겠다는 창작 의지를 분명하게 밝히고 있는 것이다. 우리는 그들의 그런 선언에서 지속과 차이, 계승과 변주라는 패러디 미학의 핵심과 마침내 만나게 된다.

4) 「취유부벽정기」에서의 변주 : 명혼(冥婚)과 이계(異界)

『금오신화』를 『전등신화』와 견주어 읽어보면, 답습·모방이라 부르든 재창조·창조적 모방이라 부르든, 그곳에 실린 다섯 편이 『전등신화』의 작품들과 유사하다는 점을 부정하기 어렵다. 그 점 여러 연구자들에 의해 거듭 논의된 바 있다. 하지만 양자 간의 유사성을 패러디의 시각에서 음미할 때 보다 깊은 작품 이해에 도달할 수 있으리라 기대된다. 그러기 위해서는 우리의 고전문학이 중국과 불가분의 관계를 맺고 있다는 전제 아래 일대일로 선을 긋는 단순한 비교문학의 차원을 넘어서야 하는 것은 물론 우리의 문학을 창조적 모방이라고 말해야 안심하던 소아병적 민족문학의 강박으로부터도 자유로워질 필요가 있다. 그런 시야를 확보할 때 『전등신화』를 패러디한 『금오신화』의 면모를 온당하게 파악할 수 있기 때문이다.

여기에서는 앞선 전제를 검증해 보기 위하여, 구체적인 작품을 대상으로 삼아 반복과 변주의 양상을 가늠해 보기로 한다. 논의의 대상은 「취유부벽정기」인데, 일찍이 『전등신화』의 「등목취유취경원기(藤穆醉遊聚景園記)」와 「감호야범기(鑑湖夜泛記)」를 교합하여 패러디한 작품으로 깊이 있게 거론된 바 있다. 「취유부벽정기」는 이들 두 작품을 혼합하여 반복과 차이, 또는 지속과 변주의 면모를 갖추고 있는 작품인 것이다. 여기서는 이런 면모를 패러디라는 창작기법과 관련지어 보다 구체적으로 다루도록 한다. 그러기 위해서는 『금오신화』 전체에서 차지하는 「취유부벽정기」의 위상을 점검할 필요가 있다. 『금오신화』에 실린 다섯 편의 주인공은 잘 알려져 있듯 젊은 문사인데, 이들이 겪는 서사적 경험은 크게 둘로 나뉜다. 하나는 비명에 죽어 구천을 떠돌고 있던 여인과의 기이하고도 애틋한 만남을 통해 서로의 원망을 역설적으로 풀어내는 명혼교구(冥婚交媾)이고, 다른 하나는 초현실계에 초대되어 현실에서 이루지 못한 자신의 재능을 마음껏 펼쳐보는 이계초빙(또는 몽유체험)이다. 전자로는 「만복사저포기」, 「이생규장전」이 있고, 후자로는 「남염부주지」, 「용궁부연록」이 있다.

그런데 「취유부벽정기」는 이들 두 모티프를 함께 갖추고 있다. 아마 『전등신화』의 「등목취유취경원기」와 「감호야범기」라는 상이한 모티프를 골간으로 삼고 있는 두 작품을 교합하고 있는 데서 비롯된 현상일 터다. 전자는 원나라 때 등목이란 서생이 과거시험을 위해 임안의 취경원(聚景園)에 놀러 갔다가 송나라 이종의 궁녀였던 원귀 위방화를 만나 3년 동안 부부의 정을 나누다가 헤어진다는 명혼교구담이고, 후자는 원나라 때 성영언이란 처사가 소흥의 감호에서 노닐다가 은하수로 불려 올라가 직녀를 만나 천상계의 여러 인물에 대한 비화를 듣고 돌아온다는 이계초빙담이다. 그 점, 「취유부벽정기」가 원작을 계승하고 있는 면모이다.

하지만 작품을 이해하는 데 있어 보다 유념해야 할 지점은 변주의 양상이다. 길게 논의할 겨를이 없으므로 여기서는 특징적 국면만을 지적하기로 한다. 젊은 문사인 홍생이 비극적으로 죽은 여인을 만나 하룻밤의 만남을 함께 한다는 점에서는 「등목취유취경원기」와 비슷하지만, 청춘남녀의 억제된 정욕을 해소하고 있는 명혼교구담과는 거리가 멀다. 또한 비현실계의 인물을 만나고 돌아온다는 점에서는 「감호야범기」와 비슷하지만, 초현실계로의 여행이 가져다주는 경이로움을 강조하고 있는 이계체험담과는 거리가 멀다. 아리따운 여인을 만났으되 청춘남녀 간의 정욕이 극도로 절제되고 있으며, 천상계의 인물을 만났으되 비현실계가 아니라 여전히 자기가 몸담고 있는 현실에 관심을 두고 있는 것이다. 그 점, 「취유부벽정기」가 원작을 변주하고 있는 면모이다.

이처럼 「취유부벽정기」는 원작의 모티프를 모두, 그러나 불완전한 형태로 간직하고 있다. 그렇다면 아리따운 여인과 만났으면서도 사건이 연애담으로 흐르지 않고, 천상계의 인물과 만났으면서도 관심이 비현실계로 옮아가지 않는 까닭은 무엇이었을까? 그건, 지금/이곳의 현실세계에 대해 발언하고 싶은 작가 김시습의 강한 욕구가 아니고서는 설명하기 어렵다. 작품

서두에 명시되어 있듯, 지금은 '세조연간'이고 이곳은 '평양'이다. 여기에서 세조라는 시간적 배경과 평양이라는 공간적 배경은 불가분의 관계를 맺고 있다. '세조'가 왕위를 찬탈한 사건은 젊은 김시습을 방랑의 길로 내몰았고, '평양'은 순결한 정신에 상처를 입은 김시습이 가장 먼저 찾은 여정이었던 것이다. 그 즈음을 김시습은 다음과 같이 회고한 바 있다. 앞서 읽어본 바 있지만, 다시 한번 음미해 보자.

> 하루는 문득 개탄스런 일을 당했다. [⋯] 어떻게 할 것인가, 좀처럼 결정할 수 없었다. 그러다가 하룻밤 문득 깨달은 바가 있었다. 차라리 승려의 옷으로 갈아입고 산사람 노릇을 한다면 자기 염원을 이룩할 수 있을 것이라고. [⋯] 아! 인간이 천지간에 태어나서 명예와 이익에만 얽매이고 생업에만 급급하여 뱁새가 둥지를 떠나지 못하듯 박 넝쿨이 섶에 얽히듯 자기 몸을 얽매어 버린다면 어찌 괴로운 일이 아니랴? 그래서 이 글을 적어 세속 선비들을 격동시키려 하노라.

실제로 「유관서록」을 읽노라면, 「취유부벽정기」의 주인공 홍생을 연상시키는 시편과 자주 만나게 된다. 「취유부벽정기」가 「유관서록」과 마찬가지로 김시습의 관서 유람을 바탕으로 창작된 것임을 반증하는 증거이겠다. 사실 「등목취유취경원기」에 등장하는 위방화가 비록 멸망한 송조에 대해 비감한 심경을 토로하고 있기는 하지만, 그녀의 궁극적인 관심은 스물셋이라는 꽃다운 나이에 죽은 자신의 여한을 풀어줄 낭군을 만나는 것이었다. 하지만 「취유부벽정기」의 기씨녀는 다르다. 그녀 역시 멸망한 왕조의 딸로서 절개를 지키려다 죽었지만, 울울한 심경은 온통 위만의 불법적인 왕위 찬탈로 망해버린 기자조선의 최후에서 비롯되고 있었다. 여주인공인 '위방화─기씨녀'의 차이는 남주인공인 '등생─홍생'에게서도 거의 동일하게 발견된다. 등생이 평생의 고락을 함께 나눌 배필을 갈구하고 있었다면,

홍생은 고금의 홍망사를 함께 논할 지기를 갈구하고 있었던 것이다.

　세계의 횡포로부터 받은 김시습의 상처가 그만큼 깊었다는 증거인데, 그 점을 보다 뚜렷하게 보여주는 대목이 바로 천상계 인물과의 접촉 장면이다. 「감호야범기」의 주인공 성영언은 바람이 소슬하게 불어오는 가을밤, 배안에 누워 비단처럼 가로지른 은하수를 바라보다가 그곳으로 빨려 들어가 천상의 여인 직녀를 만나게 된다. 그리고 그곳에서 시인 묵객들 사이에서 떠도는 천상계 인물의 비화를 듣게 된다. 현실세계 너머에 있는 또 다른 세계, 곧 이계에 대한 원초적 경이로움을 활용하여 소설적 홍미를 추구하던 구우의 창작기법을 잘 보여주는 대목이다. 하지만 이런 「감호야범기」를 홍미롭게 읽고, 이를 활용해 새로운 작품을 만들어 보겠다고 마음먹은 김시습은 천상계의 여인을 직녀에서 항아의 시녀로 바꿔놓는다. 하지만 그건 중요하지 않다. 진정 중요한 변화는, 천상계의 여인을 통해 홍생이 듣는 것은 천상계의 비화가 아니라 지상계의 비화(悲話)라는 사실이다. 그리고 그를 통해 홍생은 무정하게 되풀이되는 인간사의 홍망에 절망한다. 더욱이 그런 절망적 심사를 함께 나눌 지기마저 사라지고 없는 지금/이곳, 그리하여 육신은 비록 떠날 수 없지만 정신이라도 홀홀 떠나고픈 간절한 소망은 시해(尸解)라는 독특한 결말을 만들어낸다.

　작가 김시습은 홍생과 기씨녀를 통해 하고픈 말이 더 많았을 게 분명하다. 하지만 세상에 드러내놓고 말하기 어려운, 그런 은밀하고도 위험천만한 비화였기에 속내를 애써 감출 수밖에 없었다. 기씨녀가 떠나기 직전에 남긴 말, 곧 "옥황상제의 명령이 지엄하여 흰 난새를 타고 돌아가야 합니다만, 청아한 이야기를 다하지 못했기에 마음 몹시 슬프군요."라는 말이 주는 여운은 깊고 길다. 이외에도 작품 속에서 그런 흔적들을 발견하기란 어렵지 않다. 자신의 정회가 내비친 시편을 세상에 남기지 않기 위해 바람으로 흔적조차 없이 거둬가던 기씨녀의 행동, 간밤에 어디 갔다가 왔느냐는 친구의 물음에 낚시를 했노라며 거짓으로 둘러대고는 자기만의 비밀로 간직

했던 홍생의 행동은 모두 그런 은폐의 흔적인 것이다. 그러기에 작품은 드러낼 듯 드러내지 못하는 회한의 감정이 전편에 가득 흐르는, 그리하여 서사라기보다는 한 폭의 서정적 시편처럼 읽힌다. 이런 면모로 말미암아 「취유부벽정기」는 『금오신화』 다섯 편 가운데 압권이란 평가를 받았는가 하면, 다음과 같은 감상도 가능했던 것이다.

> 「취유부벽정기」는 즐거우나 음란하지 않으며, 슬프나 마음을 상하게 하지 않아 시인의 뜻을 얻었다.(浮碧亭記, 則樂而不淫, 哀而不傷, 得風人之旨.)

실제로 「취유부벽정기」는 『금오신화』 다섯 편 가운데는 말할 것도 없고, 『전등신화』 전편을 통틀어서 가장 비감하면서도 서사성과 서정성이 애틋하게 얽힌 작품으로 손꼽힌다. 이는 원작 「등목취유취경원기」, 「감호야범기」에서는 전혀 실감할 수 없던 면모인 바, 「취유부벽정기」는 이렇듯 원작과 비평적 거리를 두고 있었다. 그래서 우리는 '모방'이라 불리기도 했던 『금오신화』를 '패러디'라 고쳐 부를 수 있는 것이다.

5) 고전소설의 존재방식과 패러디적 창작기법

오늘 우리는 패러디라는 현대문학에서의 창작기법이 전근대 한자문화권에서 주요한 창작기법으로 간주되던 한시에서의 용사와 유사점이 있음은 물론 고전소설에서의 병폐로 거론되는 천편일률과도 연관되는 지점이 있다는 데 유념하였다. 고전소설에서의 천편일률을 패러디의 관점에서 새롭게 음미해 볼 필요가 있다는 데까지 논의를 밀고 나간 것이다. 고전소설에 대한 옹호의 마음이 과도하여 실상보다 지나친 점 없지 않을 법하고, 패러디의 개념을 너무 넓게 확장시키다보니 개념의 엄정성을 잃은 점도 인정해야 할 법하다. 그럼에도 굳이 고전소설에서의 천편일률을 옹호하려 했던 까닭은, 그것이야말로 소설 탄생의 비밀이자 고도의 생존 전략과 맞물려 있다는 점 때문이었다.

소설이란 본래 자기 시대의 지배적·주류적·정론적 담론의 변두리나 그것들 틈새에서 이들을 모방·빙자하면서 또는 이들과 아슬아슬한 긴장 관계를 유지하면서 자신의 존재를 확립·발전시켜 나간 갈래였다. 여기에서 우리는 소설이 처음 등장할 때 정통 한문산문인 전(傳)인 것처럼 보이기 위해, '○○전'이라 명명하며 자신의 입지를 확보해 나갔다는 추론을 상기할 필요가 있다. 뿐만 아니라 소설은 때때로 철학적 언술에 가탁해 그들의 정연한 인식을 전복시키거나, 역사적 기록임을 빙자해 그들의 공고한 믿음을 뒤흔들면서 지배적·주류적인 담론 체계를 교란시켜 나가기도 했다. 소설이 지배적·주류적 담론과 불화가 끊이지 않았던 것도 이런 이유에서였다. 그리고 그런 생존 전략에서 우리는 오늘날 종종 거론되고 있고, 그 중요성을 점점 인정받고 있는 패러디라는 창작기법의 단면을 엿보게 된다.

[더 생 각 해 볼 문 제]

1. 중세사회에서 사대부들은 흔히 소설 양식을 배척했다고 알려져 있다. 그럼에도 불구하고 『금오신화』, 『기재기이』, 『주생전』, 『원생몽류록』 등과 같은 조선 전기에 창작된 전기소설 작가는 한결같이 문재가 뛰어난 문인지식인들이다. 어떻게 그런 현상이 가능했는지 생각해 보자.

2. 조선시대 사대부들은 성리학적 이념을 받아들이면서 귀신이란 존재를 음양의 조화일 뿐이라며 그 실존을 부정하고자 했다. 그러면서도 이들이 창작한 전기소설을 보면, 거의 대부분 귀신과 관련된 기이한 테마를 다루고 있다. 이런 모순된 현상을 어떻게 설명할 수 있는지 생각해 보자.

3. 김시습은 중국 명나라 때 구우가 지은 『전등신화』를 읽은 감동으로 『금오신화』를 창작
   하였다. 그로 인해 두 작품은 매우 유사한 면을 함께 갖고 있다. 함께 읽어본 뒤, 『금오신
   화』가 이어받고 있는 점은 무엇이고 새롭게 변형시킨 점은 무엇인지 생각해 보자.

[주 제 어]

전기소설

우리나라 고전소설의 출발은 전기소설로부터 비롯된다. 전기(傳奇)란 '기이한 일을 전한다'
라는 뜻인데, 중국 당나라 때 크게 유행했다. 우리나라에서는 나말여초부터 지어지기 시작해
『수이전』으로 묶일 정도였다. 주로 현실에서는 일어나기 힘든 기이한 사건을 서정과 서사를
뒤섞어 엮어나가는 한문소설 양식이다.

방외인

조선 전기 사대부는 대개 관각파와 사림파로 나뉜다. 조선 건국과 정란 때 공을 세운 훈구
파 문인이 전자라면, 성리학적 이념을 받아들여 중앙 정계로 진출한 지방사족의 출신 문인은
후자이다. 하지만 그 어디에도 참여하지 못한 소외된 비판적 지식인도 있었는바, 이들을 방외
인이라 한다. 김시습을 비롯하여 남효온, 권필, 임제와 같은 인물이 바로 그들이다.

반복과 변주

고전소설은 흔히 천편일률적이라고 생각한다. 하지만 반복이 주는 안도감 가운데 발현되
는 새로움에 주목해야 한다. 고전문학에서 전범에 기반하여 새로운 뜻을 만들어내는 것은 창
작의 기본이다. 박지원이 말한 '옛것을 본받되 새로움을 창출한다' 는 법고창신(法古創新)은 말
할 것도 없고, 현대문학에서 중요하게 간주하는 패러디라는 것도 고전소설에서의 반복과 변
주, 곧 천편일률과 상통하는 바 많다.

서양의 사유와 근대 세계의 욕망

좋은 국가, 좋은 삶
: 플라톤 『국가』

삶에 대한 장엄한 송가
: 니체 『짜라투스트라는 이렇게 말했다』

근대적 욕망의 구조와 의미
: 플로베르 『마담 보바리』

3

서양의 사유와 근대 세계의 욕망

좋은 국가, 좋은 삶
: 플라톤 『국가』

주 광 순 | 부산대학교

1. 도입부

　　오늘날 우리는 민주주의 체제 하에서 살고 있고 이를 당연히 여긴다. 그러나 우리는 또한 이런 '당연한' 현상을 의심해 볼 수도 있을 것이다. 이를테면 민주주의는 과연 최선인가? 다른 가능성은 없겠는가? 우리는 선거철만 되면 여러 후보자들이 경쟁적으로 출마해서 각종 공약을 남발하는 것을 목도한다. 유권자들로서는 이중에서 누구를 택할 것인지 고민이다. 만약에 마음에 드는 후보자조차 없다면 정말 곤혹스럽다. 이것이 일반 시민이 느끼는 민주주의의 한 단면이다. 플라톤이 살던 기원전 5세기의 그리스 아테네도 민주정이었다. 그런데 그는—우리가 보기에는 놀랍게도—당대의 민주주의가 대단히 부도덕하고 비효율적 체제라고 비난했었다. 왜냐하면 민주주의 하의 정치가라는 사람들이 진정으로 국가를 걱정하는 사람도 아니고, 그렇다고 제대로 된 전문가도 아니라고 믿었기 때문이다. 다만 시민들을 설득해서 자기를 찍게 만들려고만 노력할 뿐 그 진정성이나 능력은 대단히 의심스럽다는 것이다. 이러한 플라톤의 정치적 견해와 사상적 배경을 잘 보여주는 고전이 그가 쓴 『국가(Politeia)』이다. 플라톤은 펠로폰네소스 전쟁에서 패전한, 어두운 조국의 현실을 대단히 염려하고 있었으며, 또한 아테네 최고의 가문에서 태어나서 정치가로 두각을 나타내기에는 누구보다도 유리한 처지에 있었다. 그러나 그는 그의 아저씨들에 의한 참주정치를 경험하고, 그 후에 도래한 민주정치 하에서도 스승이자 그가 당대에 가장 정의로운 사람으로 존경해오던 소크라테스가 독배를 마시고 죽는 것을 경험해야만 했다. 그래서 이렇게 힘이 지배하는 현실 정치에 환멸을 느끼게 된 그는 일선 정치에서는 후퇴해버렸다. 그리고 아카데미라고 하는 학교를 설립해서 연구와 교육활동에만 전념하였다. 거기서 나온 걸작이 바로 『국가』이다.

『국가』는 보통 철학책으로 분류되지만, 그 이외에도 교육, 정치, 사회 등 다양한 주제들을 담고 있다. 플라톤은 이 속에서 아테네 현실의 여러 문제점들을 비판하고 이상적 사회를 꿈꾸고 있다. 교육 분야에서 보자면 그는 사교육이 국가를 망친다고 반대하고, 제대로 된 공교육을 역설했다. 사교육의 교사들인 소피스트들은 돈을 낼 사람들의 의도에 부응할 뿐이었다. 그들의 관심은 자신들이 가르친 제자들이 연설을 잘 해서 국민들의 표를 얻는 것 뿐이었다. 그러나 이러한 교육으로는 좋은 시민도 좋은 정치가도 배출할 수 없다. 민주주의의 토대인 선거도 물론 제대로 될 리 없다. 그리고 잘못된 교육은 당장은 아니라도 후에 큰 값을 치르게 될 것이다. 당대 그리스 교육의 목표는 덕(arete)이었다. 그런데 그리스어 *arete*는 단지 도덕적으로 훌륭함뿐 아니라, 탁월함을 의미하기도 한다. 이를테면 호머의 덕은 지혜와 용기였는데, 이는 삼국지에 나오는 제갈공명이나 관우와 같은 영웅들의 덕이었다. 이 덕이 일차적으로는 그 개인들의 탁월성을 의미했다. 그러나 그들의 탁월함은 당사자에게만 유익한 것이 아니라 공동체에도 필수불가결한 것이었다. 그래서 *arete*가 단지 능력을 의미할 뿐 아니라, 점

차로 도덕적 색채도 띠게 된다. 소피스트들은 스스로 이런 덕의 교사라고
자처하였다. 그런데 플라톤이 이상으로 생각하는 교육이란 직업교육이나
출세의 발판이 아니라, 유능하고도 훌륭한 시민을 키워내는 것이다. 교육
의 출발점은 '무지의 동굴'로부터 진리의 세계로 영혼을 돌이키는 일이다.
청소년이 교사의 도움을 받아 스스로의 힘으로 눈앞의 현상을 넘어서 사물
의 진실인 이데아에 도달하는 과정이 교육이다.

2. 소크라테스적 탐구의 특징(제1권)

『국가』는 고대적 전승에 따르자면 '정의'라는 부제가 달려 있었다. 이
책의 주제는 정의인 것이다. 『국가』는 전체가 10권으로 되어 있는데, 그중
에서 제1권은 나머지 9권과 문체에 있어서나 여러 가지 점에 있어서 다르
다. 즉 초기 대화편 성격이 드러난다.[1] 다른 초기 대화편에서처럼 주요한
덕들 중의 하나인 정의에 관해서 소크라테스가 묻고 대화 상대자들이 대답
하면서 탐구해 들어가는데, 결국은 해결할 수 없는 난관에 빠지고 만다. 그
래서 2권부터는 새롭게 시작한다.

2차 세계대전과 6·25라고 하는 커다란 전쟁을 겪은 우리나라와 마찬가
지로 고대 그리스에서도, 특히 30년이나 지루하게 끌어온 펠로폰네소스 전
쟁 이후에 전래의 덕은 파괴되고 의심받기에 이르렀으나, 새로운 덕은 아
직 생겨나지 못했다. 이때에 가장 필요한 것이 『국가』에서 플라톤이 대화
주도자 소크라테스를 통해서 잘 보여주는 것과 같은 윤리학적인 반성이다.
1권에서 소크라테스가 전통적인 사고를 벗어나지 못하는 사람도 그리고
새로운 사조를 일으키려는 사람인 소피스트도 모두 논파해 가는 모습을 보

---

1) 고대적 전승에 따르면 플라톤이 1권은 원래 따로 집필했는데, 이를 나중에 2권 이하와 통합시킨 것이다

여주고 있다. 이를 통해서는 아직 적극적인 결론이 나오지는 않는다. 그러나 진리를 발견하기 전에, 우선 우리의 사고 속에서 잘못된 견해들을 불식시켜 나가는 과정이 필요하기 때문에 이 논박(*elenchos*) 과정은 대단히 중요하다. 이것이 소위 '무지의 지'의 단계, 즉 자신이 덕이나 인생의 중요한 문제에 관해서 대단히 많은 견해들을 가지고 있으나, 이 정도로는 제대로 된 지식이 될 수 없다는 사실, 소크라테스의 논박은 이 점을 자각하게 해주는 단계이다. 이 자각이 충분해야만 진리를 향한, 쉽지 않은 탐구를 제대로 시작할 수 있다. 소크라테스의 논박은 그 과정 자체에서도 많은 통찰력을 보여주나 결국은 대화 상대자들과 함께 독자들을 진리에로 초대하는 과정이다. 이러한 소크라테스의 논박의 특징적인 모습들을 보여줄 1권의 대화 내용들을 소개하고자 한다.

1) 장면 설정

(대화 주도자인 소크라테스 :) 327c[2] (대화하고 싶은 욕심에 억지로라도 데려가려는 친구들에게) '힘으로가 아니라 설득시켜서 놓아주게 만들면 된다.'

(328a 이하에서 보자면 그러나 소크라테스는 젊은 친구들과 대화를 나누고자 하는 욕구에서 스스로 따라간다.)

(첫 대화 상대자인 관습적인 견해를 가진 늙은 케팔로스의 소원) : 328d '나이가 드니 이야기를 하고 싶다.'

(그의 깨달음) 329c '연로하니 무엇보다도 (성적 쾌락이나 여타 다른) 사나운 폭군으로부터 벗어나서 평화와 자유에 이르게 되어 기쁘다.'

---

2) 제대로 된 번역본에는 331c 같은 식으로 번호가 매겨져 있어서 어떤 번역본에서라도 원본의 어디를 번역하고 있는지 알려준다. 이는 원래 스테파누스가 매긴 페이지 번호에 기인했다

2) 정의에 대한 전래적 견해

a) 전래의 견해
(케팔로스가 한 말에 대한 소크라테스의 요약) : 331c '정의란 정직함과 남한테서 맡은 것은 갚는 것'
(이에 대한 소크라테스의 반박) : '어떤 사람이 창을 맡겼는데, 그가 미쳐서 찾으러 온 경우처럼, 이런 행동이 상대에게 불리할 경우에도 그리해야 되는가?

b) 좀더 세련된 견해
(331d 아버지가 논박당하자, 아들이 대화 상대자가 된다.)
(아들인 폴레마르코스가 저명한 시인인 시모니데스를 인용하여) : 331e '각자에게 갚을 빚을 갚는 것이 정의(*dikaion*)이다.'
(소크라테스의 일차적 요구) : '시모니데스쯤 되는 사람의 말이니 의심할 수도 없으나, 나는 그 말이 무슨 뜻인지 이해 못하겠으니 자세히 해명해 보라.'

(폴레마르코스의 일차적 해명) 332a '친구에겐 선한 것(*agathon*)을 빚지고 있지, 악한 것이 아니다.'
332b '그러나 원수에겐 나쁜 것(*kakon*)을 빚지고 있다.'
(정의에 대한 새로운 규정) 332d '친구들한테는 잘 되게 해주되, 적들한테는 잘못 되게 해주는 것이 정의이다.'

(이에 대해서 소크라테스가 더 추상적으로 요약한다.) 332c '각자에게 합당한 것을 갚는 것이 정의이다.'

(그런데 이렇게 정의의 규정이 추상화되고 일반화되었지만, 소크라테스가 보기에는 아직 불충분하다. 그가 좋아하는 덕과 기술의 유비에 따르자면,) '의술은 앓는 사람에게 건강을 주는 것이고 요리술은 맛을 주는 것인데 반하여 332d 정의(dikaiosyne)란 친구에겐 잘해 주지만(eu poiein), 원수에겐 나쁘게 하는(kakos) 것이 되고 만다.' (폴레마르코스의 견해가 의심스러워지고 있다.)

(그러나 폴레마르코스는 이를 고집한다.) 332e '이러한 정의가 가장 잘 드러나는 것은 전쟁터에서이다.'

(소크라테스 : 그렇다면) '평화 시에는 필요 없는가?/(폴레마르코스 :) 그렇지 않습니다./(소 :) 그렇다면 평화 시에 사용되는 곳은?/(폴 :) 사람 사이의 관계에서 입니다./(소 :) 어떤 관계인가?/(폴 :) 돈이 관련되는 관계입니다. 그것도 매매 같은 경우가 아니라, 돈을 맡기는 경우입니다. 돈뿐만이 아니라, 다른 모든 것도 맡겨 둘 경우에 정의가 필요합니다.' (이렇게 해서 정의가 쓰일 곳이 매우 좁아졌다.)

(소크라테스의 논박이 더해진다 :) (기술에서 일반적으로 보자면) '잘 방어하는 자는 공격도 잘한다. 이렇듯이 돈을 잘 맡는 자는 돈을 잘 훔치기도 할 것이다./(폴 :) 그렇습니다./(소 :) 정의란 돈을 잘 맡을 뿐만이 아니라, 잘 훔치기도 하는 것이 된다. 그것도 친구를 이롭게 하고 원수를 해롭게 하기 위해서.'

(이렇게 되자 폴레마르코스는 점차 자신의 무지를 자각하기 시작한다 :) 334b '내가 지금 무슨 말을 하고 있는지 잘 모르겠습니다. 그러나 정의(dikaiosyne)란 친구를 이롭게 하고 원수를 해롭게 하는 것입니다.'

(소크라테스가 좀더 캐묻자 폴레마르코스는 자신의 말을 더 해명할 수밖에 없다 :) 친구란 선하게 보이기만 해서 되는 것이 아니라, 실제로 선한 사람입니다./(소 :) '그렇다면 나쁜 사람을 해하고 좋은 사람을 이롭게 하는 것인가?/(폴 :) 그렇습니다./(소 :) 그러면 시모니데스의 말과는 반대될 수도 있겠군! 선한 사람인 친구에게는 잘해 주고 악한 사람인 원수는 해하는 것이겠군!' (이제 반박의 논점이 무엇인지 좀더 확연해지고 있다.)

(소크라테스 :) '이 말은 정의로운 사람도 사람을 해할 수도 있다는 말인가?/(폴레마르코스 :) 그렇습니다./335c (소 :) 사람은 해를 당하면 사람으로서의 탁월함(he anthropeia arete)이 적어지겠네?/(폴 :) 그렇습니다./(소 :) 그러나 정의란 사람으로서의 탁월함이다. 그렇다면 해를 당한 사람은 더욱 불의해질 것이다./(폴 :) 그렇습니다./(소 :) 정의로운 사람이 정의로서 남을 더욱 불의하게 만드는 것은 불가능하다! 335d 그리고 선한 사람이 자기의 탁월성으로 남을 나쁘게 만드는 것은 불가능하다! 그러므로 정의로운 사람이 남을 해한다는 것은 불가능하고 부정한 사람만이 그렇게 할 것이다! (소크라테스는 시모니데스의 전통적인 견해가 부적절함을 결정적으로 반박한다.)

3) 정의에 대한 소피스트적 견해

(전래적 견해가 무너지는 시점에 소피스트인 트라시마코스가 등장하여 자신의 새로운 견해를 피력한다.) 338c '정의(to dikaion)란 강자의 유익이다.'

338d 이하 '정의란 법을 지키는 것이고 법이란 지배계층의 유익을 목적으로 한다. 그러므로 정의란 결국 강자의 이익을 지키는 것이다.' (현실의 한 단면을 보여주기는 하지만, 이것이 진정한 의미에서의 정의일 수는 없

다.)

(소크라테스의 반박 :) 340c '강자가 자신의 이익을 착각할 수 있다. 그렇게 법을 제정하면 강자의 이익에 반대될 수도 있다.'

(트라시마코스는 말을 엄밀하게 제한하자고 제안한다 :) 340e '엄밀한 의미에서 강자는 자기 이익에 관해서 실수하지 않을 것이다.'

(소크라테스도 또한 엄밀한 의미에서의 정의를 찾아보고자 한다. 그가 즐겨하는 덕과 기술 유비에 따른 반박:) [정의도 일종의 기술이라 할 수 있다. 그런데] 341e '기술이란 자연에 결함이 있어서 그 자체로 존속하기에는 부족하기 때문에 생긴 것이다. 그러므로 기술이란 자신의 이익을 추구해서는 안 되고 자신이 다루는 자연에 유익이 된다고 하는 목적을 지녔다.'
'그러므로 정의도 피지배계층의 이익을 위해 있는 것이다.'

(트라시마코스도 유비를 이용하여 항의한다 :) 343b '목동은 자신의 유익을 위하여 일하지, 소나 양을 위하지 않는다.'
'그러므로 343c 정의란 " '남에게 좋은 것(allotrion agathon)', 즉 더 강한 자 및 통치자의 편익이되, 복종하며 섬기는 자의 경우에 있어서는 '자신에게 해가 되는 것' "이다. 그러므로 (이로움을 따지자면) 오히려 불의가 이롭다.'
(이에 대한 소크라테스의 재차 반박 :) 347d " '참된 통치자는 본성상 자신에게 편익이 되는 걸 생각하게 되지 않고, 다스림을 받는 쪽에 편익이 되는 걸 생각"하게 마련이다.' (여기서 트라시마코스는 정의라는 이름으로 현실에서 행해지고 있는 형태를 말하고 있는 데 반해서 소크라테스는 정의의 원래적 의미가 그렇지 않다고 반박하고 있다.)

4) 대화는 난관에 도달

(소크라테스가 비록 소피스트를 반박하는 데 성공하지만, 자기 스스로는 이 논의가 불충분했었다고 말함으로써 논의는 아포리에 빠진다.) 354b '어떤 것이 유익하냐 아니냐를 알기 위해서는 그것이 무엇인가를 먼저 알아야만 하는데, 우리는 정의가 무엇인가를 탐구하다 말고 정의가 유익하냐로 넘어갔다.' [그러므로 이 논의는 잘못되었다.]

354c '정의가 무엇인지를 내가 알지 못하고서는 그것이 일종의 훌륭함/탁월함(덕)인지 아닌지를, 그리고 그것을 지닌 이가 불행한지 아니면 행복한지도 내가 알게 될 가망은 거의 없다.'

3. 본격적인 정의의 탐구(제2권)

이제 『국가』 2권에서부터는 본격적으로 중기 대화편이다. 1권의 아포리에 연결되어 정의가 무엇이며 정의가 그 자체로 어떠한가를 물음으로써 시작한다.

새로운 대화 상대자 글라우콘은 좋은 것에는 세 가지가 있다고 주장한다. 1)그 자체로 좋은 것 2)그 자체는 나쁘지만 결과 때문에 좋은 것 3)그 자체도 결과도 모두 좋은 것. 정의가 이중에서 3)에 속하는 것임을 증명하라고 요구한다.

그가 생각하기에 대중들(*hoi polloi*)의 견해에 따르자면 정의란 그 자체는 힘들기만 하고 다만 그 평판(*doxa*) 때문에만 추구하는 것이다. 그러므로 역설적으로는 (이롭기 위해서라면) 정말 정의로워야 할 게 아니라, 정의로운 것처럼 보이기만 하는 것이 필요하다는 결론이 나온다. 그러므로 정의와 불의가 '그 각각이 무엇인지를 그리고 그 각각이 영혼 안에 깃들임으로써

그 자체로서는 어떤 힘(능력 : *dynamis*)을 갖는지를 알기 원한다.'

이렇게 일반적인 의견에서 보자면 정의의 기원은 일종의 계약, 타협이 된다. 정의는 나쁘고 불의가 좋다. 다른 말로 하자면 불의를 행사하는 것은 좋고 불의에 희생당하는 것은 나쁘다. 그러나 대다수의 사람들은 약자이기 때문에 그대로 놔두면 불의를 행사하기 보다는 당하게 될 뿐이다. 그래서 최선인 불의 행사 대신에 차선인 정의를 선택한다. 여기서 말하는 정의란 불의를 행하지도 않고 당하지도 않는 것이다. 이러한 주장을 설득력 있게 만들어 주는 전설이 기게스의 반지이다. 이 반지를 끼면 보이지 않을 수 있다. 그런데 보이지 않으면 무슨 짓을 해도 처벌을 받지 않을 수 있다. 그래서 기게스는 이 반지를 끼고 성공적으로 불의를 저지른다. 이 전설이 보여 주는 것처럼 처벌의 위험이 없는 데에도 정의만을 행할 사람은 없다.

그 때문에 이제 정의가 무엇인지를 밝혀야만 한다. 그런데 정의를 어떻게 하면 규정할 수 있을까? 도덕이 이미 무너진 상황에서 정의와 같은 덕이 무엇인가 하는 문제는 대답하기 쉽지 않고, 플라톤에게서는 결국 본격적인 형이상학적인 답으로 들어가게 된다. 그러므로 우선 개인보다 더 큰 단위인 국가에서 보자. 플라톤에 따르면 국가의 정의나 개인의 정의는 그 본질상 같은 것인데, 국가가 더 크기 때문에 국가 안에서는 정의를 발견하기가 더 쉽다. 사실 정의란 원래 사람들 간의 문제이기도 하다.

초기 대화편들에서 보자면 소크라테스는 다양한 덕들에 관해서 질문한다. 그는 보편적인 특성을 찾고 있었다. 즉 예컨대 정의라면 개별적인 정의로운 행동들을 열거하거나 정의가 우연적으로 지니게 될 특성 몇 가지를 열거하는 데 그치는 것이 아니라 정의의 본질이 무엇인가를 찾고자 했다. 그러나 초기 대화편들에서는 이 탐구가 적극적인 결실을 맺지 못하고 늘 난관에 부딪쳐서 좌초하고 만다. 그러나 대표적인 중기 대화편인 『국가』에서는 적극적으로 정의를 규정하고자 한다.

그러므로 개인의 정의와 국가의 정의의 동일성을 전제로 국가로부터 정

의의 본질을 발견하고자 한다. 그를 위해서 소크라테스는 국가를 말(logos)
로 만들어 가보자고 제안한다. 즉 역사적으로 국가의 기원을 찾아보는 것
이 아니라, 정치철학적 원리를 따라서 대화를 통해서 국가의 발생을 묘사
하는 것이다.

플라톤의 국가에 대한 기본적인 생각은 다양한 욕구가 국가를 발생시켰
다는 것이다. 즉 사람들은 다양한 욕구를 가지고 있는데 이들을 충족시키
기 위해서는 자기 혼자서는 불가능하고 다른 사람들의 노고를 필요로 한
다. 그 때문에 사람들이 모인 곳이 국가(polis)이다. 국가의 생성을 일차적으
로 욕구 충족과 관련시키고 있다.

이러한 정치철학에 따르자면 국가는 그 구성원들의 수고의 결합이다. 그
리고 각자의 수고를 서로 교환하기 위한 표식이 화폐이다. 이는 오늘날의
현실과는 전혀 다른 화폐의 본질을 보여준다. 오늘날은 화폐가 더 이상 다
른 사람의 수고를 내 수고와 교환하기 위한 수단이 아니다. 돈을 버는 것
그리고 모으고 소유하는 그 자체가 당면 과제로 되어 버렸다. 이러한 오늘
날의 사정 속에서 플라톤의 돈에 대한 생각은 오히려 새롭게 검토해 보아
야 할 필요가 있을 듯하다.

『국가』에서 보여지는 국가의 기본 원리는 전문화를 통한 효율의 극대화
이다. 사람들은 플라톤이 철인을 통치자로 세웠다고 비난하지만, 이 원리
에서 보자면 일반 직업인과 마찬가지로 통치하는 철학자도 전문가의 한 사
람이다. 다만 일반적인 기술이 아니라, 국가 공동체를 전체로 관리하는 전
문가일 뿐이고 플라톤의 철학자는 이 일의 전문가이다. 그런데 이 전문가
는 효율성을 추구할 뿐 아니라 윤리성도 동시에 추구한다는 점이 작금의
CEO적 통치자 상과는 사뭇 다르다. 플라톤이 생각하는 좋은 국가에는 일
차적으로 각종 직종에 최고의 전문가가 포진해야 한다. 그러나 이는 충분
한 것은 못되고 국가가 참으로 좋아지려면 제대로 된 통치자와 그의 협력
자들을 필요로 한다. 그리고 통치자란 국가의 본질을 이해하고 좋은 국가

란 어떤 것인지를 통찰해낸 사람이다. 이렇게 기술적 전문성에 윤리적 전문성이 더해질 경우에야 좋은 국가 그리고 좋은 시민이 될 수 있다. 이런 국가와 개인은 그리스적 의미에서 덕(*arete*)이 있다(*agathos*).

국가를 전문화하기 위해서는 그 시민들을 선천적 자질을 선별하고 최고의 교육을 해야 한다. 모든 교육은 물론 사교육이 아니다. 왜냐하면 사교육에서는 교육자가 자신의 원칙이 아니라, 돈을 내는 사람에게 휘둘리게 되어 있기 때문이다. 그러므로 전부 공교육이고, 학비는 없다. 누구라도 자신이 원하고 능력이 되는 한 계속 공부할 수 있다. 20세까지는 누구나 배우고, 그 이후에는 직업전선으로 나가거나 수호자나 통치자가 될 교육을 받는다(제7권 참조).

국가의 이론적인(*to logo*) 발전 상태는 전체로 네 단계이나 2권에서는 단지 세 단계가 등장한다. 우선 원시국가이다. 이 국가는 정의롭다. 그럴 수 있는 이유는 이 공동체에 사는 사람들 모두가 욕망을 절제하기 때문이다. 그러나 이것은 플라톤이 보기에 충분한 정의가 못되고 참된 정의의 그림자와 같다. 이 정의는 자연적 정의일 뿐이다. 즉 사람들 속에 자연적으로 넘쳐나게 마련인 욕구 앞에서 무너지게 되고 만다. 그래서 플라톤은 이런 국가를 돼지들의 국가라고 혹평한다. 그 이유는 이 국가 속에 우연히 정의가 깃들어 있기는 하지만, 정의를 유지할 참다운 지혜는 없기 때문이다.

그 다음 단계가 비대해진 국가이다. 원시 정의 사회에서 사람들의 욕구는 자연스럽게 한계를 넘게 되고 이는 전쟁을 불러오게 마련이다. 국가 내부의 갈등이나 국가 간의 전쟁을 플라톤은 일차적으로 욕망이 한계를 넘을 때 생긴다고 보았다. 그는 금욕주의자는 아니었다. 그래서 욕망을 그 자체로 죄악시하지는 않는다. 욕망이야말로 삶의 원동력이다. 그러나 욕망이

---

3) 여기의 *agathos*도 흔히 '좋은' 혹은 '선한'이라고 번역하는 단어이지만 그리스적 의미는 '유능한', '탁월한'이라는 의미도 들어 있다

한계를 넘을 경우에는 불의가 등장하게 마련이다.

　불의한 국가는 정화되어야 한다. 그래서 등장하는 것이 수호자 국가이다. 수호자(phylax)란 국가에 불의를 방지하는 사람이다. 제일 큰 불의는 외적이다. 그래서 일차적으로는 군인이다. 그러나 내부의 불의도 방지해야 한다. 그 때문에 수호자는 또한 관료이기도 하다. 플라톤이 국가에 생산자 계층과 함께 수호자 계층을 두는 근거도 역시 전문화이다. 국가는 재화를 생산하기만 해서 되는 것이 아니라, 불의를 방지해야만 살만한 공동체가 될 수 있다.

　그래서 생산자들만 있는 사회에 수호자 계층이 필요하게 되는데 이것이 수호자 국가이다. 수호자는 생산자들과 마찬가지로 특정한 선천적 자질을 가져야 한다. 플라톤은 수호자는 용기와 절제(철학적 자질)라는 양자를 모두 지녀야 한다고 했다. 수호자가 되려면 우리가 오늘날 발견할 수 있는 지식인들처럼 나약해서는 안 된다. 과단성 있고 실천력이 있어야 한다. 이런 자질을 용기라고 불렀다. 그러나 용기가 지나치면 만용이 될 수 있기에 철학적 자질도 같이 있어야 한다. 이렇게 선천적인 자질을 갖춘 사람들에게 필요한 교육을 시키면 얻을 수 있는 계층이 바로 수호자이다.

4. 수호자 국가와 덕들(제3권과 4권)

　플라톤은 자신의 이상국가에서 모두가 잘 사는 국가를 꿈꾼다. 그러므로 수호자 계층의 가장 우선되는 과제 중 하나는 빈부를 다스리는 것이다. 재화는 한정되어 있기 때문에 만약 시민들 중에 너무 잘 사는 사람들이 생긴다면 너무 못사는 사람도 당연히 생기게 마련이다. 그런데 과도한 빈부 격차가 생기는 곳에서는 늘 전쟁이 일어난다는 것이 플라톤의 통찰력이다. 부자는 자신들만 부를 독식하려고 하고 가난한 사람을 의심할 것이고, 가난한 사람은 부자들을 질시하고 어떻게 하든 그들의 부를 빼앗으려고 할 것이다. 그래서 국가는 하나가 아니라 최소한 두 개, 즉 부자의 국가와 빈자의 국가로 나뉘게 될 것이다. 그러므로 수호자는 과도한 빈부격차를 방지해야 하는 임무를 지닌다.

여기서 문제가 발생한다. 생산하는 계층과는 달리 수호자는 통치와 교육뿐 아니라 권력을 가지게 된다. 권력에는 늘 부패가 따르게 마련이다. 그래서 플라톤은 수호자 계층에게서 처자와 재산을 빼앗으려고 한다. 수호자들은 건강한 병사들에게 필요한 정도의 재화만을 지급받고 사유 재산이 없다. 또한 공동생활을 해야 하고 가족도 가질 수 없다. 물론 이렇게 되면 수호자들에게 부당한 처사가 아니냐는 반박이 나올 수 있다. 그러나 이상국가란 한 계층이 아니라 모두가 잘 사는 국가이다. 그래서 권력을 가진 계층은 재산이나 가족을 가질 수 없게 조처한다. 이러한 설정이 우리에게 이상할 수 있는데 그것은 플라톤의 독특한 발상법 때문이다. 그는 현대에 있어서 그렇게 중요한 권리와 같은 개념보다는 역할을 강조했기에 생산자나 수호자나 모두 그들의 권리를 보호하는 데 역점을 두기보다는 그들의 역할이 무엇이라야 국가가 제대로 유지될 수 있는가에 관심을 가졌다.

플라톤은 수호자 국가의 단계에서 비로소 제대로 된 정의를 발견한다. 정의나 다른 덕들은 인간의 본성에 기인한다. 이는 소피스트의 견해와는 다르다. 그들이 도덕이나 관습의 위선적인 모습들을 간파하고 법이나 윤리를 전체로 인위적이라고 몰아붙이고 자연 속에는 그렇지 않다고 주장한다. 1권에 등장하는 트라시마코스만 해도 법의 이데올로기적 성격을 갈파해서 정의나 법은 강자의 이익을 보호한다고 했다. 또한 플라톤의 다른 대화편인 『고르기아스』에 등장하는 칼리클레스는 자연 속에는 강자의 정의가 통용된다고 했다. 자연에서 사자가 토끼를 잡아먹을 경우에 토끼와 협의하지 않는다. 사자는 강자이니 약자인 토끼를 당연히 잡아먹는다. 도덕이나 제도는 인습에 불과하다. 그러나 소크라테스나 플라톤이 보기에 그러한 견해는 현실에 갇혀 있는 불충분한 견해이다. 현실 속에 그런 모습이 안 보이는 것은 아니지만, 제대로 된 법이나 덕이 있다면 그렇지 않을 것이다. 그것은 인간의 본성에도 기초할 것이다. 이 점을 『국가』에서 보여주려고 노력한다.

인간의 삶을 이끌어가는 원동력은 욕망이다. 그러나 인간의 내면을 가만히 들여다보면 또 다른 것을 찾아 볼 수 있다. 이것이 서양적인 전통에서는 이성(*nous* 혹은 *logos*)이라고 불리는 것이다. 적진을 헤매고 있는 병사가 있다고 가정해 보자. 심하게 목이 마르다. 그때에 샘물을 발견한다. 그렇다면 욕망은 당연히 물로 달려가려고 할 것이다. 그러나 이를 제지하는 것이 인간 속에 있다. '멈춰라! 독을 풀었을지도 모르지 않는가?' 이성은 욕망을 제지한다. 그렇다고 도덕적인 것만도 아니다. 자신의 유익을 위해서도 갈증이라는 욕망을 제지할 필요가 있다. 서양에서 말하는 이성이란 욕망을 제지해서 우선 자신의 유익을 위해서 그리고 더 나아가서 공동체 전체를 위해서 다시 생각해 보는 능력이다. 그러나 이성이 비록 바른 길을 제시하기는 하지만, 연약하다. 자기 혼자서는 강력한 욕망을 제어하기가 쉽지 않다. 그런데 제3의 요소가 있다. 이를 플라톤은 '기개(*thymoeides*)'라고 부른다. 우리말에 가까운 것은 '의분'이다. 우리는 종종 무엇이 옳은지 알면서도 실천에 옮기지는 못한다. 그러나 어느 순간에는 자신의 침묵을 더 이상 참을 수 없게 된다. 이때 작동하는 것이 '의분'이다. 의분이 자체로 무엇이 옳은지를 판단하는 능력은 아니지만 이성을 도와서 욕망을 제어할 수 있다.

이 도식에 따라서 플라톤의 국가에는 생산자와 수호자와 통치자가 있다. 생존에 필요한 재화를 생산하는 것이 생산자 계층이다. 그러나 이들만으로는 욕망이 너무 커져서 재화가 재대로 분배되지 않거나 또 다른 여러 폐단들이 생기기 쉽다. 그러므로 통치자가 필요하다. 그러나 통치자는 수에 있어서 소수이고 연약하다. 이를 도와서 욕망에 한계와 방향을 설정하는 것이 수호자 계층이다. 이렇게 세 계층이 제대로 역할을 해서 전체로 조화를 이루는 것이 덕스러운 국가, 좋은 국가이다. 이는 비유적으로 건강이다. 건 강이라고 해서 특별한 것이 아니다. 인간 속에 있는 요소들이 제자리를 찾 고 조화를 이루는 것이다. 고대에는 동양에서와 유사하게 서양에서도 인간 의 몸은 불, 공기, 물, 흙의 요소들로 이루어져 있다고 믿었다. 그중의 한 요 소만 너무 넘쳐나면 병이 생긴다. 이들이 조화를 이룰 때 건강하다. 플라톤 은 국가나 개인의 덕도 이와 유사하게 영혼 속에 있는 여러 요소들의 조화 로 설명한다.

당대의 그리스에는 네 가지 주요 덕목이 있었다. 정의, 절제, 지혜, 용기. 용기를 흔히 겁이 없는 것으로 생각하기 쉬우나 이것은 오류이다. 겁이 너 무 없으면 만용이 된다. 그런데 겁이란 우리에게 닥칠 나쁜 것에 대한 회피 이다. 그러므로 이성의 인도와 수호자의 도움으로 진정으로 두려워해야 할 것이 무엇인지를 지키는 것이 제대로 된 용기이다. 지혜는 개인과 국가가 제대로 유지되기 위해서 어떻게 해야만 하는지를 아는 것이다. 플라톤에게 절제란 욕망을 제어한다는 식의 소극적인 것이 아니라, 제정신을 차림이 다. 제정신을 차려서 개인이나 국가를 무엇으로 인도해야 하는지에 대해서 고민하는 것이다. 정의란 자기의 역할을 충실히 담당하고 다른 요소의 일 을 침범하지 않는 것이다. 국가의 경쟁력은 중요한 측면이다. 인간은 욕구 에 예속되어 있고 물질적 정신적 재화가 부족하면 비극이 일어난다. 그러 나 이것만으로는 충분하지 않다. 한 걸음 더 나아가 각 시민들이 조화를 이 룰 수 있어야 좋은 국가라고 할 수 있다. 그런데 요즈음 유행하는 CEO형 통 치자는 생산자 계층에 해당하는 전문성일 뿐이다. 좋은 국가는 더 많은 생 산과 더 많은 일자리만으로는 부족하다. 그러므로 진정한 통치자는 기업이 고려하는 것 이상을 고려할 수 있어야만 한다. 더 많은 이윤이 통치자의 최 고 관심사여서는 안 된다. 또한 국가가 강해지는 것도 장군이나 수호자의 관심사일지는 몰라도 정치가의 궁극적 관심사는 아니다. 단지 승리하는 것이 문제가 아니라, 전쟁을 넘어서 평화를 유지할 줄 알아야 한다. 그래서 플라톤은 정의─생산자나 수호자나 마찬가지로 통치자도 정말 통치자다워지는 것─야말로 국가가 국가다워지는 데에 결정적인 것이라고 믿었다.

5. 철인통치(제5권)

정의를 발견하기 위해서 이제까지 대화로(*to logo*) 국가를 만들어/그려 왔었다. 수호자 국가는 이상적 모형(*paradeigmar*)이다. 그리고 5권에서 비로소 네 번째 단계인 철인통치 국가가 나온다. 철인통치자가 등장하는 이유는 논리적으로 원리에 따라서 국가를 건설하기는 쉽지만, 현실에서는 이상국가인 수호자 국가가 제대로 건설되기 대단히 어렵기 때문이다. 좀더 일반적으로 말해서 말(*lexis*) 보다 행동(*paxis*)으로 진리(*aletheia*)에 도달하기가 더 어렵다(473a).

『국가』에서 플라톤은 국가를 말(*logos*)로 건설해 왔다. 그런데 이 *logos*라는 그리스어는 여러 가지 의미를 지녔다. '말' '계산' '설명' 그리고 '비율' 의 의미도 있다. 그런데 가장 잘 알려진 의미는 '이성' 이다. 그것도 인간의 능력인 이성일 뿐 아니라, 우주적 이성, 즉 세계의 질서 혹은 섭리를 의미하기도 한다. 인간은 로고스를 가지므로 인간이다. 그래서 대화를 할 수 있다. 그런데 대화는 아무렇게나 이루어지지 않는다. 사물을 파악하고 분류하고 그 원리와 본질에 도달하려고 한다. 그러나 이러한 탐구과정을 거쳤다고 그것을 쉽게 현실화할 수 있는 것은 아니다. 이를테면 소설이나 영화 속의 사랑은 현실에서 쉽사리 생기지 않는다. 우리가 생각한 물건을 실제로 제작한다는 것은 어려운 일이다. 재료는 쉽사리 물품이 되지 않기 때문이다. 나무로 어떤 형태를 새기려 해도 질료인 나무가 마치 그 형태를 잘 받아들이지 않으려고 하는 것처럼 보인다. 그러므로 훈련된 제작자가 필요하다. 이것이 플라톤이 철인통치자를 내세우는 이유이다. 여기서 철학자는 비유컨대 제작자이고 재료는 시민과 그 영혼이다. 철인통치자는 이상국가의 '제작자'이고 유지자이다.

플라톤은 473c 이하에서 수호자 국가를 현실 속에 실현하기에 가장 좋은―제일 적은 변형을 통해서 도달할 수 있는―방법으로 철학자들이 왕이 되거나 혹은 왕이 철학을 하는 것을 든다. 그는 정치적 권력(*dynamis politike*)과 철학(*philosophia*)의 결합을 꿈꾼다.[4]

여기서 플라톤이 생각하는 철학을 해명할 필요가 있다. 철학이라는 그리스어는 직역하자면 '지혜를 사랑함(*philo*[사랑]―*sophia*[지혜])'이다. 그런데 여기서 지혜는 결국 이데아를 의미한다. 사람들이 흔히 지닌 지식은 우리의 경험적 현실로부터 자신도 모르게 습득된 의견(*doxa*)들이다. 그런데 일상 경험이나 인습적 통념은 플라톤이 추구하는 사물의 본질에 도달하지 못한다. 예를 들어 이데아의 세계에서는 정의와 불의는 서로 상반되고 그 때문에 두 가지이다. 그러나 현실에서는 이 둘이 완전히 다르지 않다. 어떠한 정의로운 국가라도 완벽한 정의의 화신이라고 할 만큼 모든 면에서 정의롭지도 않고, 반대로 어떠한 불의한 국가라 할지라도 완전히 불의하지는 않다. 그러므로 현실의 정의와 불의는 한편으로 다르지만 또한 같기도 하다. 그러나 이데아의 정의는 불의의 이데아와 전적으로 달라서 완전히 둘이라고 할 수 있다. 또한 이데아에서 볼 때 정의와 불의는 각각 하나(*hen*)이다 (476a). 다시 말해서 그 고유의 속성으로 인해서 다른 것과 명확히 구분되어 결코 정의는 정의로울 뿐, 정의인지 불의인지 모호한 적이 없다.

---

4) "철학자들이 나라들에 있어서 군왕들로서 다스리거나, 아니면 현재 이른바 군왕 또는 최고 권력자들로 불리는 이들이 진실로 그리고 충분히 철학을 하게 되지 않는 한, 그리하여 이게 즉 정치권력과 철학이 한데 합쳐지는 한편으로, 다양한 성향들이 지금처럼 그 둘 중의 어느 한쪽으로 따로따로 향해 가는 상태가 강제적으로나마 저지되지 않는 한, […] 나라들에 있어서, 아니 내 생각으로는, 인류에게 있어서도 나쁜 것들[재앙]의 종식은 없다네."

이를 이성과 감각이라고 하는 인식 능력 구분에 따라서 구분해 보면 이성이 사물을 분명하게 파악하는 반면에 감각에는 늘 모호함이 존재한다. 예컨대 딱딱함과 부드러움, 무거움과 가벼움이 둘이 아닌 것과 같다, 즉 서로 분리가 잘 안 된다. 왜냐하면 상대적이기 때문에 늘 '더와 덜'이 있을 뿐이기 때문이다(524b). 쇠에 비하면 나무는 부드럽다. 그러나 옷에 비하면 딱딱하다. 그렇다면 나무는 부드러운가 아니면 딱딱한가? 우리의 눈이나 손으로는 부드러움이 무엇이고 딱딱함이 무엇인지 제대로 분간하기 곤란하다. 다만 이성으로 판단할 수 있다.

이러한 점은 정의와 불의뿐 아니라 미와 추 그리고 선과 악 또한 마찬가지이다.[5] 일반적인 사람들은 예컨대 아름다운 구체적인 사물(아름다운 목소리, 색, 형태 그리고 그로부터 생겨난 모든 것)은 사랑하지만 아름다움 자체의(*autou tou kalou*) 본성(*he physis*)을 바라보고(*idein*), 사랑할 능력은 없다(476b). 이럴 수 있는 사람은 매우 드물다. 그 때문에 플라톤은 국가를 위해서 가장 중요한 인간과 국가의 본성 그리고 정의와 불의 같은 것을 그 본성으로부터 파악할 사람으로서 철학자를 요구하는 것이다.

스스로 이에 도달하지도 못하고 인도해도 따라 가지도 못하는 사람은 잠자는 사람과 마찬가지이다.[6] 비슷한 것을 비슷한 것으로 여기지 않고 그 자체로 여기는 사람이 그렇다. 미인은 미와 단지 비슷하기만 할 뿐 미 자체는 아니다. 플라톤식으로 표현하자면 미인은 미의 이데아를 불충분하게 모방하고 있는 것에 불과하다. 눈으로 보이는 아름다움을 떠나서 아름다움 자체의 본성을 볼 능력이 없는 사람은 잠자는 사람이다. 미인은 다만 미와 비슷한 것일 뿐이고, 그보다 더 아름다운 것들이 있으며 궁극에는 미 그 자체도 있음을 아는 사람이 깨어 있는 사람이다.

---

5) 흔히 생각하는 것과 달리 불의의 이데아와 악의 이데아도 있다. 그러나 이러한 반대자의 이데아는 대립물의 초월이라고 할 선의 이데아(*idea tou agathou*)와는 다른 것이다. 즉 대립을 전적으로 초월한다

6) Herakleitos가 이미 깨어 있는 사람은 현상을 넘어서는 사람들이라고 하였다

플라톤은 이런 식으로 제대로 알고 있는 사람의 정신 상태를 지식(*gnome*)이라고 부르고 다른 사람의 정신 상태를 의견(*doxa*)이라고 부른다. 좀더 그의 형이상학을 따라가 보면 무언가를 알고 있는 사람은 어떤 것을(*ti*) 아는 것이지, 아무것도 아닌 것을 아는 것은 아니다. 어떤 것이란 있는 것(*on*)이지 없는 것이 아니다. 없는 것은 알 수도 없다. 완전히 있는 것은(*to pantelos on*) 완전히 알려질 수 있다. 없는 것은(*me on*) 전혀 알려질 수 없다.

그런데 있으면서 동시에 없는 것은 순수하게 있는 것과 전혀 없는 것의 중간이다(*metaxy*).[7] 있는 것에는 지식이(*gnosis*) 없는 것에는 무지(*agnosia*)가 대응된다면 이 중간 것에는 무지와 지식의 중간 것, 즉 의견이 대응된다. 의견은 지식과는 다른 종류의 능력이다. 지식(*episteme*)과 의견(*doxa*)은 각기 고유의 능력에 따라 다른 대상을 갖는다. 참다운 지식은 존재가 어떻게 있는지를 아는 것이다.

6. 선의 이데아를 해명하기 위한 세 비유(제6권과 7권)

플라톤의 이데아론의 정점은 선/좋음[8]의 이데아가 차지한다. 선의 이데아는 다른 이데아들과도 아주 다른 위치를 차지하고 있다. 현실의 모든 사물들의 원형이 이데아라면 모든 이데아들의 원형이라 할 만한 것이 선의 이데아이다. 『국가』에서 플라톤은 선의 이데아에 관해서 아주 조심스럽게 접근한다. 직접적으로 언급하기를 피하고 다만 비유로만 이야기한다. 그것이 유명한 세 개의 비유이다.

---

7) 이에 대한 상세한 설명은 뒤에 나오는 6. 2) 선분의 비유를 참고할 것

8) 흔히 '선(善)'이라고 번역되는 그리스어 *agathon*은 단지 윤리적인 의미에만 국한되는 것이 아니기에 좀 더 광범위하게 '좋음'이라고 번역하는 것이 더 나을 수도 있다

1) 태양의 비유(6권 507d~509b)

우리가 무엇을 보기 위해서는 눈과 빛과 태양이 필요하다. 이는 육신의 눈이 사물을 보는 것처럼 영혼의 눈인 이성이 이데아를 인식하는 과정에서 선의 이데아가 하는 역할을 비유하고 있다. 그중에서 눈은 고대인의 의식에 따르자면 태양과 가장 유사하고 그 기능은 태양에 의존한다. 그런데 보기 위해서는 눈만 있으면 되는 것이 아니고 또 다른 것이 있어야 한다. 즉 빛이 있어야 한다. 왜냐하면 같은 눈이 같은 사물을 보더라도 어두우면 볼 수 없기 때문이다. 그리고 보는 작용에서 가장 중요한 것이 태양이다. 눈의 능력인 시각도 태양 때문이며 빛은 태양으로부터 나온다. 그러므로 시각과정은 전적으로 태양의 작용에 힘입어 이루어진다. 더 나아가서 시각의 대상이라 할 수 있는 자연물들의 생성과 변화는 전적으로 태양 때문이다. 이 시각과정의 이해에 부응해서 인식 작용은 영혼의 눈이라 할 수 있는 이성이 한다. 그런데 이성은 진리(*aletheia*)와 존재의 빛이 내리쪼이는 곳에서 잘 인식할 수 있다. 우리의 경험 세계처럼 빛과 암흑이 뒤섞인 것, 즉 생성·소멸하는 것에 대해서는 단지 추측만 할 수 있을 뿐이고 제대로 된 인식은 불가능하다. 마지막으로 태양으로 상징된 선의 이데아는 인식의 대상이 되는 이데아에 존재와 본질을 제공한다. 마치 태양이 자연물에 그러하듯이. 또한 이성 자체에는 인식 능력을 부여한다. 그래서 선의 이데아는 이성에 비해서는 물론이고 다른 모든 이데아들보다도 월등하다. 이데아가 참다운 존재라면 선의 이데아는 존재조차 초월한다.

2) 선분의 비유(509d~511b)

선분의 비유는 인식 능력과 대상들 사이의 관계를 보여주는 비유이다. 선분(AB)을 먼저 둘로 나누고(AC와 CB) 그 각각을 같은 비율로 한 번 더 나누어 네 부분으로 나눈다(AD, DC, CE, EB). 이는 인식 대상에 따라서 구분해 본 것으로 먼저 크게 둘로 나누어 윗부분(AC)에는 이성으로 알 수 있는 사물(*to noeton*)들이 속하고 이것은 불변의 영역이다. 플라톤은 불변하는 것들만 참다운 존재로 보기에 참다운 존재의 영역이다. 그 아랫부분(CD)에는 보여지는 사물, 즉 감각의 대상인 경험계이다. 이는 우리가 살고 경험하고 있는 변화의 영역이다. 변화하는 것은 참다운 존재가 못되고 존재와 무의 중간(*metaxy*) 영역이다. 그리고 윗부분(AC)을 한 번 더 나누어서 그중 윗부분(AD)은 이데아계이고 그 아랫부분(DC)은 수학의 대상들의 세계이다. 다음으로 아랫부분(CB)을 둘로 나누어 그 윗부분(CE)은 자연물과 인공물들의 세계이고 그 아랫부분(EB)은 그림자, 물에 비친 상들의 세계이다.

그리고 처음 첫 부분(AC)에 대해서는 이성을 사용하여 인식(*episteme*)을 얻는다. 둘째 부분(CB)에 대해서는 감각을 사용하여 의견/억견(*doxa*)을 얻을 뿐이다. 첫 부분의 윗부분(AD)은 진정한 의미의 이성(*nous*)을 통해서 그리고 아랫부분(DC)은 칸트식으로 말해서 오성(*dianoia*)을 통해서 인식할 수 있다. DC를 다루는 학문인 수학은 아직 수나 도형과 같이 눈에 보이는 것들을 사용하여 추론한다. 그런데 수학자가 다루는 것은 정작 종이에 쓰여진 수나 그려진 도형이 아니라, 이렇게 눈에 보이는 것들을 넘어서 그 자체로의 수나 도형을 다루는 것이다. 그러나 그는 이에 대해서 제대로 알지는 못하고 그러한 것들이 있다고 전제하고 시작한다. 그 전제로부터 아래로, 예컨대 공리에서 정리로 추론해 들어간다. 그에 반해서 더 윗부분인 AC는 쓰여지거나 그려진 것들을 전혀 이용하지 않고, 이성이 단지 '변증술적인 기술(*he dialektike techne*)'만을 사용하여 탐구한다. 여기서는 수학이 전제한 것(*hypothesis*)들을 넘어서 더 근원적인 앎이 추구된다. 변증술적 기술이란 플라톤이 소크라테스의 대화 방법을 발전시킨 것으로 이데아를 탐구하는 방법이다. 그는 이를 통해서 어떠한 것도 전제하지 않고 모든 것들을 궁극적으로 인식할 수 있게 될 것을 기대했다. 물론 그 최고의 정점은 선의 이데아이다.

3) 동굴의 비유(7권 514a~517a)

마지막은 동굴의 비유인데 이 비유는 교육을 받지 않은 사람들을 아래로 뚫린 지하 동굴 가장 아래 부분에 갇힌 죄수들로 비유한다. 그들은 태어날 때부터 온몸이 묶여서 평생 앞에 있는 벽만 보게 되어 있다. 그들 뒤에는 길과 나지막한 담, 담 뒤로 각종 사물을 모방한 물건들을 들고 지나가는 사람들이 있다. 그 뒤에 횃불이 타올라서 빛을 비추고 있다. 묶인 사람들이 실재라고 생각하며 보는 것은 결국 모방품들과 자신들의 그림자뿐이다.

죄수 중 하나의 결박을 풀어 뒤로 돌이켜 세워서 동굴을 거슬러 올라가게 한다. 갑작스러운 밝은 빛이 고통스럽지만 강제로라도 뒤로 돌이켜서 횃불을 보게 한다. 횃불도 지나서 이 무지의 동굴을 빠져 나가면 지상에 실재의 세계가 있다. 횃불도 힘들었는데 지상의 빛은 견딜 수 없이 밝아서 익숙해질 시간이 필요하다. 우선 밤에 나와서 물에 비친 그림자를 보고, 그 다음에 실물들 그리고 맨 나중에 태양을 볼 수 있게 된다. 그렇게 되면 태양이 시간의 변화나 다른 모든 사건들의 원인이었음을 깨닫게 된다. 그러나 한 번 태양까지 모든 것을 본 사람은 억지로라도 다시 동굴의 세계로 내려보낸다.

이 비유의 목적은 플라톤 스스로 교육(*paideia*)을 보여주는 것이라고 말한다. 그리스어 *paideia*는 '계발과 양육(*Bildung und Erziehung*)' 이라는 이중적 의미를 가지고 있다. 학생들을 교사가 원하는 길로 인도하는 것도 있지만, 그들의 자질을 계발하는 것이기도 한 것이 *paideia*이다. 동굴은 무지를 상징하고 벽에 비친 그림자는 우리가 현실이라고 부르는 이 세계를 의미한다. 그러므로 교육은 무지의 결박에서 풀려나서 지상의 세계로 올라가는 것이다. 그런데 교육이란 백지와 같은 영혼 속에 지식을 넣어주는 것이 아나라, 영혼을 어두운 데에서부터 밝은 곳으로 돌이키는 것, 즉 영혼의 전환 (*periagoge*)이다. 사람은 태어나기도 전에 이미 인생을 살면서 반드시 알아야만 할 것에 대해서 알고 있었다. 다만 그림자와 같은 세상 경험과 인습이 영혼을 사로잡기 때문에 무지에 매여 있는 것이고, 이 비유처럼 지상으로의 '상승'이 영혼을 무지에서 벗어나서 원래 알고 있던 참다운 지식에 도달하게 만들어 준다.

선분의 비유에서 보자면 동굴 벽은 CB에 해당되고 횃불이 있는 부분이 DC 그리고 동굴 밖이 AD라고 할 수 있다. 그러므로 이 상승과정은 처음에 수학, 그 다음에 '변증술적 기술'을 통해서 철학을 배워나가는 과정이고 인식의 최고 대상은 태양, 즉 선의 이데아이다. 다른 이데아들을 포함해서 선의 이데아까지를 인식한다고 하는 것은 세계의 실상과 그 원인을 깨닫는 것이고 어떤 것이 좋은 삶이고 어떤 국가가 좋은지를 아는 것이다. 그런데 인간은 다른 동물들과는 달리 가치에 따라서 살아간다. 다시 말해서 어떤 행동이든지 자기에게 좋은 것—이중에는 물론 그렇게 여겨지지만 실제로는 좋지 않은 것도 있고 실제로도 좋은 것도 있겠지만—을 추구하는 것이다. 그러므로 동굴의 비유가 상징하는 교육이 제대로 이루어진다면 학생들은 사적으로나 공적으로, 개인적으로나 국가 전체로서 목표로 삼아야 할 것에 대한 통찰력을 얻게 된다.

플라톤이 생각하는 인생의 목적이란 이 궁극적인 '좋음'을 통찰해 내는 것이다. 그리고 한 번 여기에 도달한 사람은 자신의 처지가 얼마나 다행스러운가를 충분히 이해하여 다른 사람들을 불쌍히 여기게 되고, 그림자놀이 세계에서의 명예 같은 것에는 관심도 없어진다. 그러므로 그는 자진해서는 다시 그림자의 세계로 돌아가려고 하지 않는다. 그러나 그렇다고 지상에만 안주해서는 안 된다. 한 번 상승한 사람은 또한 하강하도록 강요해야 한다. 왜냐하면 (플라톤식 이상국가의) 법의 목적은 일부를 행복하게 해주는 게 아니라 전체의 행복을 추구하는 것이기 때문이다. 이렇게 하강해서 시간을

두고 어두움에 다시 익숙해지기만 하면 동굴 속의 모든 것은 이전보다 월
등하게 파악하게 된다. 왜냐하면 실상과 원인을 알았기 때문이다. 그리고
이 통치자에 대해서는 그가 이미 권력보다 더 좋은 것이 있다는 것을 알았
고 있기 때문에 권력의 남용을 걱정할 필요가 없다.[9]

7. 나가는 말

오늘날 우리 시대를 움직이는 두 가치는 자유와 정의라고 할 수 있을지
모르겠다. 어쩌면 성장과 분배로 특징지어 볼 수도 있겠다. 그러나 이 두
가치는 왕왕 서로 충돌하고 조화되기 어려운 듯이 보이기도 한다. 플라톤
은 자유와 정의 중에서 정의를 선택한 것으로 보인다. 그의 정치적 이상은
국가의 다양한 그룹들이 제 역할을 다하는 데서부터 오게 되는 정의이다.
통치 그룹은 빈부격차를 제한하고 각 그룹들에게서 불의가 발생하지 않도
록 막아준다. 그 다음에 성장과 분배의 문제를 보자면 플라톤은 이 둘 모두
를 추구한다고 할 수 있겠다. 그의 이상국가는 전문가 국가이다. 시민 각
개인의 자질을 검토하여 최고의 교육을 시켜서 전문가로 만든다. 철인통치
자도 일종의 전문가, 즉 통치 전문가이다. 그러나 이 전문가는 단지 기술적
전문성만을 갖춘 존재가 아니라, 윤리적 전문성도 갖추고 있다고 하는 점
이 현대와 다르다. 근대 이후로 지식, 특히 과학적 지식에서는 가치의 문제
를 배제하려고 애썼다. 그 결과 전문가는 단지 기술적 전문성에 국한되었
다. 플라톤은 사실과 가치의 충돌이라고 하는, 근대 이래로의 서구적 문제
를 일으키지 않는 통치 전문가를 내세웠다.

---

9) 물론 이와 같은 철인통치자가 가능한가 하는 의문이 있을 수 있다. 그러므로 플라톤 스스로도 이후에
『정치가』나 『법률』에서는 현실을 고려하여 이 견해를 완화시킨다. 즉 거의 신과 같은 수준의 철학자를
상정하기보다는 법의 정치를 말한다

이러한 이상은 그의 제자인 아리스토텔레스에 의해서 비판을 받는다. 그가 보기에 플라톤은 국가의 전체적 조화와 통일을 너무 강조하여 국가 아닌 것으로 만들려고 하였다. 가족은 몰라도 국가라는 공동체는 다양성을 그 특징으로 하기 때문에 통치 전문가는 불가능할 뿐 아니라, 시민들의 자유를 빼앗는다고 원망만 사게 될 뿐이다. 사실 플라톤은 시민의 권리나 자유에 대해서 별로 신경 쓰지 않았다. 그러나 아리스토텔레스가 보기에는 이렇게 시민들에게 통치에 대해서 어떠한 권리도 주지 않는다면 시민들의 불만이 폭발하게 될 것이다. 더 나아가서 정치의 영역도 없어지게 될 것이다. 정치란 동일한 권리를 지닌 평등한 사람들 사이에서의 공적인 문제에 대한 고민들의 교환이기 때문이다.

이처럼 플라톤의 정치철학은 시대적 한계를 가지고 있다. 그럼에도 불구하고 플라톤의 『국가』는 여전히 고전으로 그 힘을 발휘하고 있다. 고전이 오랜 시간이 경과하는 동안에 새로운 문제제기와 시각이 들어와서 그 주요 부분이 망각되고 마는 경우가 왕왕 있다. 새로운 상황과 문제가 비록 새로운 발상을 요구하나 영속적인 문제도 새로운 사상가가 다 해결하는 것은 아니다. 오히려 가치 있는 아이디어였으나 세월의 망각 속에 잠겨 있는 것을 다시 끄집어내어 오늘날의 상황 속에서 반추해 보는 것이 고전의 맛일 것이다. 플라톤의 정치관이 흥미로운 것은 정치란 단순히 힘의 논리가 지배하는 것이어서는 안 되고, 국가나 인간의 본성 그리고 목적에 대한 비전을 강조하고 있다는 점이다. 오늘날의 CEO형 통치관처럼 국가가 부유해지고 강대해지기만 해서는 신명나는 곳이 되기는 어려울 것이기 때문이다. 더 나아가서 민주주의가 제대로 이루어지기 위해서라도 교육이 가치를 배제하고 단지 기술교육이나 직업교육으로 흘러서는 안 된다. 또한 무제한의 자유는 만인에 대한 만인의 투쟁을 유발하고, 많은 시민들을 극심한 곤란 속으로 몰아넣을지도 모른다.

[더 생 각 해 볼 문 제]

1. 정의와 자유의 관계에 대해서 생각해 보자.

2. 플라톤의 정치철학을 아리스토텔레스의 것과 비교해 보자.

3. 좋은 국가란 어떤 것인지 스스로 생각해 보자.

[주 제 어]

무지의 지

사람들은 삶의 중요한 문제들에 관해서 견해가 없다기보다는 너무 많은 견해를 가지고 있다. 그러나 그것들 중에 정말 제대로 된 인식이라고 할 만한 것은 거의 없다. 참다운 지혜를 깨닫기 위해서는 자신의 많은 견해들이 얼마나 부족한 것인가를 자각할 필요가 있다. 이것이 무지의 지이다.

덕

오늘날은 인기 없는 단어일 것이다. 그러나 고대에는 삶에 있어서 아주 중요한 것이 덕이었다. 특히 그리스에서는 덕(*arete*)은 탁월성과 윤리성이 결합된 개념이었다. 여기서 말하는 탁월성은 단지 어떤 전문적 능력이 있다고 되는 것이 아니라, 사람으로서의 탁월성이다.

정의

오늘날은 흔히 공평한 분배를 정의라고 생각한다. 그러나 플라톤에게는 좀더 포괄적으로 각자 자신의 역할을 담당함을 의미했다. 각종 재화를 생산하고 경제행위를 하는 사람이면 그런 사람답게, 또 관료나 군인이면 그런 사람답게 그리고 국가를 전체로 놓고 다스리는 사람이면 그런 사람답게 하는 것이 정의이다. 그러나 문제는 정치가가 해야 할 일이 무언가를 제대로 아는 것이다.

선의 이데아

플라톤의 이데아론의 핵심이 선의 이데아이다. 사물의 원형이 이데아이고 이데아의 원형이 선의 이데아라고 할 수 있을 것이다. 개인에게나 국가에게 최고의 가치의 기준이 되는 것이다.

삶에 대한 장엄한 송가
: 니체 『차라투스트라는 이렇게 말했다』

이 왕 주 | 부산대학교

 **I. 플라톤이냐 니체냐**

서양 철학사 아니, 더 나아가 서양 문명사를 투시하는 탁월한 조망점은 플라톤과 니체를 대비시켜 보는 것이다. 여기서 보면 시야가 투명해진다. 즉 니체 이전이 있고, 니체 이후가 있다. 니체 이전이란 곧 플라톤 시대를 뜻한다. 플라톤 철학은 영원한 진리 즉 이데아를 키워드로 선회하는 담론들의 총체다. 생성하는 것, 그래서 곧 소멸해버리고 마는 것에 대한 경멸은 플라톤 철학의 출발을 이룬다. 플라톤의 언어는 처음부터 끝까지 변화와 생성의 전통에 대한 집요하면서도 일관된 성토로 채워진다. 그것은 운동하고 변화하고 그러다가 사라져버리는 덧없는 것들, 상대적이고 주관적인 허무맹랑한 지식들을 끝없이 조롱하고 경멸한다. 이 지상의 것, 육체에 속하는 것들은 그 무상성 때문에 실재한다고 말할 수 없는 어떤 것들이다. 그야말로 덧없는 것들이고 이런 것들에 시간을 낭비하는 것은 어리석은 짓이

다. 철학의 지혜는 이러한 어리석음에서 깨어나는 데서 출발하는 것이라고 플라톤은 주장했다.

그에 따르면 영원한 것만이 실재한다. 그는 이 영원한 존재를 '이데아'라고 불렀다. 그런데 이 이데아는 원래 그리스어로 '본다'는 뜻을 가진 이데인(idein)의 명사형이다. 그러니까 어원에 따라 직역하자면 '봄' 혹은 '보이는 것'이다. 오늘날 플라톤 형이상학의 가장 난해한 개념으로 알려진 이 이데아는 이렇듯 당대 그리스의 저잣거리에서 통용되고 있던 평범한 일상어로부터 만들어진 것이다.

이것은 우리에게 많은 생각거리를 제공한다. 보는 것은 우리의 감각기관 중에서 눈이 수행하는 감각활동이다. 그런데 이게 영원한 존재, 불변하는 실재를 뜻하는 이데아랑 무슨 상관이 있는 것일까. 물론 여기서 이데인 즉 본다는 것은 육체의 눈으로 보는 것이 아니라 영혼의 눈으로 본다는 것을 뜻한다. 그런데 플라톤은 왜 '본다'는 말을 고집했던가. 거기에는 단순하지 않은 어떤 음모가 개입해 있다고 반 플라톤주의자들은 비판한다. 그것은 곧 육체와 영혼의 분리, 육체에 대한 경멸, 영혼에 의한 육체의 지배 등을 획책하는 음모라는 것이다.

보는 것이 가능하려면 보여지는 대상은 눈으로부터 어떤 거리 저편으로 밀쳐지지 않으면 안 된다. 그리고 제대로 볼 수 있기 위해서는 이 거리가 보는 자와 보여지는 것 사이에 이뤄지는 모든 교감이 차단될 수 있을 만큼 분리된 공간이어야 한다. 보는 자의 시선은 말하자면 냉철해야 하는 것이다. 그러나 우리가 육신을 갖고 있는 한 그러한 냉철함을 얻는다는 것은 사실상 불가능하다. 이 지점이 바로 플라톤의 사유에서 육체의 무거움이 수면 위로 떠오르는 곳이다. 육체를 털어버린 이데인, 이것이 플라톤이 말하는 '직관'이다. 이러한 직관의 눈은 신체성을 벗어나서 영성의 눈으로 보는 것이다. 그러한 직관의 눈으로 보게 되는 것이 바로 이데아이다.

플라톤에 따르면 이데아는 모든 개별자들의 영원불변하는 원본이다. 이것은 생성 소멸하는 이 감각세계에서는 존재할 수 없다. 그가 종종 예지계라고 불렀던 그런 세계에서만 이데아는 존재한다. 지상에 숱한 인간들이 있으나 인간의 이데아는 하나일 뿐이고 수많은 동식물들이 있으나 그 이데아도 각각 하나씩 있을 뿐이다. 산, 강, 바위, 집, 의자, 침대 등등도 마찬가지다. 그렇다면 이 이데아들은 어떻게 생겼을까.

플라톤의 텍스트를 면밀히 읽어보면 이데아는 오히려 형식적 개념에 가깝다는 사실을 깨닫게 된다. 말하자면 그것은 어떤 내용을 갖는 대상이 아니라 그런 경험적 내용들이 철저하게 걸려져서 남게 되는 순수한 형식과 같다는 것이다. 이데아는 보여지는 대상의 '어떤 것' (내용)보다는 보는 자의 '어떻게' (형식)에 연관된 개념이라 할 수 있다. 그러므로 이데아에서 육체성, 감각성, 질료성이 배제되는 것은 당연한 일이다.

플라톤이 이데아 중의 이데아라고 말했던 '선의 이데아' 에 이르면 이 사실이 더 한층 극명해진다. 이 불멸의 세계에 있는 존재들, 즉 이데아에도 서열이 있다. 모든 개별자들의 원본인 이데아는 그 자체로서 '좋은 것' 이다. 물론 여기서의 좋음은 윤리적인 맥락에서 좋다는 뜻이 아니라 그냥 어떤 물건이 좋다는 그런 의미에서의 '선' 이다. 모든 이데아는 좋은 것이다. 그러나 선의 이데아는 그 좋음 중에서도 다시 좋은 것, 그러니까 최고로 좋은 것이다. 여기서 '그 좋은 것이 무엇이냐?' 라는 물음은 우문이다. 좋음은 그저 이데아의 존재 특성에 지나지 않으니 말이다. 선의 이데아는 '더 이상 좋을 수 없는 것' 이다. 더 이상 좋을 수 없으려면 육체의 요소가 털끝만큼이라도 섞여 있어서는 안 된다. 그것은 유한성의 징표요 가변성의 단초일 테니 말이다. 요컨대 선의 이데아는 육체에 대한 철저한 거부로써만 달성할 수 있는 인식의 절대차원이다.

플라톤의 몸에 대한 경멸은 그의 대화편에 다양한 레토릭으로 표현된다. 그중에서도 인상적인 것은 감옥의 알레고리이다. 그는 저 유명한 대화편 '공화국' 에서 소크라테스의 입을 빌어 신화 같은 이야기를 들려준다. 우리의 영혼은 모두 이데아 세계에 속해 있었는데 죄를 짓고 육체의 감옥 속에 갇히게 되었다는 것이다. 이것이 바로 지상에서의 인간의 육체적 탄생이다. 이데아 세계에서 추방되어 지상의 육체로 갇히기 전에 우리는 레테의 강(망각의 강)에서 강물 한 모금씩을 들이킴으로써 이데아 세계에 대한 기억을 깡그리 잊게 된다.

이 육체의 감옥은 너무도 철통 같고 레테의 효력은 너무도 완벽해서 우리는 지상의 생애 동안 단 한 번도 우리가 속해 있던 세계에 대한 그리움(이것이 바로 플라톤이 말하는 '에로스'의 본래 뜻이다)을 느껴보지 못할 수도 있다.

플라톤에 따르면 철학은 이데아의 세계에 대한 에로스를 일깨워주는 것이다. 내가 무엇인가를 새롭게 안다는 것이 사실은 전혀 새로운 경험이 아니라는 것이다. 그것은 내가 육체 없는 자유로운 영혼으로 이데아의 세계에 있을 때 이미 알고 있었던 것을 회상하는 것에 지나지 않는다. 지식은 단지 기억함일 뿐이라는 혁명적인 주장이 이른바 플라톤의 '상기설'(anamnesis)이다. 소크라테스가 위대한 철학 교사였던 이유는 기억력 없는 인간들에게 그 기억을 회상하게 해주는 비상한 능력을 갖고 있었기 때문이다. '산파술'이라고 알려진 그의 교육방법은 저 악명 높은 소크라테스식 대화법에 의해서 구사되곤 했는데 이것이 곧잘 대화 상대를 격분시켜 적으로 만들어 결국 그의 명운을 재촉하는 결과를 낳기에 이른다. 여기서 산파술이란 곧 우리의 영혼이 잉태하고 있는 생명(지식)을 분만하도록 이끌어주는 기술 이외의 다른 것이 아니다. 결국 철학 교사로서 소크라테스는 가르쳐주는 자가 아니라 단지 회상시켜 주는 자였을 따름이다.

어쨌든 소크라테스와 플라톤의 관심사는 시종일관 이 불투명하고 혼란스럽고 충동에 휩쓸리고 욕정에 휘청거리면서 부자유하고 그러면서도 끝없이 쇠락해가는 신체의 감옥으로부터 어떻게 영혼이 해방될 것인가 하는 것이었다. 플라톤의 대화편 중 『파이돈』에서 소크라테스는 몸이 인류에 대해 저지르는 죄상이 어떤 것인지를 달변의 언어로 다음과 같이 풀어놓는다.

언제 영혼은 진리를 획득하게 되는가. 몸과 함께 어떤 것을 생각하려면 영혼은 언제나 속임만 당하니 말이다. 만일 참된 존재가 있다면 그것은 사유 안에서만 밝혀져야 하는 게 아니냐. 정신이 스스로에게 집중할 수 있을 때, 소리, 시각, 고통, 쾌락 등 그 어떤 것도 정신을 혼란스럽게 하지 않을 때, 그리고 정신이 그런 것들과 가능한 한 무관할 때, 말하자면 정신이 신체적인 감각이나 욕망을 전혀 지니지 않을 때, 정신이 참된 존재를 향해 고무될 때, 그때 사유는 최선의 상태에 있게 된다. 이런 점에서 철학자는 몸을 경멸하는 것이다. 철학자의 영혼은 몸에서 빠져 달아나서 저 혼자서 있으려 한다…

진실한 철학자들이 모든 것을 숙고하려 할 때, 그들은 다음과 같은 말로 표현하게 될 성찰로 나아가게 되지 않겠는가? 우리가 아직 몸 안에 머물러 있는 동안, 우리의 영혼이 몸의 죄악들로 감염되어 있는 동안, 우리의 욕망은 결코 만족하는 일이 있을 수 없다는 결론으로 우리를 이끌어가는 사유의 길을 우리는 아직 찾아내지 못했단 말인가. 몸은 그저 음식을 요구한다는 단순한 이유만으로도 우리를 끝없이 고통에 잠기게 하고, 우리로 하여 참된 존재를 추구하는 길을 가로막고 훼방하는 질병에 쉽사리 감염되기도 한다. 그리고 몸은 우리를 사랑과 욕망의 충동으로 채우고 온갖 종류의 공포와 환상 그리고 끝없이 멍청한 생각들로 채운다. 그리고 사실상 사람들이 흔히 말하듯이 몸은 우리로부터 생각할 수 있는 힘을 앗아가 버린다. 왜 전쟁이 발발하고 갈등이 일어나고 알력이 생겨나는가. 몸 때문에 몸의 욕망 때문이 아니겠는가. 전쟁은 돈에 대한 사랑 때문에 발발하고, 돈은 몸을 위해 몸에 봉사하기 위해 필요한 것이다. 그리고 몸으로부터 생겨나는 갖가지 골칫거리 일들 때문에 우리는 철학에 전념할 틈이 없다. 그리고 마지막으로 무엇보다도 최악인 것은 설사 우리가 억지로 여유를 찾고 어떤 문제에 대해 제법 심각하게 숙고를 하려 해도 몸이라는 것이 항상 우리를 분규 속으로 몰아넣고 우리의 탐구에 혼란을 야기시키고 또 우리로 하여 평정한 마음을 잃게 하여 진리를 보지 못하도록 만든다는 것이다. 이제 경험에 의해 명백하게 증명되는 사실은 우리가 만일 어떤 것에 대해 순수한 인식을 얻으려 한다면 기필코 몸을 떠나야 한다는 것이다. 그래야 영혼은 저 스스로 사물들을 그 자체로서 바라보게 된다[1]

소크라테스는 이어서 자신의 죽음은 궁극적으로 보면 영혼을 신체에서 해방시키기 위한 철학적 행위의 일환이라고 주장한다. 이런 주장에는 우리의 영혼은 순결한 것이고 육체는 악으로 가득 찬 것이라는 확신이 배어 있고, 때에 합당한 죽음은 저 거추장스러운 영혼의 훼방꾼인 몸을 털어버리는, 신의 축복이라는 신념이 깔려 있다. 이와 같은 맥락들을 고려한다면 이 철학자의 순교는 어떤 점에서 인류의 행복보다 자신의 행복을 먼저 고려했던 이기적인 선택이 아니었던가 하는 의심을 품어볼 수 있다. 소크라테스의 죽음은 혹시 위장된 자살은 아니었던가.

이 현세의 삶에서 몸과 가능한 한 관계를 끊고 신체적인 기운들을 잘 다스려서 신이 우리를 신체로부터 즐거이 풀어줄 때까지 우리 자신의 순수함을 지켜낼 때 우리는 참된 인식에 가장 가까이 다가가는 것이라고 생각한다. 몸의 이러한 어리석음을 제거함으로써만 우리는 순수해질 수 있고 순수한 사람들과 대화할 수 있고 어디든지 비추는 밝은 진리의 빛에 대해 알 수 있게 되는 것이다.[2]

어쨌든 소크라테스의 몸에 대한 이런 공공연한 혐오증은 그의 제자 플라

---

1) Plato, Dialogues of Plato, Great Books Of The Western World 7, Encyclopaedia Britnnica, 1987, 224쪽
2) 위의 책, 225쪽

톤의 이상주의와 결합하게 되면서 서양 사상에 면면히 전해진 반신체 담론으로서의 동일자의 철학을 윤곽 짓게 된다.

소크라테스, 플라톤의 생각에서 주목해야 하는 것은 요컨대 몸이 오직 이성의 눈앞에 물체처럼 대상화되고 있다는 사실이다. 눈앞에 물체로 놓인 몸이란 살코기 이외의 다른 것이 아니다. 살코기로서의 몸은 이성이라는 성스러운 존재 가능성을 지닌 인간에게는 치욕적인 부분이다. 소크라테스, 플라톤이 몸에 대해 쏟아 붓는 저 가열찬 비난들은 이러한 살코기로서의 몸을 어쨌든 그 현존의 커튼 뒤에 가리려는 시도로 간주된다.

2. 몸

소크라테스와 플라톤의 유산은 니체에 이를 때까지 두 개의 밀레니엄을 넉넉히 뛰어넘어 거의 브레이크 없는 질주를 거듭하게 된다. 먼저 니체가 주목했던 것은 그러한 전통 속에서 돌이킬 수 없을 만큼 심각하게 훼손되어버린 몸과 땅, 육체와 대지였다. 그래서 그의 철학은 이 지점에서 전통에 대한 철저한 저항과 반역으로 시작된다.

우선 그가 화두로 삼았던 것은 눈이 아니라 피부였고 보는 것이 아니라 느끼는 것이었으며 천상의 세계가 아니라 인간이 발을 디디고 서 있는 이 대지였다. 이 화두들을 지렛대 삼아 저 전설 같은 권위로 군림해온 플라톤 형이상학을 전복시키려 한다. 피부로 느끼려면 대상을 가능한 한 거리를 없애서 그것에 몸으로 밀착시켜야 한다.

니체는 『차라투스트라는 이렇게 말했다』 에서 이렇게 말한다.

예전에 영혼이 몸을 경멸의 눈초리로 바라보았다. 그리고 그때는 그러한 경멸이 최고의 것이었다. 영혼은 몸이 야위고 끔찍해지고 굶주리기를 바랐다.

그렇게 하여 영혼은 몸과 대지로부터 벗어날 수 있다고 생각하였다. 그러나 오 그 영혼 자신이 야위고 끔직해지고 굶주리게 되었다. 결국 잔인함이 영혼의 쾌락이었다. 그러나 형제들이여 나에게 말해다오. 그대들의 몸은 그대들의 영혼에 대해 무어라고 말하는가. 그대들의 영혼은 가난이며 더러움이며 가련한 안락이 아니던가.

진실로 인간이란 하나의 더러운 강물이다. 스스로 더러워짐 없이 더러운 강물을 받아들일 수 있기 위해 인간은 참으로 바다가 되어야 한다.[3]

니체의 입장은 선명하다. 육체가 영혼의 감옥이 아니라 영혼이 육체의 감옥이라는 것이다. 그의 말은 이렇게 이어진다. '내 명예를 걸고 말하건대 친구여 악마도 없고 지옥도 없다. 당신의 영혼이 당신의 몸보다 더 빨리 죽을 것이다'[4] 니체는 이런 선동적인 주장으로써 영혼은 불생불멸하는 영원한 것이라는 파르메니데스, 소크라테스, 플라톤적 전통과의 정면승부에 나선다.

우리가 무엇보다 먼저 돌보고 배려해야 하는 것은 영혼이 아니라 몸이다. 그래서 니체는 사람들에게 '영혼을 위해 기도할 것이 아니라 몸을 위해 잠부터 자두라' 고 책려한다. 잠자는 일은 몸을 위해 결코 사소한 일이 아니라는 것이다. '잠자는 것은 결코 하찮은 기술이 아니다. 잠자기 위해서는 하루 종일 깨어 있어야만 한다.'[5] 그리고 땅에 대해 숙고해야 한다고 우리를 몰아세운다. 몸이 죽고 나서 영혼이 돌아갈 저 세상이 중요한 게 아니라 살아 있는 내 몸이 지금 두 발을 디디고 서 있는 대지가 문제라는 것이다.

또한 가장 정직한 존재인 자아는 몸에 관해 말한다. 그리고 그것은 시를 짓

---

3) 프리드리히 니체, 『차라투스트라는 이렇게 말했다』 강대석 역, 이문출판사, 1994, 82쪽
4) 위의 책, 90쪽
5) 위의 책, 100쪽

거나 몽상에 빠지거나 부러진 날개로 파닥거릴 때에도 몸을 원하는 것이다. 자아는 점점 더 정직하게 말하는 법을 배운다. 배우면 배울수록 자아는 몸과 땅을 위한 말과 영예를 찾아낸다. 나의 자아는 나에게 새로운 긍지를 가르쳤고 나는 그것을 인간들에게 가르친다. 머리를 더 이상 하늘의 모래 속에 파묻지 말고 자유롭게 만들어라…

몸과 땅을 경멸하고 하늘에 있는 것들과 구원의 핏방울을 만들어낸 것은 바로 병들어 죽어가는 자들이었다. 그러나 이 달콤하고 음침한 독까지도 그들은 몸과 땅으로부터 취했던 것이다…

그리하여 이 배은망덕한 자들은 자신들의 몸과 땅으로부터 벗어났다고 생각했다. 그러한 이탈의 발작과 희열은 누구의 덕택이었던가? 그들의 몸과 이 땅 덕택이었던 것이다.

차라투스트라는 병든 자에게 너그럽다. 진실로 그는 그러한 방식의 위안과 배은망덕에 화를 내지 않는다. 그들이 회복되어 가는 자가 되고 극복하는 자가 되어 보다 고귀한 몸을 창조하기를! 그들이 믿는 것은 영원한 세계와 구원의 핏방울이 아니라 그들 자신의 몸이다. 그들의 몸이 그들에게 진리인 것이다. 그러나 몸은 그들에게 병적인 것이므로 그들은 당황한다. 그 때문에 그들은 죽음의 설교자들에게 귀를 기울이고 그들 자신들도 그 영원한 세계를 설교하는 것이다.[6]

여기서 죽음의 설교자는 물론 소크라테스, 플라톤이다. 이들의 추종자들은 이 설교에 귀 기울이고 영원한 세계에 대한 초월 신앙을 인간 세상에 퍼트린다. 이들의 혹세무민에 다수가 말려든다. 니체는 몸과 땅을 경멸하는 신앙에 감염된 채 저편 세계에 대한 희망만으로 하루하루를 살아가는 인간들을 '주인의 채찍에 이리 몰리고 저리 몰리는 불쌍한 가축 떼거리들' 이라

---

6) 위의 책, 105쪽

고 몰아친다.

그에 따르면 몸과 감각에 대한 이성주의자들의 성토는 적반하장의 논리다. 몸은 반이성이 아니라 더 큰 이성이고 그들이 말하는 이성은 이 큰 이성인 몸에 부속된 장난감 같은 작은 이성에 지나지 않기 때문이다.

나는 온전히 몸이며 그 외에는 아무것도 아니다. 영혼이란 몸에 딸린 그 무엇을 나타내는 말일 뿐이다. 몸은 위대한 이성이며 하나의 의미를 가진 복합체이며, 전쟁이고 평화이며, 양떼이고 목자이다. 형제여, 그대가 정신이라 부르는 작은 이성 역시, 몸의 도구이다. 큰 이성의 작은 도구이며 장난감인 것이다. 그대는 자아라고 말하며 그 말을 자랑스러워한다. 그러나 보다 위대한 것은—그대가 그것을 믿으려 하지 않지만—그대 자신의 몸이며 그 몸의 큰 이성이다. 그 큰 이성은 자아를 말하지 않고 자아를 행하는 것이다…

형제여 그대의 사고와 감정 뒤에는 강력한 명령자, 알려지지 않은 한 현자가 있으니, 그것이 곧 자신이라 불린다. 그대의 몸 속에 그것이 살고 있고, 그것이 곧 그대의 몸이다. 그대의 가장 훌륭한 지혜 속에보다도 그대의 몸 속에 더 많은 이성이 들어 있다.[7]

니체는 여기서 플라톤의 눈으로 '바라봄'에 대해 차라투스트라의 몸으로 '느낌'을 대립시킨다. 깨달음이나 도통함도 보는 것에 앞서서 먼저 느끼는 것에서 출발한다. 보는 것은 대상과 떨어짐으로써 마침내 스스로 자신의 몸으로부터도 떨어져 나가야 한다. 그러나 느끼는 것은 밀착되는 것이고 그래서 마침내는 대상을 몸과 하나 되게 하는 것 혹은 대상이 몸이 되게 하는 것이다. 니체는 이 점에서 단호하다. 그에 따르면 느끼기 때문에 생각할 수 있고 느낌이 앞서 있음으로 하여 생각이 뒤따를 수 있는 것이다.

---

7) 위의 책, 107쪽

자신은 자아에게 말한다. '이제 고통을 <u>느껴라</u>' 그러면 그대 자아는 괴로워하고 어떻게 하면 더 이상 괴롭지 않을까 생각해 본다. —바로 그것 때문에 자아는 <u>생각하게 되어 있는 것</u>이다.

자신은 자아에게 말한다. '이제 기쁨을 <u>느껴라</u>' 그러면 자아는 즐거워하고 어떻게 하면 더 자주 기뻐하게 되는지를 생각해 본다. —바로 그것 때문에 자아는 <u>생각하게 되어 있는 것</u>이다.[8]

니체에 따르면 바라보는 자와 느끼는 자의 순서가 뒤바뀌어 있고 생각하는 자와 춤추는 자의 가치가 뒤집어져 있다. 보는 것은 눈만으로 족하다. 영원한 이데아를 보려면 물론 육신의 눈도 거추장스럽다. 마침내 몸을 벗어던진 순전한 영혼의 혜안이 요구되는 것이다. 니체는 이것이 생을 저주하는 사기꾼들이 만들어낸 사기극에 지나지 않는 것이라고 말한다. 이 음모에 말려들지 말라는 것이다. 보는 것보다 느끼는 것이 먼저다. 느끼기 위해서는 피부, 손, 발만이 필요한 것이 아니라 온몸이 필요하다. 사유만이 우리를 지혜에로 이끄는 것은 아니다. 전신적 느낌을 율동으로 표현하는 춤추기 또한 우리를 최선의 명철에로 이끌어줄 수 있다는 것이다. 그러나 이성의 횡포, 사유의 독재를 붓 끝의 비판만으로 깨트릴 수 없었다.

계보 상으로 니체의 충실한 제자였던 카뮈는 『이방인』에서 눈과 몸이 어떻게 마주치고 어떻게 갈등하게 되는지를 상징적으로 보여준다. 주인공 뫼르소가 단골식당에서 우연히 '노란 재킷의 여자'와 마주친다. 물론 생면부지다. 식당에서 이 여자는 살아 있는 이성의 화신처럼 처신한다. 소설을 통해서 두 번 등장하는 이 여자는 한마디 말없이 오직 눈으로만 뫼르소를 꿰뚫어보는 것이다. 특히 사형을 언도 받는 최종심의 법정에 뜬금없이 나타난 노란 재킷의 여자는 한동안 기묘한 '눈'으로 뫼르소의 '몸'을 응시

---

8) 위의 책, 108쪽. 강조는 필자

한다. 그때 뫼르소의 무심히 스치는 눈길이 그 여자의 시선과 마주친다. 그러나 그 순간에도 뫼르소는 노란 재킷의 눈을 보는 게 아니라 느낀다. 그래서 그는 상황을 눈으로 보고 아는 것이 아니라 몸 전체를 통해 감으로 잡아낸다.

II. 몸의 원근법

몸의 감으로 잡아내는 앎의 태도를 니체는 플라톤의 이성의 인식론에 대비해서 원근법이라고 부른다. 원근법은 앎의 척도를 몸에 두고 세계의 모든 대상들의 존재와 가치를 변별하는 것이다. 플라톤이 날조해낸 정신(the spirit)과 선(the good) 때문에 망각해버린 이 신성한 육체의 능력을 되찾아야 한다고 니체는 주장한다.

원근법(Perspektivismus)이란 무엇인가. 객관정신에 의해 보편적 인식이 이뤄지기 이전에 작동하는 몸의 '감잡기'(Vorgriff)를 뜻한다. 몸은 우선 눈으로 보는 것으로 대상 세계의 정체해명에 접근하지 않는다. 먼저 정직하게 자신을 대상에게 드러낸다. 물론 몸은 자신을 드러내면서 또한 상대를 드러나게 해준다. 이런 절차 가운데서 존재 상호간의 정체가 보편성이나 객관성을 띤 정보의 형식으로 환원되는 경우는 없다. 가령 어떤 낯선 공간 안에 들어설 때 우리는 어떻게 그 공간의 성격을 파악하는가. 계량 단위가 적용된 크기 넓이 그리고 조도나 명도의 단위에 의해 판정된 밝기나 색감 등으로 공간을 인식론적으로 판정하는가. 아니다. 우선 감으로 잡아내는 몸의 원근법으로 그곳을 짚어낸다. 카프카의 소설 『성』의 주인공, 과학 정신으로 공간을 해명하고자 하는 목적을 갖는 측량기사 K조차 그가 최초로 경험하는 공간인 성 밖의 마을을 우선은 '감잡기'로 헤아려내지 않았던가.

그러나 플라톤주의 영향 아래 숙성해온 이성주의 인식론의 전통은 우선

순위를 바꿔놓았다. 객관적인 보편 인식이 우선이고 주관적인 감잡기는 그 다음이다. 그러나 선순위 차순위로 배치하는 것조차 껄끄러웠던 인식론자들은 순위관계를 진위관계로 바꿔놓고 만다. 이렇게 되면 주관적인 감잡기는 이제 차순위가 아니라 '틀린 것'으로 분류되게 되는 것이다.

그러나 이 오류를 극복하고 유럽이 이러한 악몽에서 벗어나 안도의 긴 숨을 내쉬며 적어도 좀더 건강한 숙면을 즐길 수 있게 된 지금부터 우리의 과제는 깨어 있음 그 자체이며, 우리는 이러한 오류와 투쟁함으로써 엄청나게 단련된 힘을 모두 상속받은 것이다. 플라톤이 그랬던 것처럼 정신과 선에 대해 말한다는 것은 확실히 진리를 전복하고 모든 생명의 근본 조건인 원근법을 스스로 부인함을 의미했다.[9]

인용에서 알 수 있듯이 니체는 원근법을 모든 생명의 근본 조건이라고 주장한다. 날조된 정신과 선이 이러한 생명의 근본 조건을 압도할 때, 삶은 데카당으로 퇴행할 수밖에 없다.

모든 가치 평가에서 문제가 되는 것은 특정의 원근법이라는 통찰. 즉 그것은 , 개인, 집단, 종족, 국가, 교회, 신앙, 문화의 보존이다. ― 하나의 원근법적 평가가 있는 데 지나지 않는다는 것이 망각되는 덕택에 모순된 평가가 따라서 모순된 충동이 모두 하나의 인간 속에 집적되는 것이다. 이것은 인간이 병에 걸려 있다는 표시이며, 이에 반해 동물에게 있어서는, 지니고 있는 본능 모두가 생명의 문제를 능숙하게 해결하는 건강한 것들이다.[10]

---

9) 프리드리히 니체, 『선악의 저편/도덕의 계보』, 김정현 옮김, 책세상, 2005. 10쪽. 강조는 필자
10) 프리드리히 니체, 『권력에의 의지』, 강수남 옮김, 청하, 1988. 177쪽

인식하는 정신을 감잡는 몸으로 대치시킨다는 것은 곧 몰락하는 데카당의 삶으로부터 망각된 건강한 생명적 본능을 회복하려는 전략으로 이해해볼 수 있을 것이다.

III. 데카당의 역사

니체에 따르면 원래 선, 악, 미, 추는 지금 우리가 알고 있는 것처럼 독립된 실체적 가치가 아니다. 그것은 어떤 형태의 삶을 부르는 형용사에서 유래한 것이다. 이를테면 넘쳐나는 디오니소스적 열정으로 삶을 표현하고 삶을 고양하는 이른바 강자들의 삶은 아름답고, 선하고, 귀한 것이다. 반대로 숨죽여 자신을 억제하고 본능을 억누르면서 삶의 역동성을 철저히 틀 안에 가둬둬야 하는 약자들의 삶은 추하고, 악하고, 천한 것이다.

니체는 인간이 본래 선, 악의 피안에 있는 존재로서 살아갔다고 단정한다. 선, 악은 만들어진 것이다. 오로지 강자의 삶, 약자의 삶이 있을 뿐이다. 강자의 삶은 아름답다. "기사적 귀족적 가치 판단이 전제하는 것은 강한 몸과 생기 넘치고 풍요롭고 스스로 억제할 길 없이 넘쳐나는 건강, 그리고 그것을 보전하는 데 필요한 조건들, 즉 전쟁, 모험, 사냥, 춤, 결투놀이와 강하고 자유로우며 쾌활한 행동을 함축하고 있는 모든 것"[11]이 선하고 아름다운 것이다. 말하자면 강자의 일거수일투족이 다 고귀한 것이다. 약동하는 생명의 표현을 위해 강자들이 숲속에서 포효하는 맹수처럼 토해내는 행동들, 그것은 거친 야만과 잔인한 폭력이 아니라 아름답고 선한 것이다.

그렇다면 당연히 약자들의 삶의 양식은 모두 추한 것이어야 한다. 양보, 체념, 포기, 한숨, 눈물, 호소, 억제, 금욕, 유예 등등과 같이 약자들이 어쩔

---

44) 프리드리히 니체, 『선악의 저편/도덕의 계보』, 김정현 옮김, 책세상, 2005. 362쪽

수 없이 받아들여야 하는 무력한 일상적 태도는 연민스러운 것이 아니라 사악하고 더러운 것이다.

니체가 메타포로서 유태인이라고 불렀던 이런 약자들은 그러나 교활함을 무기로 이 추하고 악한 삶을 운명으로 받아들이기를 거부한다. 이른바 노예도덕의 반란을 도모하는 것이다.

이 지상에서 고귀한 자 강력한 자, 지배자, 권력자에 대항해 행해진 어떤 것도 유태인들이 이들에 반항하며 행했던 것과 비교하면 말할 만한 가치가 없을 정도다. 성직자 민족인 유태인. 이들은 자신의 적과 압제자에게 결국 오직 그들의 가치를 철저하게 전도시킴으로써, 즉 가장 정신적인 복수 행위로 명예회복을 할 줄 알았다. 오직 이렇게 하는 것만이 성직자적 민족에게 가장 데카당스적인 성직자적 복수욕을 지닌 민족에게 적합한 것이었다. 유태인이야말로 두려움을 일으키는 정연한 논리로 귀족적 가치등식(좋은=고귀한=강력한=아름다운=행복한=신의 사랑을 받는)을 역전하고자 감행했으며, 가장 깊은 증오(무력감의 증오)의 이빨을 갈며 이를 고집했던 것이다. 즉 "비참한 자만이 오직 착한 자다. 가난한 자, 무력한 자, 비천한 자만이 오직 착한 자다. 고통 받는 자, 궁핍한 자, 병든 자, 추한 자 또한 유일하게 경건한 자이며, 신에 귀의한 자이고, 오직 그들에게만 축복이 있다—이에 대해 그대, 그대 고귀하고 강력한 자들, 그대들은 영원히 사악한 자, 잔인한 자, 음란한 자, 탐욕스러운 자, 무신론자이며, 그대들이야말로 또한 영원히 축복받지 못할 자, 저주받을 자, 망할 자가 될 것이다!'라고 말하며… 이러한 유태인의 가치 전도의 유산을 누가 상속했는지 우리는 알고 있다.[12]

이러한 가치 전도가 곧 니체가 '도덕에서의 노예 반란' 이라고 불렀던 그

---

12) 위의 책, 363쪽

상황의 전모를 개요해 준다. 결국 약동하는 삶의 무한한 고양, 확장, 증대를 도모하는 아름답고 선하고 귀한 태도는 이 반란의 결과 파생하게 된 가치 전도에 의해 잔인하고 무자비하고 탐욕스럽고 저주받을 악으로, 지독히 무력한 약자들의 삶에 대한 저 숨막히는 억압과 퇴행은 선하고, 거룩하고, 성스러운 것으로 뒤바뀌게 되는 일이 벌어지게 되었다는 것이다.

　도덕에서의 노예 반란을 주도한 것은 해방을 위한 열정도, 성스러운 신앙도, 더구나 정의로운 사명감도 아니다. 니체에 따르면 그것은 단지 '원한'(resentment)일 뿐이다.

　　도덕에서의 노예반란은 원한 자체가 창조적이 되고 가치를 낳게 될 때 시작된다. 이 원한은 실제적인 반응, 행위에 의한 반응을 포기하고, 오로지 상상의 복수를 통해서만 스스로 해가 없는 존재라고 여기는 사람들의 원한이다. 고귀한 모드나 도덕이 자기 자신을 의기양양하게 긍정하는 것에서 생겨나는 것이라면, 노예도덕은 처음부터 밖에 있는 것, 다른 것, 자기가 아닌 것을 부정한다. 그리고 이러한 부정이야말로 노예도덕의 창조적인 행위이다. 가치를 설정하는 시선을 이렇게 전도시키는 것—이렇게 시선을 자기 자신에게 되돌리는 대신 반드시 밖을 향하게 하는 것—은 실로 원한에 속한다.[13]

　삶의 데카당스와 충만한 생 의지의 퇴락에 수반하는 길들여진 인간들의 왜소화, 군축화에서 니체는 저항할 수 없는 통속적 허무주의 맹아를 확인한다. 강자는 죄인으로 약자는 의인으로 뒤바뀐 가치전도의 음영은 이제 허무주의의 그림자를 문명사에 짙게 드리우게 되는 것이다. 기독교의 본질이 허무주의와 연관되는 맥락이 여기서 밝혀지는 것이다.

---

13) 위의 책, 367쪽

아직도 두려움을 느끼게 만들 만한 완전한 것, 마지막으로 이루어진 것, 행복한 것, 강력한 것, 의기양양한 것을 내가 한번 볼 수 있게 해 달라! 인간을 변호하는 인간, 인간을 보완하고 구원하는 행복의 경우를, 그리고 그 때문에 인간에 대한 믿음을 견지할 수 있는 경우를 한번 볼 수 있게 해 달라! 유럽인의 왜소화와 평균화는 우리의 최대 위험을 숨기고 있기 때문이다. 오늘날 우리는 좀더 위대해지려는 그 어떤 것도 보지 못한다. 우리는 더욱 아래로, 아래로 내려가며, 좀더 빈약한 것, 좀더 선량한 것, 좀더 영리하고 안락한 것, 좀더 평범하고 무관심한 것, 좀더 궁극적이고 그리스도교적인 것으로 되어가는 것을 예감하고 있다.─인간은 의심할 여지없이 '더 좋게' 된다.....여기에 바로 유럽의 운명이 있다─ 인간에 대한 공포와 더불어 우리는 또한 인간에 대한 사랑과 경외심, 인간에 대한 희망, 아니 인간에 대한 의지도 잃어버렸다. 이제 인간의 모습은 우리를 지치게 만든다─이것이 허무주의가 아니라면 오늘날 무엇이 허무주의란 말인가?··· 우리는 인간에게 지쳐 있다.[14]

이렇게 되면 무력한 자의 체념은 숭고한 헌신으로 위장되고, 무능한 자의 포기는 선량한 양보로 포장된다. 보복하지 않는 무력을 선량으로─겁많은 비열이 겸허로 바뀌고 증오를 품은 복종을 순종으로, 권력의 문전에서 서성거리는 기다림을 인내라고 부르고 약자의 비공격성을 평화로, 복수할 수 없어서 복수하지 못하는 체념을 관용이라고 이름하는 자들의 용어법을 니체는 〈내시의 정절〉이라는 개념으로 패러디한다. 그렇다. 우리를 지치게 하는 인간은 이런 정절로 꽁꽁 무장한 인간이다. 니체가 "인간이란 초극되어야 할 그 무엇"이라 했을 때, 초극되어야 할 인간은 곧 거세된 신체로부터 정절을 자랑하는 그런 무기력한 인간이다.

---

14) 위의 책, 376쪽

IV. 신의 죽음

원한으로 충일된 신이 가치전도를 수행할 때 구사했던 전략은 대략 세 가지였다. 첫째는 신이라는 낯선 개념을 창조하는 것이고, 둘째는 요단강 저편, 천당, 극락, 이데아 등등으로 호칭되는 배후세계를 창조한 것이며, 셋째는 이런 포맷으로 자기최면을 걸고 대중마취로 확산시키는 심리전술을 구사하는 것이었다.

신의 죽음이 선포된 것은 니체의 『즐거운 학문』에서 한 광인을 통해서 다. 어느 마을 장터에 한 미친 사나이가 훤한 대낮인데도 등불을 들고 나타 나서 "나는 신(神)을 찾고 있다"며 돌아다닌다. 사람들이 이 미친 사나이 주 위에 몰려들어 놀려대기 시작한다. "너 신을 찾고 있는 거니?" "어디로 갔 지?" "신이 숨바꼭질하고 있는 거야?" 그러자 미친 사나이가 쏘는 눈초리 로 사람들을 바라보며 이렇게 외친다. "신은 죽었다. 너희와 내가 신의 살 해자다. 신을 매장할 인부들의 떠드는 소리가 들리지 않는가. 신이 썩어가 는 고약한 냄새가 풍겨오지 않는가." 그러다 갑자기 등불을 땅바닥에 내팽 개친 미친 사나이는 다시 이런 말을 덧붙인다. "그러나 내가 너무 일찍 왔 다. 아직 내가 올 때가 아니다. 이 끔찍한 사건을 너희는 아직 이해할 수 없 을 것이다."

신의 죽음을 알리는 '미친 사나이'라는 제목의 이 짧은 글에 나타나는 등불과 태양의 메타포를 주목해야 한다. 한낮에 등불을 든다는 것은 태양 을 거부한다는 것이고, 이제 그 등불조차 땅바닥에 내팽개친 사나이에게 세계는 그야말로 깜깜한 밤이다. 인간들에게 신의 죽음이란 곧 이런 칠흑 같은 밤을 의미한다. 그리고 왜 하필 신의 죽음이 광인의 입을 통해 전해지 는가도 유의해야 한다. 신의 죽음은 단지 미친 사나이의 이야기임을 암시 하기 위해서인가. 그 반대다. 이것은 광기(니체)가 이성(플라톤)에 대해 던 지는 선전포고임을 암시한다.

신의 죽음은 지금까지 서양에서 절대가치로 군림해온 난공불락의 철옹성이 그 지반에서부터 붕괴된다는 것을 의미한다. 절대가치의 무가치화, 이것이 니체가 거룩한 부정(ein grosses Nein) 이라고 불렀던 유럽의 니힐리즘이다. 신은 죽었다. 이것은 특정 종교, 가령 기독교 신, 이슬람교 신이 죽었다는 것을 뜻하지 않는다. 인간들이 추숭하던 일체의 초월적 가치, 그리고 초감성적인 세계가 근본적으로 해체된다는 것을 의미한다. 다시 말해서 '신은 죽었다' 는 니체의 말은 단순한 인격적 절대자의 궐석, 부재를 뜻하는 것이 아니라 지상 너머에 존재한다는 일체의 배후세계가 몰락했다는 것을 뜻하는 것이다. 그런 점에서 이것은 발본적이다.

결국 니체의 주장에 따르면 이것은 노예, 천민에 의해 주도된 가치전도의 재전도라는 맥락에서 사필귀정이다. 당초 신은 날조된 개념이고 배후세계 역시 허구의 관념에 지나지 않았으니까, 신의 죽음과 더불어 이제 이 가짜들은 깡그리 소거될 수밖에 없다. 니체는 약자, 천민, 노예들이 단지 절대자, 초월자, 배후세계, 초감성적 세계, 혹은 요단강 저편, 에덴동산을 날조했다는 것 자체를 그토록 집요하게 공격했던 것은 아니다. 그런 것을 날조함으로써 저지른 두 가지 씻을 수 없는 범죄를 공격했던 것이다. 첫째는 우리 삶을, 이 축복 받은 삶을 저주받은 죄의 상태로 가둬버렸다는 것, 둘째는 우리가 목숨을 안고 뒹구는 이 아름다운 대지를 덧없고 허망한 신기루 같은 것으로 전락시켜 놓았다는 것이다. 그것도 진리의 열정으로 위장된 원한 감정에 의해서.

니체는 주장한다. 신은 죽었다고. 이제 이 위대한 부정이 도래한 니힐리즘, 즉 최고가치의 무가치화를 버티어야 한다. 어떻게 할 것인가. 니체의 답은 간명하다. 우리가 '인간' 을 넘어서야 한다는 것이다. 인간의 저편으로 도달한다는 것, 초인이 된다는 것, 이것은 니힐리즘의 시대, 이 가치의 깜깜한 밤에 각자 자기 방식으로 등불을 든다는 것을 뜻한다.

니체의 저서를 읽다보면 다양한 메타포들이 등장한다. 가령 '정오' '위

대한 시간' '진정한 역사적 순간' 등등이 그런 것에 속한다. 니체는 『차라
투스트라는 이렇게 말했다』에서 몇 번이나 시간을 묻는다. '지금은 몇 시
인가?' 그가 시간을 물었던 것은 위대한 '정오의 시간'을 기다리고 있었기
때문이다. 정오의 시간은 두 가지 의미에서 위대한 희망의 시간이다. '인
간'의 몰락을 의미하는 저녁을 항해 가는 시간인 까닭이고, 그 끝에서 '초
인의 시간'인 새로운 아침이 예측되는 시간인 까닭이다. 신이 죽고 초인이
태어나는 새로운 역사는 결국 이 정오에서 시작된다.[15)]

V. 초인의 탄생

　정신은 세 단계를 거쳐서 초인으로 이른다. 낙타의 정신, 사자의 정신, 아
이의 정신이다. 아이의 정신에서 인간은 비로소 초인이 된다. 어떻게 사자
의 정신 위에 어린이의 정신이 있는가.

　낙타는 가장 잘 견디는 정신, 가장 무거운 것을 용납하는 정신이다. 그것
은 체념과 복종의 정신이다. 이것은 순종하는 정신이다. 열사의 끝에 이르
면 받게 될 보상, 그러니까 당근과 오아시스와 그늘, 쉼과 밤을 연모하는 낙
타에게 순종은 숙명이다. 묵묵히 열사를 건너는 동안 낙타는 사막 저편에
서 받게 될 보상을 거듭 상기하면서 모든 고통을 감내한다.

　정신은 변한다. 곧 그것은 거대한 용과 싸우려는 정신, 사자의 정신으로
변하게 되는 것이다. 이 정신은 의무에 대한 신성한 거부이고 자유에 대한
거룩한 긍정이다. 그러나 주인과, 의무와 관습과 싸우는 동안 결과가 설령
승리로 끝난다 하더라도 그것은 어떤 형태로든 투쟁 상대에 매여 있을 수

---

15) 프리드리히 니체, 『차라투스트라는 이렇게 말했다』, 강대석 옮김, 이문출판사, 1994. 164, 280, 304쪽 등
　　참조

밖에 없다. 매인다는 것, 그것은 어쨌든 승리의 전리품인 저 무제한의 자유에 어쩔 수 없는 제한이 가해진다는 것을 의미한다.

여기서 정신은 한 번 더 변화해야 한다. 어린이의 정신이다. 사자가 할 수 없는 일을 어린이가 할 수 있다. 유희에 순전하게 몰두하는 아이들을 보라. 그들은 어떤 것에도 매이지 않고 온전히 놀이, 유희의 즐거움에 탐닉한다. 그들을 걸어 묶는 것은 아무것도 없다. 그들은 삶의 매순간 자유롭게 원하는 게임에 빠져든다. 이것이 바로 창조의 길이다. 순전한 유희, 자유로운 창조, 온전한 긍정, 어린이의 정신을 채우는 이토록 단순하고도 정결한 덕목들이야말로 목표와 의무에 매인 저 종말의 유태인을 넘어서게 만드는 힘이다.

> 어린 아이는 천진난만한 열정이며 순전한 망각이다. 새로운 시작이자 무죄한 유희이다. 스스로 굴러가는 바퀴이고, 내딛는 첫 발자국이고, 최초의 운동이며 신성한 긍정이다.[16]

신성한 긍정을 위한 창조의 유희. 이것은 삶의 어떤 극한을 표현해 주는 차라투스트라의 어법이다. 삶에 대한 온전한 긍정이 없다면 거리낌 없이 몰입하는 놀이에의 저토록 완벽한 헌신은 불가능하다. 이것은 회의의 독한 술잔을 든 다음에 도달한 통찰도, 산전수전을 겪고 이른 명철도 아니다. 그것은 눈앞에 있는 존재, 질서, 사물에 대한 절대적으로 단순한 긍정일 뿐이다. 이 긍정을 위해서 필요한 것은 순전한 천진성이다. 이것이 우리로 하여 유태인, 종말인, 가치전도의 세계 안에서 속수무책으로 길들여진 이런 인간을 넘어서도록 추동하는 것이다.

니체에게 초인은 결코 신의 대안이 아니다. 궐석을 채우는 어떤 존재가

---

16) 위의 책, 99쪽

아니라는 뜻이다. 초인은 자신의 육체를 긍정하고, 대지를 사랑하고, 대지
위의 삶을 사랑하는 자 이외의 다른 존재가 아니다. 이것이 '초인은 대지의
뜻'이라는 명제의 뜻이다.

보라, 나는 그대들에게 초인을 가르치노라. 초인은 대지의 의미이다. 그대
들의 의지로 말하게 하라. 초인이란 대지의 의미이어야 한다고. 형제들이여
그대들에게 부탁하노니 대지에 충실하라. 그리고 그대들에게 천상의 희망을
말하는 자들을 믿지 말라. 그들은 스스로 알든 모르든 독을 뿌리는 자들이다.
그들은 삶의 경멸자들이고 쇠망해가는 자들이며, 스스로 독을 먹은 자들이다.
그런 자들에게 대지는 지쳐버렸다. 그들을 사라져가게 하자.
예전엔 신을 모독하는 것이 가장 큰 모독이었다. 그러나 신은 죽었다. 그와
더불어 이러한 모독자들도 함께 죽었다. 대지를 모독하는 것이 지금은 가장
두려운 일이다… 예전엔 영혼이 육체를 경멸의 눈초리로 바라보았다. 그런 경
멸이 최고의 것이었다. 그러나 이제는 저토록 병들어버린 영혼을 경멸하는 것
이 우리의 명예다.

헛바닥으로 그대들을 핥아줄 번개는 어디 있는가. 그대들에게 접속되어야
할 광기는 어디 있는가. 보라 나는 그대들에게 초인을 가르치노라. 그가 바로
그 번개이며 그가 바로 그 광기이다.[17]

초인은 '인간적인 너무나 인간적인 인간'(menschliches allzu menschliches
Mensch)을 넘어서는 자를 말한다. 그것은 대지에 발을 디디고 선 자다. 그리
고 그것은 대지의 뜻이다. 그것은 신의 죽음을 대신하는 또 다른 절대자가
아니다. 그는 사랑이나 동정(그는 동정이란 이중으로 꼬여 있는 저주라고

---

17) 위의 책, 82쪽

말한다)이 아니라 오히려 투쟁과 승리를 위해 싸우는 존재다. 그는 삶을 조건 없이 긍정하는 자이고 자기 존재를 당당하게 천명하는 존재이며 자신의 삶, 혹은 운명을 한없이 사랑하는 자이다.

VI. 영겁회귀

플라톤주의든, 기독교든, 헤겔주의이든, 마르크시즘이든 간에 서양 문명사에서의 중요한 역사철학의 모델은 종말론적 사관이다. 그들은 한결같이 역사를 어떤 목적과 뜻을 지닌 시간의 경과로 해석한다. 가령 헤겔의 경우 역사란 세계정신의 자기전개 과정이다. 세계정신이 시간 지평 안에서 자기를 전개시키는 이유는 투명한 자기인식에 이르기 위해서다. 말하자면 자신을 알기 위해 자기실현의 노동을 수행한다는 것이다.

그러나 문제는 세계정신에게 노동할 손발이 없다는 것이다. 여기가 헤겔의 유명한 '이성의 간지'(List der Vernunft)가 등장하게 되는 대목이다. 이성(세계정신)은 역사 안에서 투쟁하는 개인의 정열을 이용하여 자기를 전개시킨다는 것이다. 이때의 개인은 세계사적 개인들이다. 말하자면 흔히 영웅이나 인물로 통칭되는 세계사적 개인들은 꼭두각시에 지나지 않으며, 이들의 야망과 정열을 미끼로 하여 자신을 실현시키고 있는 것은 사실상 세계정신이라는 것이다. 헤겔에 따르면 이것이 세계사의 정체다. 마침내 투명한 자기인식에 이르러 자기무지(모순)을 완전히 극복하게 되면 세계정신은 절대정신으로 고양되고 역사는 그 지점에서 멈춰선 채, 일종의 유토피아 상태인 후기 역사시대(post history)로 진입한다.

흔히 종말사관으로 알려진 플라톤주의, 기독교, 마르크시즘의 역사철학은 대체로 이런 패턴의 논리형식을 채택한다. 종말사관의 공통점은 모든 존재, 시간, 역사, 사건들이 부동의 목표를 향해 나아가는 도상, 과정, 고리,

중간, 수단으로서만 존재한다는 것이다. 그리고 도상, 과정, 수단으로만 머무르는 모든 것들은 일회적이고 반복불능한 한에서만 역사적일 수 있을 뿐이다. 소설가 밀란 쿤데라의 표현을 빌자면, '이럴 경우 우리의 삶은 참을 수 없이 가벼워진다.'[18] 목적 자체에 비할 때에 모든 것들은 근본적으로 무의미에 가까운 사소한 것으로 전락되고 말기 때문이다.

『차라투스트라는 이렇게 말했다』에서 니체는 전혀 다른 목소리를 들려준다. 역사란 종착지를 향한 반복불능의 일회적 사건이 아니라 동일한 것의 무한한 반복이라고 말하는 것이다.

> 모든 것이 가고 모든 것이 되돌아온다. 존재의 수레바퀴는 영원히 굴러간다. 모든 것이 죽고 모든 것이 또다시 꽃을 피운다. 존재의 연륜은 영원히 흘러간다. 모든 것이 부서지고, 모든 것이 새롭게 이루어진다. 똑같은 존재의 집이 영원히 세워진다. 모든 것이 헤어지고, 모든 것이 다시 만난다. 존재의 수레바퀴는 영원히 스스로에 충실하다.
>
> 존재는 모든 순간에 시작된다. 모든 '이곳' 의 언저리를 '저곳' 이라는 공이 굴러간다. 중심은 도처에 있다. 영원의 길은 구부러져 있다.[19]

흔히 영겁회귀라고 부르는 이런 주장은 니체 사상 가운데서도 가장 신비하면서 난해한 것으로 알려져 있다. 요컨대 니체에 따르면 역사적 공간 안에 한번 나타난 뒤 가뭇없이 영원히 사라지는 것은 없다.

모든 것들, 모든 삶, 모든 시간들은 자기 꼬리를 물고 있는 뱀처럼 이어져 있어서 같은 것의 영원한 반복은 피할 수 없는 운명이라는 것이다. 그렇다면 우리의 삶은 참을 수 없으리만큼 무거워진다. 왜냐하면 삶의 모든 과정

---

18) 밀란 쿤데라, 『참을 수 없는 존재의 가벼움』, 송동준 옮김, 민음사, 1996. 12쪽
19) 프리드리히 니체, 『차라투스트라는 이렇게 말했다』, 강대석 옮김, 이문출판사, 1994. 337쪽

은 종착지를 위한 경유나 매개가 아니라 자기 충족적, 자기 목적적인 것들이기 때문이다.

니체는 이 사상을 실스 마리아 강변에서 섬광처럼 의식을 때리고 지나가는 계시처럼 착상했다고 한다. 이렇게 잉태된 영겁회귀 사상은 니체 사상의 정점을 이루게 된다. 이 사상의 결론은 이것이다. 우리의 삶이 어떤 목적을 향해 나아가는 속절없는 과정이 아니라 자기 목적적으로 충전된 순간의 연속이라면 삶이 한없이 무거워질 수밖에 없다.

삶에 대한 무한한 사랑. 삶은 단지 버티는 것이 아니라 살아야 하고 사랑해야 하는 것이다. 삶에 대한 온전한 사랑, 이것이 니체 사상의 결론이다. 대지의 뜻인 초인의 삶을 산다는 것은 참을 수 없는 가벼움으로 자신의 삶을 살아가는 것이 아니라 한없는 무거움으로 자신의 삶을 받아들이고 너무나 인간적인 인간을 넘어서는 인간 즉 초인의 삶으로 나아가야 하는, 즉 삶에 대한 무한한 사랑을 실천하지 않으면 안 된다는 것이다.

이렇게 해서 마침내 대지에 대한 초인의 사랑은 결국 운명에 대한 조건 없는 사랑으로 귀결된다. 운명에 대한 사랑(amor fati). 그것은 이것저것, 혹은 이 순간, 저 순간, 이런 사람, 저런 사람에 대한 사랑이 아니다. 심지어 당대에 끝나는 일회의 총체적 삶에 대한 사랑도 아니다. 운명에 대한 사랑은 이 삶이 영원히 반복된다는 그 숙명적 조건 자체에 대한 사랑이다. 그렇게 되면 삶은 모든 과정 안에 그 과정 자체로서 살아 있어야 한다.

VII. 니체의 메시지

신의 죽음, 초인, 영겁회귀 등등 니체의 저술들에 등장하는 다양한 키워드들은 오직 하나의 키워드를 겨냥한다. 그것은 삶에 대한 운명적인 사랑이다. 이것을 구현하기 위한 구체적인 항목을 다시 정리해 보겠다.

1. 디오니소스의 복권

원래 디오니소스는 니체의 박사학위 논문인 『그리스 정신으로부터 비극의 탄생』에서 아폴로와 대비되는 것으로 예술작품의 한 특성을 이루는 것으로 제시된 이후로 다양한 변용을 거쳐서 그의 저서에 줄기차게 등장하는 개념이다. 그것은 열정, 도취, 환희, 광란 등 삶을 역동화하는 에너지로서 이성, 균형, 조화, 밝음 등 삶을 조직화하는 규칙, 코드와 근본적으로 구분된다.

그러나 그리스 로마 시대를 거쳐 중세 기독교적 세계관이 지배해온 서양에서 디오니소스적 혼란은 타기되어야 할 악으로 치부되면서 지속적으로 불온한 열정으로 억압, 통제되어 왔을 뿐이다. 니체는 다양한 이슈로써 우리 삶에서 디오니스소적인 것들이 왜 복권되어야 하는가를 지속적으로 환기시켜 왔다.

2. 육체의 부활

초인이 인간을 넘어서는 존재라고 해서 인간의 육체를 거부하는 존재로 이해하는 것은 당치않은 일이다. 니체 사상의 일관된 흐름은 정신의 독재 아래 신음해온 육체를 조건 없이 부활, 해방시키는 것이다.

니체는 작은 이성과 큰 이성을 구분하였다. 작은 이성은 관찰하고 분석하고 실험하고 추론하는 이성, 자아를 말하는 이성인 데 비해, 큰 이성 즉 육체는 세상의 모든 것들을 살과 뼈로 마주하는 이성이다. 육체는 더 이상 악의 뿌리도 아니고, 정신의 불온한 대적자도 아니며, 또한 영혼의 단순한 하수인, 노예도 아니다.

니체에 따르면 육체야말로 삶의 진정한 뿌리이자 성전이다. 그러니 그것을 소중히 모시고 늘 준비 상태에 있도록 하고 세상의 모든 쾌락과 관능에 한껏 열려 있게 해야 한다고 주장한다.

3. 대지의 승인

니체에게 초인은 대지의 뜻이다. 그렇다면 대지란 무엇인가. 단순하게 말하자면 그것은 육체가 두 발을 디디고 선 지평, 우리가 목숨을 안고 뒹구는 그 공간 자체다. 이 영원히 변할 수 없는 삶의 지평은 서양 문명사를 장악해온 주류 이데올로기인 플라톤-기독교주의에 의해 철저히 묵살, 경멸, 홀대되어 왔다.

이데아 세계, 요단강 저편, 초감성계 등등 다양하게 언술되는 초월세계가 설정되는 순간 대지는 우리로 하여 그 고매한 진리 세계에로의 상승을 가로막는 사악하고 조잡하고 장벽으로 맥락 지어진다.

4. 교훈들

이러한 니체의 생각들로부터 몇 개의 교훈을 연역해 보자.

1) 몸을 새롭게 주목하자.

2) 과정에 충실하자. 알베르 카뮈에게 시지프스의 반항이 영웅적인 것은 그 운명 안에서 그 한계 안에서 보여줄 수 있는 저항의 극한을 보여주기 때문이다. 시지프스의 저항 방식은 단순하다. 무한히 반복되는 변함없는 삶의 과정 자체를 무한히 사랑한다는 것이다. 카뮈는 철저히 니체적 맥락에서 시지프스의 운명을 해석한다. 과정 자체를 사랑하라는 무상명령에서 시지프스가 우리에게 보여주는 교훈은 분명하다.

3) 삶을 사랑하자. 니체는 『차라투스트라는 이렇게 말했다』에서 이렇게 말하고 있다. '내가 만일 신을 믿는다면 춤 출줄 아는 신만을 믿으리라' 그렇다. 대지를 사랑하는 자는 발로 대지를 밟고 서야 한다. 그 발, 발에 주목

하라. 니체는 다시 같은 책에서 '춤추는 발에는 귀가 있다' 고 했다. 참으로 놀라운 통찰이다. 춤추는 발은 맹목이 아니다. 귀가 있는 섬세한 육체의 기관이다. 그것은 대지의 숨결, 하늘과 교감하는 성스러운 대지의 음성을 짚어내는 날카로운 감수성을 지닌다. 이 민감한 발로 대지를 느끼듯이, 우리는 몸이 지닌 전신의 촉수로 삶을 느끼고 사랑해야 한다. 만일 우리에게 니체의 이름이 허망한 시니피에로 끝나길 바라지 않는다면.

[더 생 각 해 볼 문 제]

1. 니체가 말하는 '인간적인 너무나 인간적인 인간' 이란 어떤 인간인가.
2. 니체는 과연 유태인을 혐오했던 종족주의자이고 엘리트주의자이며 귀족주의자였나.
3. 니체는 나치즘에 책임이 있는가.
4. 니체의 유명한 명제 '신은 죽었다' 는 순전히 신학적 명제인가.

[주 제 어]

가치전도

원래 선악, 미추 등의 가치는 명사로서 혹은 실체로서 존재하는 것이 아니다. 강자, 약자들의 행동, 삶을 진술하는 형용사나 부사로서만 쓰이던 것들이 명사화 실체화된 것이다. 그러나 이런 명사화 실체화에는 약자들의 강자에 대한 원한이 개입되면서 원래 선,미, 진은 악, 추, 위로 원래 악, 추. 위는 선. 미, 진으로 전도되는 상황이 벌어지게 된다.

신의 죽음

니체에게 신은 단순히 유태 기독교의 절대자만을 의미하지 않는다. 그것은 육체와 대지를 넘어서 있는 모든 것을 상징한다. 그러므로 신의 죽음은 초월자, 절대자의 죽음뿐 아니라 초월세계, 배후세계, 요단강 저편, 천당, 극락세계 등 모든 초감성계까지 망라한다.

초인

초인은 신의 죽음을 대체할 새로운 초능력자를 말하지 않는다. 초인은 오히려 삶을 온전히 천진난만하게 긍정하는 정신을 가진 아이와 같다. 초월세계의 이데올로기로 길들여진 인간적인 너무나 인간적인 인간을 넘어서는 인간, 두 발을 대지에 디디고 서서 천진난만한 아이의 정신으로 이 삶을 조건 없이 긍정하는 인간, 그가 바로 초인이다.

근대적 욕망의 구조와 의미
: 플로베르 『마담 보바리』

김 종 기 | 부산대학교

1. 왜 『마담 보바리』인가?

우리는 소설을 읽는다. 소설은 이야기이다. 흔히들 이야기는 재미있다고 말한다. 소설 『마담 보바리』는 어떤가? 우선 전문가들은 『마담 보바리』에 대해 현대소설의 문을 연 작품이라고 찬사를 보낸다. 최근 출판된 한국어 번역본 뒤표지에 소개된 문구들이 이를 단적으로 말해준다.

사실주의 소설의 시작과 동시에 그 완결을 이룩한 작품. 카프카에게는 바이블, 누보로망의 작가들에게는 교과서가 된 소설. 1857년 보들레르의 『악의 꽃』과 함께 '현대(modern)'를 열어젖힌 이 소설은 이후의 모든 문예사조, 사실주의와 자연주의, 아방가르드와 구조주의에 이르는 예술의 도저한 흐름에 씨앗이 되었다.

먼저 플로베르의 꿈과 환상이 있은 후에, 말라르메와 조이스, 카프카와 보르헤스가 가능했던 것이다.

— 미셸 푸코

플로베르는 제임스 조이스의 커다란 스승이었다. 그는 플로베르의 작품을 자신의 글쓰기 모범으로 여기고, 이를 전부 외웠다고 한다. 그런데 이처럼 찬사를 받고 있는 플로베르의 대표작 『마담 보바리』는 흔히 말하는 '재미있는' 이야기인가? 읽어 본 대부분의 독자들은 말할 것이다, 사실 참 지겨운 소설이라고. 불륜에 빠진 한 의사의 부인이 빚을 지고 결국에는 자살하고 만다는 아주 단순한 사건을 너무나도 길게 늘여 적고 있기 때문이다. 그 대강을 정리하면 다음과 같다.

의과대학에 진학해서 겨우 의사 시험에 합격한 샤를르 보바리는 시골마을에서 개업한다. 소신 없는 그는 어릴 때부터 어머니가 시키는 대로 살고 있다. 엠마는 수녀원에서 교육받은 처녀이다. 낭만적인 소설을 탐독하고 공상에 빠지는 그녀는 이제 시골집으로 돌아와 어머니가 없는 집안을 돌본다. 그러다 아버지를 치료하러 집으로 온 샤를르 보바리와 결혼하게 된다. 결혼 후 엠마는 따분한 시골 생활과 평범한 의사 남편에게 심한 권태를 느낀다. 소설을 통해 꿈꾸었던 세계와 자신이 살고 있는 현실이 너무나 달랐기 때문이다. 그러나 단 한 번 경험한 귀족의 무도회 이후, 책에서 보고 꿈꾸어 왔던 세계, 즉 사랑과 낭만이 넘치고 희열로 가득한 세계, 호사스런 생활의 환영이 가득한 세계가 이 지상에서도 존재할 수 있다고 믿게 된다. 같은 마을 레옹이라는 청년과 엠마는 서로 마음속으로 연모하지만, 레옹은 곧 파리로 떠난다. 그 후 엠마는 우연히 집에 들른 로돌프와 불륜에 빠진다. 숲 속에서, 자신의 집 뒤 뜰에서, 남편의 진료실에서, 로돌프의 집에서 정사를 나눈다. 그러던 어느 날 함께 도망가기로 한 로돌프가 약속을 깨고 떠나 버린다. 심한 충격을 겪은 후 엠마는 레옹과 재회하는데, 두 사람은 만나자마자 욕망의 노예가 된다. 그들은 마차 안에서, 도시의 호텔에서 며칠씩 광적인 정사에 빠진다. 낭만적 환영에 사로잡힌 엠마는 결혼 이후 줄곧 사치와 허영에 빠져 살아왔다. 드디어 그녀는 장사꾼이자 교활한 고리대금업자인 뢰르의 어음을 막지 못하고 파산한다. 빚에 쫓기고 사랑에 속은 엠마는 결국 독약을 먹고 자살한다. 엠마가 죽은 후 모든 사실을 알고 난 샤를르는 절망에 빠져 죽는다.

사실 이 정도의 스토리라면 오늘날 우리에게는 새로울 것도, 대단할 것도 없다. 어쩌면 주간지 기사 정도의 수준이다. 그렇다면 왜 이 소설이 한 권의 고전이 될 수 있었을까?

2. 『마담 보바리』, 하나의 언어 구조체

> 아, 로미오, 로미오, 로미오, 어찌해서 당신의 이름은 로미오인가요? […] 당신 이름만이 내 원수가 되었을 뿐, 당신은 역시 당신이에요. […] 우리가 장미꽃을 어떤 다른 이름으로 부르더라도, 그 향기는 역시 마찬가지예요.
> — 『로미오와 줄리엣』, 제2막 제2장

전통적으로 소설을 구성하는 요소로 인물, 배경, 사건(이야기)을 꼽는다. 이 요소들이 모여 소설이라는 구조체를 형성하는데, 이는 하나의 전체를 구성하는 요소들의 관계망을 뜻한다. 소설이 구조체라면 이러한 요소들은 글쓰기에 의해 구성된다. 그런데 글쓰기는 근본적으로 언어 사용을 전제한다. 그러면 소설 즉 문학적 글쓰기에 있어 언어 사용은 어떤 성격을 지닐까? 언어에서부터 출발해 보자.

언어는 기호이다. 기호는 기호표현(signifiant)과 기호내용(signifie)으로 구성되어 있다. 기호표현과 기호내용의 관계가 바로 의미작용(signification)이 된다. 샛별이라 부르는 별이 있다고 하자. 이때 샛별이라는 소리는 기호표현이 되고, 이 소리가 지시하는 샛별은 지시대상, 즉 기호내용이다. 소리만 있고 가리키는 것이 없거나, 가리킬 것은 있지만 이를 나타낼 소리가 없으면 언어가 성립되지 않는다. 이 둘이 있고, 서로 관계되어야 '응 그래 그것~' 하고 그 의미를 이해한다. 이것이 의미작용이다. 이런 과정이 일상 언어의 기호론적 메커니즘이다.

그런데 지시적 혹은 객관적이라는 일상 언어에도 실제로는 말하는 사람의 특수성 혹은 주관성이 투영된다. 위에서 말한 별이 샛별이라면 새벽, 그러니까 밤과 아침 '사이' 혹은 저녁과 밤 '사이' 에 잠깐 뜨는 '사이' 별의 특성을 지시한다. 이 별을 보는 사람이 처한 시간을 담고 있는 것이다. 그러나 만약 이 별을 '비너스' 라 부르면, 이는 그리스 로마 문명의 관점이 묻어 있는 것으로 보아야 한다.

일상 언어가 그렇다면 문학 언어는 훨씬 더하다. 기호표현, 즉 언어의 표현 층위에 이미 말하는 사람의 세계관, 그러니까 경험, 주관, 환경, 관점 등이 반영되어 있기 때문이다. 이를 달리 말하면 문학 언어는 은유이고, 은유는 곧 세계관을 담고 있다는 것이다. 따라서 문학 언어에서 중요한 것은 일차적인 '무엇을' 말하는가가 중요한 것이 아니다. 정작 중요한 것은 '어떻게' 말하는가 라는 것이다.

이러한 까닭으로 소설 『마담 보바리』는 하나의 커다란 중층기호가 된다. '불륜을 저지른 한 여인이 빚지고 자살 한다.' 라는 것이 작가가 말하는 일차적인 '무엇을' 에 해당된다. 그러나 그것은 내용의 층위로서 별로 중요한 것이 아니다. 문제는 이를 '어떻게' 표현했느냐에 있다. 또한 중요한 사실은 이 '어떻게' 가 결국 이 '무엇을' 의 성격을 변화시킨다는 것이다. 그것은 바로 이 '어떻게' 를 통하여 '무엇을' 이 어떤 이차적 의미를 함축 혹은 내포할 수 있기 때문이다.

그렇다면 평범한 불륜 이야기, 즉 '무엇을' 이 '어떻게' 표현되고 있는가를 살펴보는 것이 우선 필요한 일이다. 이를 통하여 하나의 언어구조체인 소설 『마담 보바리』가 진정으로 말하고자 하는 '무엇', 즉 의미작용을 더 쉽게 이해할 수 있기 때문이다.

3. 『마담 보바리』의 묘사

우리는 한 편의 소설을 읽으며 장면 장면을 상상한다. 상상이란 읽은 것을 시각화하여 구체적으로 마음속에 떠올리는 것이다. 이러한 시각화는 흔히 읽은 것에 대한 이해 정도를 판단하는 척도가 되기도 한다. 어떤 글을 읽고 선명하게 이미지가 떠오르면 우리는 그 글을 제대로 이해한 것으로 생각하고, 선명하게 떠오르지 않으면 제대로 이해되지 못했다고 생각한다. 이런 현상은 무엇을 의미할까? 이야기 혹은 소설, 즉 글쓰기는 시각적으로 구성된다는 것이다.

묘사의 시각적 특성을 작품 안에서 확인해 보자. 결혼하여 남편이 개업하고 있는 작은 마을 토트에 정착한 엠마는 권태에 짓눌린다. 엠마의 권태를 신경성 질환으로 판단한 샤를르는 그녀를 위해 더 큰 마을인 용빌로 이사한다. 제2부 이후의 공간적 배경인 용빌이 제시되는 1장 도입 부분을 보자. 이 부분은 3인칭 전지적 시점, 더 정확히 말하면 무 초점화(focalisation zéro)를 통해서 제시되고 있다. 마차를 타고 이 지역으로 접어들며 전개되는 언덕, 분지, 초원, 도로, 마을, 하얀 집, 성당과 묘지, 마을 중앙의 시장, 면사무소, 여관, 약국이 약 다섯 쪽에 걸쳐 상세하게 묘사된다. 마을 일대를 지금 다시 구성해 낼 수 있을 정도이다. 그만큼 묘사가 치밀하다는 뜻이다. 그런데 이 부분의 묘사는 마치 영화에서 한 지역 전체를 담고 있던 카메라가 점점 줌인(zoom in) 되어 약국 앞 광장만을 가득 보여주는 것과 같이 시각적으로 제시되고 있는 것이 특성이다. 엠마가 난생처음 경험했던 무도회 장소 보비에사르 성관의 묘사도 이와 흡사하게 구성되어 있다.

묘사의 이러한 시각화가 더 구체적으로 드러난 곳은 그 유명한 농사 공진회 장면이다(제2부 제8장 후반). 플로베르는 이 부분을 6개월 동안 일곱 번이나 고친 후 완성했다고 한다. 이 장면의 특성은 영화에서 말하는 교차편집 형식을 취하고 있다는 점이다. 농사 공진회에 구경 간 엠마가 로돌프를 만난다. 두 사람은 광장 건너편에 있는 시청 2층 빈 회의실로 올라간다. 이후 두 사람 사이의 대화가 공진회의 연설·진행 발언과 교차로 제시된다. 마치 교차편집처럼 두 개의 사건이 교차로 묘사되고 있는 것이다(206~218쪽). 그래서 일찍이 에이젠슈타인 같은 영화의 거장들도 이 부분을 소설사 최초의 교차편집으로 평가하였다.

이 부분의 묘사가 가지는 가치는 무엇일까? 묘사가 표현 층위를 구성하는 한 방법이라면 이는 반드시 내용을 수반하여야 한다. 두 장면이 담고 있는 내용이 대비됨으로써 작가의 의도가 더욱 선명하게 부각된다. 즉 공진회 장면은 정부, 노동, 도덕, 사회, 효용, 필요, 개량, 진보, 성실 등과 같이 지극히 현실적인 내용을 담고 있다. 이에 반해 불륜을 시작하는 두 남녀의 대화는 감격, 시, 음악, 예술, 사랑, 열정, 감정, 영혼, 꿈, 인연 등의 낭만적인 내용을 담고 있다. 그러니까 교차묘사라는 서술형식을 통하여 이 소설의 중심 주제인 현실주의와 낭만주의의 극단적인 대립을 아주 효과적으로 보여주고 있는 것이다.

그리고 또 이러한 교차묘사는 이 장면 전체의 리듬을 만들고 있다. 먼저 공진회 장면과 불륜 장면이 교차되는 형식은 일단 두 사건의 빠른 진행과 박진감을 더하고 있다. 그리고 두 남녀가 불륜에 빠져드는 속도를 표현하는 감각적 표현형식으로 작용하고 있다. 로돌프를 처음 대면한 엠마가 본격적으로 본심을 내보이기 이전, 그러니까 탐색의 순간들에는 공진회와 두 남녀에 관한 묘사의 길이가 길다. 그러나 두 남녀의 감정이 통하고 엠마가 자신을 허락하는 클라이막스 장면은 극도의 단속적인 대사의 교차로 아주 빠르게 진행된다(216~217쪽). 이러한 과정이 어떤 성질의 것인지 이후의 은

유적 혹은 상징적 묘사가 결론짓고 있다.

> 로돌프는 그녀의 손을 꽉 움켜쥐고 있었다. 그 손이 뜨거워져서 마치 사로
> 잡힌 산비둘기가 날아가려 하듯 파르르 떠는 것을 느낄 수 있었다. (217쪽)

> 극도에 달한 욕망 때문에 그들의 메마른 입술이 바르르 떨렸다. 애쓰지 않
> 아도 두 사람의 손가락은 부드럽게 서로 얽혀 있었다. (218쪽)

이러한 묘사 방식은 여러 군데서 포착된다. 로돌프가 엠마에게 절교 편지를 쓰는 과정이 그러하다. 절교 편지와 바람둥이의 독백이 교차되는데, 편지에 담긴 거짓과 독백이 밝히는 진실의 교차를 통하여 로돌프라는 인물의 위선과 거짓이 여실히 드러난다.

3.1. 묘사의 상징성

서사는 이야기의 흐름이다. 과장해서 말하면 묘사는 순서적으로 배열된 서사에 덧댄 장식이다. 그런데 이 장식은 일차적으로 이야기할 '무엇' 이 아니라, 그것을 '어떻게' 표현하는가의 문제이다. 소설 『마담 보바리』가 현대소설의 태동이 될 수 있다면, 그것은 이 소설이 가진 묘사의 특성 때문이기도 하다. 그 특성은 묘사가 서사의 흐름을 조절하고, 서사의 성격을 결정짓는다는 것이다. 묘사가 서사의 내용을 은유적 혹은 상징적으로 표현하기 때문이다.

먼저 좀 단순한 묘사의 은유를 살펴보자. 로돌프와 헤어지고 난 후 엠마는 파리로 떠났던 레옹을 루앙에서 다시 만난다. 대성당에서 만난 두 사람은 마차를 타는데, 그것은 다름 아닌 정사를 나누기 위해서였다. 달리는 마차 안에서 벌어지는 그들의 광적인 정사가 어떻게 묘사되어 있을까? 매우

은유적이다.

> 그리고, 무거운 마차는 **달리기 시작했다.**
>
> 마차는 그랑 퐁 거리를 **내려가** 아르 광장과 나폴레옹 강둑, 뇌프 다리를 **건너질러** 피에르 코르네이유 동상 앞에서 **딱 멈추었다.**
>
> 「계속가요!」하는 소리가 마차 안에서 들려왔다.
>
> 마차는 **다시 달리기 시작하여** […] 비탈길을 거침없이 **달려 내려간 다음** 기차역 **안으로 쑥 들어갔다.** […]
>
> 마차는 철책 **밖으로 나와서** […] 키가 큰 느릅나무들 사이를 천천히 달렸다. […] 물가 잔디밭 **옆으로 몰고 갔다.**
>
> […] 예선도를 따라 섬들 저 너머 오와셀 쪽으로 **한참 동안 달렸다.**
>
> 그러나 마차는 **갑자기 한달음으로 내달아** […] 식물원 앞에서 세 번째로 **멈추었다.**
>
> 「그냥 가라니까!」 하고 아까보다 더 거센 목소리가 성난 듯이 소리쳤다.
>
> 그래서 **즉시 마차는 달리기 시작하여** […] 강둑으로 […] 또다시 다리를 건너 […] 광장을 **통과하고,** 담쟁이 덩굴이 온통 파랗게 덮인 테라스를 **따라** […] 마당 뒤로 **지나갔다.** 그리고는 […] 끝에서 끝까지 가로질러 드빌 언덕까지 갔다.
>
> 마차는 **다시 길을 되짚어 왔다.** 그러자 **이때부터는 목적도 방향도 없이 닥치는 대로 헤매고 다녔다.**
>
> […] 대체 무슨 미치광이 같은 격정에 사로잡혔기에 이 손님들은 도무지 멈출 줄을 모른 **채 내쳐 달리고만 싶어하는 것인지** […]. (제3부 제1장, 354~356쪽)

얼핏 보면 달리거나 멈추거나 내려가거나 오르거나 하는 등 마차가 움직이는 모습, 그리고 마차가 지나치는 장소와 이동의 양태에 관한 표면적인 묘사이다. 그러나 묘사의 구성과 "쑥 들어갔다" 등의 표현을 보면, 마차에 관한 묘사는 사실상 마차 안 두 남녀가 벌이는 정사 장면을 은유적으로 표현한 것이다. 이러한 점이 소설 『마담 보바리』가 가진 묘사의 탁월함이다.

이런 묘사 방식은 등장인물의 내면을 드러내주기도 한다. 결혼 후 엠마는 지극히 평범하고 무감각한 남편과 변화 없는 생활로 인해 심한 권태를 느낀다. 소설에서 읽었던 낭만적인 환상과 꿈꾸었던 사랑, 행복은 어디에도 없었다. 그래서 저 멀리 "너도밤나무 숲까지" 산책을 나가곤 하는데, 엠마를 통해 제시되는 숲 속 "버려진 외딴집" 풍경과 그녀의 행동에 관한 묘사를 보자.

> 그녀는 우선 지난번에 왔을 때와 무언가 달라진 것이 없는지 확인하려고 주위를 한 바퀴 둘러보았다. 변함없는 그 자리에 디기탈리스와 향꽃나무, 큰 돌들을 둘러싸고 있는 쐐기풀 덩굴, 세 개의 **창문을 따라서 덮인 이끼**가 그대로였다. **항상 닫혀 있는 창의 덧문은 녹슨 쇠창살** 위에서 삭아 떨어질 듯이 걸려 있었다. 그녀의 상념은 처음에는 아무런 목적도 없이, 마치 그레이하운드 **강아지**가 들판에서 원을 그리며 뱅뱅 돌기도 하고, **노랑나비**를 쫓아가며 짖어대기도 하고, **들쥐**를 사냥하기도 하고 혹은 보리밭 가의 **개양귀비**를 물어뜯기도 하듯이, 무작정 떠돌기만 했다. 이윽고 생각이 조금씩 한 곳에 머물게 되자 그녀는 잔디 위에 앉아 **양산** 끝으로 잔디를 콕콕 찌르면서 마음속으로 되풀이했다.
>
> 〈맙소사, 내가 어쩌자고 결혼을 했던가?〉 (제1부 제7장, 69~70쪽)

"창문을 따라서 덮인 이끼"며 "항상 닫혀 있는 창의 덧문"이 "녹슨 쇠창살 위에서 삭아 떨어질 듯이 걸려 있는" 모습은 변화 없고 권태로운 엠마의 내면을 그대로 상징하고 있다. 객관적인 사물의 묘사를 엠마의 시각으로 표현함으로써 엠마의 내면을 드러내는 것이다. 굳이 프로이트를 빌리지 않더라도 이 장면에서 제시된 외딴집, 항상 닫혀 있는 창문, 창문을 따라서 덮인 이끼, 창문의 녹슨 쇠창살 등은 인간의 내면 혹은 욕망과 그것의 억압된 상태를 상징함을 알 수 있다.

계속된 묘사에서 엠마의 상념은 "아무런 목적도 없이" "무작정 떠돌기만" 한다. 이 작품을 계속 읽어 가노라면 여기서 묘사된 사물들(강아지, 노랑나비, 들쥐, 개양귀비, 양산)은 엠마 자신(강아지), 엠마의 욕망(양산), 무도회에서 만난 자작이나 파리로 떠난 레옹(노랑나비 = 떠나가 버린 꿈), 용빌 마을에 정착하고 있는 로돌프(들쥐), 마차와 호텔에서 광적인 정사에 빠지는 레옹과의 불륜(개양귀비) 등을 상징하고 있다. 이 모든 사물들에 관한 묘사는 그러니까 앞으로 엠마가 저지를 불륜의 과정을 은밀하게 상징하고 있는 유전자인 셈이다.

3.2. 묘사된 서술 : 자유간접화법

소설을 읽을 때 주의를 기울여야 할 사항은 '누가 말하는가?' (서술, 내래이션)와 '누가 보는가?' (초점화)이다. 이 둘의 조합을 잘 살펴야 한다. 『마담 보바리』의 경우, 등장인물이 대상을 보고 그것을 등장인물이 아닌 3인칭이 서술하는 경우가 거의 대부분이다. 이를 내적 초점화(focalisation interne)라고 한다. 이 경우 대상을 바라보는 시점이 등장인물의 시점이기 때문에 3인칭 서술자의 주관은 개입되지 않는다. 그 대신 묘사를 통하여 등장인물의 내면을 쉽게 드러낼 수 있는 장점이 있다.

그리고 또 등장인물의 대사까지도 묘사로 볼 수 있다. 소설사 최초로 『마담 보바리』에서 사용된 자유간접화법이 그 대표적인 경우이다. 위의 인용을 계속 따라가 보자. 대충 읽어 넘어가는 독자라면 발견하기 어려울 것이다.

그녀는 우연의 짝맞춤으로 누군가 딴 남자를 만날 도리는 없었을까를 **자문했다**. 그리고 [⋯] 알지 못하는 그 남편은 어떤 모습이었을까를 **상상해** 보려고 애썼다. 과연 어느 누구도 저 남자[남편 샤를르 보바리]와는 닮지 **않았다**. 그는 미남이고 재기발랄하고 품위 있고, 매력적인 사람이었을지도 **모른다**. 옛날의 수도원 친구들이 결혼한 상대는 정녕 모두 그럴 것임에 **틀림없다**. 그녀들은 지금 무엇을 하고 **있을까**? 도회지에 살면서 거리의 소음, 극장의 술렁거림, 무도회의 광채를 만끽하면서 가슴이 터질 듯하고 관능이 활짝 피어나는 생활을 하고 **있는 거다**. [⋯] 그녀는 상장 수여식 날 자그마한 관을 받기 위해 단 위에 올라가던 시절을 **회상했다**. [⋯] **그 모든 게 얼마나 아득한 옛날인가! 얼마나 아득한 옛날인가!** (제1부 제7장, 70~71쪽)

여기서 자유간접화법은 '자문', '상상', '회상' 등의 징표에 의해 예고된다. 이 예고의 대상은 등장인물의 서술―대사로서, 직접화법 혹은 간접화법으로 제시될 수도 있다. 직접화법은 3인칭 서술자가 등장인물의 대사를 직접 인용하여 제시함으로써 인물의 주관성을 그대로 살려둔다. 이때는 인물과 서술자 사이에 거리가 생긴다. 이에 비하여 간접화법은 3인칭 서술자가 인물의 대사를 자기의 것으로 받아서 소개하는 형식이다. 이때는 인물의 주관성은 사라지고, 그 대신 서술자의 객관성이 확보된다. 인물은 사라지고 서술자만 남는 것이다.

그런데 자유간접화법은 이 둘 모두를 거부한다. 대사를 간접적으로 인용하여 소개하면서, 동시에 인물의 주관성을 살리는 방식을 채택하기 때문이다. 그래서 흔히 느낌표, 물음표, 서술의 시제[여기서는 현재] 등이 그대로 남아 있다. 그것은 3인칭 서술자가 대사를 묘사하는 방식이다. 인물의 직접적인 대사까지도 3인칭 서술자가 묘사하는 대상으로 편입시키는 것이다. 그래서 외딴집이나 사물들(강아지, 노랑나비, 들쥐, 개양귀비, 양산)에 관한 묘사는 곧 권태에 짓눌린 엠마의 내면적 묘사가 되는 것이다. 이런 과정을 통해 서술자와 인물, 인물과 독자, 서술자와 독자 사이의 단절이 지워지고, 이들은 내면화된 묘사 속에서 친밀성을 확보하게 된다.

4. 『마담 보바리』의 등장인물

4.1. 등장인물의 제시와 서사구성 방식

한 여인의 불륜을 다루고 있는 이 작품의 서사구성은 매우 단선적이다. 이는 등장인물의 시선과 밀접한 관련이 있다. 작품을 도입하는 인물은 '우리들'이며, 그들 중 한 명인 제3자가 샤를르 보바리를 보여준다. 이어 샤를르 보바리의 눈을 통해 '엠마'가 독자에게 소개된다. 이제 소설은 엠마의 눈을 통해 그녀 주변의 세계, 약사 오메나 포목상이자 고리대금업자인 뢰르, 집들, 성관과 마을, 마을 사람들, 그녀의 정부들 등등을 독자에게 보여준다. 물론 때때로 레옹, 로돌프, 오메 등의 시각으로 세계가 소개되기도 한다. 엠마가 죽고 난 이후, 시선은 다시 샤를르에게로 돌아온다. 그의 눈을 통해 죽은 엠마와 세계를 보는 것이다. 그리고 소설의 마지막 시선은 다시 '우리들'에게로 돌아온다. 이는 명시적이지 않다. 단지 소설의 마지막 몇 단락에서 현재시제가 사용된 세 개의 문장을 통해 이를 유추할 수 있다.

이처럼 시점의 이동이 이 작품의 전체적인 구성을 이루고 있다. 그런데 그 진행은 매우 점진적이고, 또한 지극히 사실적이며 심리분석적인 묘사로 가득 차 있다. 그리고 시점이 외부 세계인 우리들에서 엠마에게로 옮겨가는 과정에 따라 점차 내면적 깊이가 더해진다. 이 작품은 "이처럼 〈밖에서부터 안으로, 표면으로부터 심장부로, 무심한 관찰로부터 공감어린 이해로〉 점점 침투하는 시선의 운동에 따라 배열되어 있다."

그런데 등장인물을 제시하는 서술 방식이 특징적이다. 서술자는 등장인물들에 관하여 설명하지 않고 먼저 보여준다. 인물이 위치한 장소와 환경을 세세하게 그려가며 그 가운데 있는 인물을 슬그머니 보여준다. 그래서 흔히 인물들이 사물처럼 묘사된다. 주변인물뿐만 아니라 중심인물들도 그러하다. 또한 서술자는 등장인물의 성격을 한꺼번에 제시하지 않는다. 이

점이 이전의 소설들과 전혀 다른 특징이다.

예를 들면 샤를르의 눈을 통해 보여주는 엠마의 모습이 그러하다. "세 폭의 밑자락 장식이 달린 푸른색 메리노 모직옷 차림의 한 젊은 여자"는 부엌의 집기들 속에서 마치 그 집기들 중의 하나처럼 묘사된다. 이런 그녀는 한꺼번에 설명되지 않는다. "손톱", "손", "손가락", "갈색이었는데도 눈썹 때문에 새카맣게 보이는" 눈 그리고 "언제나 잘근잘근 깨물곤 하는 입술의 도톰한 속살"을 보고난 한참 후 독자는 겨우 엠마 루올이라는 이름만을 듣게 된다. 계속하여 "목", "머릿결", "가르마", "두개골 곡선", "양쪽 귀", "관자놀이", 장밋빛의 "두 뺨"으로 그려지는 엠마는 결코 전체적 인간 혹은 성격으로 제시되지 않는다.

이렇게 표면적이며 파편적으로 제시된 인물은 서사의 진행에 따라 조금씩, 아주 점진적으로 내면을 드러낸다. 그것도 묘사를 통한 은유라는 간접적인 방식을 통해서이다. 한 예로 샤를르 보바리와 엠마가 단 둘이 리큐어를 마시는 모습에서 "그녀는 예쁜 이빨들 사이로 혀끝을 내밀어 컵 밑바닥을 몇 번씩이나 날름거리며"(제1부 3장, 39쪽) 핥는 장면이 나온다. 이러한 묘사가 시골 생활의 권태에 짓눌린 엠마의 내면적 욕망의 은유라고 짐작 되는 것은 한참 뒤 긴 불륜의 여정을 통하여 점차 드러난다. 작품의 끝부분에 가서야 비로소 서술자는 처음의 묘사에 관한 명확한 설명을 제시한다. 파산을 모면하려고 자신을 버린 로돌프를 찾아간 "엠마[를] […] 발정난 고양이보다 더 아양을" 떠는 모습으로 묘사하는 것이다(제3부 8장, 447쪽).

인물에 관한 이러한 점진적이고 과장적인 묘사, 그리고 파편화된 인물을 이해하기 위하여 독자는 마치 퍼즐을 맞추듯 서사의 진행에 따른 순간순간의 부분들을 하나의 전체로 끼워 맞추어야 한다. 독자의 분석적 참여를 요구하는 것이다. 이전의 소설 독자들에게 요구되었던 것이 글 읽는 능력과 약간의 감수성이었다면, 플로베르는 독자의 자발성과 능동적 분석을 요구한 것이다.

이러한 형태의 글쓰기는 근대라는 시대의 사유방식과 관련이 있다. 근대적 사유방식에 걸맞게 이 작품에 나타난 묘사는 지극히 객관적이고 냉정하고 정확하게 표현되고 있다. "예술은 개인적 감정과 예민한 감수성을 초월해야 한다. 이는 예술에 감정을 개입시키지 않는 방법과 물리학의 정확성을 부여할 때 가능하다."고 플로베르는 단언했다. 그러니까 이러한 인물의 제시와 서사의 구성방식은 플로베르의 예술관이 구체화된 결과이다.

그의 사실주의 예술관은 이 작품의 많은 부분을 이해하게 해주는 열쇠이다. 의사의 아들이었던 그는 자연과학적인 방법을 추구했다. 그것은 근대의 실증적 사고, 종교적 회의주의와 사회적 불안정, 도덕적 가치의 불확실성 및 상대성 등과 하나의 스펙트럼을 형성한다. 이와 같은 배경이 『마담 보바리』의 등장인물이 이전 소설과는 다르게 지극히 시각적으로 묘사되는 원인이다. 근대의 인간은 이제 더 이상 전형적이지도, 관습적이지도, 본성적이지도 않다. 따라서 『마담 보바리』의 등장인물들은 독특하며, 상황적이며, 순간순간 부분적으로 드러나는 파편적 특성을 가지고 있다. 작가는 이러한 방식으로 그들을 객관적으로 보여주기만 하는 것이다.

그래서 서술하는 목소리는 단순한 기록으로, 혹은 사건 스스로의 흐름으로, 결국에는 서술자의 주관이 완전히 배제된 탈인격화된 무미건조한 목소리로 남는다. 이야기를 통하여 무엇을 들려주는 것이 아니라 보이는 대로 순간순간 그려주는 것이다. 이것은 그 이후 많은 현대소설의 특징이 된다. 작가에 의해 설명되지 않고 묘사를 통해 단순히 보여주는, 그래서 독자들이 그 조각들을 스스로 끼워 맞추고 해석해야 하는 현대소설의 인물들과 서사구성 방식이 여기서 최초로 탄생한 것이다.

이러한 등장인물의 제시와 이에 따른 서사의 배치는 어떤 기능을 가질까? 그것은 사실주의적 객관화와 관련이 있다. 외부로부터 아주 자연스럽게 엠마라는 한 인간의 내면으로 들어가고 그 내부의 구조를 샅샅이 탐험하고, 그녀의 눈을 통해 세계를 관찰하며, 또한 그 내면으로부터 슬쩍 아무렇지도 않은 듯 무심하게 벗어날 수 있는 장치로 기능하기 때문일 것이다. 그렇다면 플로베르는 이러한 탐험을 통해 '무엇을' 바라보았을까? 등장인물들을 통하여 그 실마리를 찾을 수 있다.

4.2. 근대의 군상들

이 작품에 등장하는 주요 인물들은 모두 근대인들이다. 소설의 토대를 이루는 배경과 소재가 법률[공증인]·학교·의료 등 사회 시스템과 합승마차, 공장, 어음 등 근대 산업사회의 모습을 그대로 담고 있기 때문이다. 또한 농사 공진회에서 관리들이 내뱉는 연설 내용은 앞서 살펴본 것처럼 진보, 과학, 이성, 효용 등 근대적 사유의 근간을 이루고 있다. 이제 그 인물들을 하나씩 만나보자.

엠마는 "횃불을 환하게 켜고서 자정에 결혼식을 하고 싶은" 낭만적인 처녀다. 그녀는 수녀원에서 소녀시절을 보냈다. 그곳에서 "한결같은 사랑, 사랑하는 남녀, 쓸쓸한 정자에서 기절하는 박해받는 귀부인, 역참에서 살해당하는 마부들, 페이지마다 쓰러지는 말들, 어두운 숲, 마음의 혼란, 맹세, 흐느낌, 눈물과 키스, 달빛 속에 떠 있는 조각배, 숲속의 밤꾀꼬리, 사자처럼 용맹하고 어린 양처럼 부드럽고 더할 수 없는 미덕의 소유자로서 언제나 말쑥하게 차려입고 물동이처럼 눈물을 펑펑 쏟아내는 신사들"이 넘쳐나는 책 속에 파묻혀 살았다. 이는 그녀가 "감상적인 현실의 매혹적인 환영"을 욕망하게 된 근본적인 원인이다. 그래서 프티 부르주아인 엠마는 자신의 현실에 도저히 어울릴 수 없는 환상과 공상을 키워내고 스스로 그 포로가 된다. 한마디로 그녀는 낭만적 허영의 화신이 된 것이다.

"그녀는 라마르틴느 같은 몽상의 곡절 속으로 빠져들었고 호수 위에서 퉁기는 하프나 빈사의 백조가 들려주는 모든 노래, 모든 낙엽 지는 소리, 승

천하는 청순한 처녀들, 그리고 골짜기에서 울려오는 '영원'의 목소리에 귀를 기울였다."

그러니까 그녀는 "장식해 놓은 꽃들 때문에 교회를 사랑하고, 연애 이야기하는 가사 때문에 음악을 사랑하고, 정념을 자극하는 맛 때문에 문학을 사랑"하는 인물이다. 그러나 이런 기질로 인해 그녀는 자신이 처한 현실과 남편에 대해서 지독한 권태를 느낀다. 이 권태의 탈출구가 바로 불륜이다. 그리고 이 불륜은 그녀를 철저히 타락시킨다.

이제 그녀의 생활은 이룰 수 없는 환상을 위한 불륜과 사치와 허영과 거짓말로 가득 차 있다. 이런 그녀의 현실은 경제적 파산을 초래한다. 서술자가 종부성사에서 묘사한 그녀의 마지막 모습은 그녀의 타락한 인생을 적어 놓은 이력서가 된다. 이처럼 그녀를 자살로 몰고 간 요인은 사랑이 아니라 경제적 파산이라는 점에서 그녀는 근대의 제물인 것이다.

그녀의 남편 샤를르 보바리는 소설의 도입부에서 '우리'를 통해 소개되는 지극히 평범한 중학생이다. 그의 어머니가 모든 것을 결정한다. 그는 둔감하고 평범하며 감성도 없으며 수동적이고 또한 별로 아는 게 없다. "거리의 보도처럼 밋밋한" 사람이다. 그는 습관에 따라 살아가는 지극히 소심한 의사인 것이다. 또한 지극히 멍청하다. 자신의 아내가 불륜을 저지른 사실도 모른 채 평생을 살아가고, 아내의 정부들에게 비굴하기까지 한 인물이다. 심지어 엠마가 죽고 난 뒤 그녀의 정부였던 레옹 뒤피가 결혼을 하자 "가엾은 나의 아내가 살아 있었다면 대단히 기뻐했을 것"이라고 편지를 쓰는 무감각한 사람이다. 그리고 그는 언제나 "잠자리에 들어가 벌렁 코를" 골거나 "문에 기대어 반쯤 졸고" 있다. 무도회건, 마차 안이건, 집안이건, 이웃 약사 오메의 집이건 그는 늘 그런 모습이었다. 결국 아내가 정부들과 바람을 피웠던 자신의 집 덩굴시렁 아래의 통나무 벤치에 앉아서 잠든 듯 죽는다. 이런 그는 엠마의 내면에서 끊임없이 다른 남자들과 비교된다. 엠마가 꿈꾸는 낭만적 사랑과 소설 속 남성의 모습과는 정 반대인 평범하고 권태로운 소시민인 것이다. 이런 그의 모습에 엠마는 권태를 느낀 것이다.

약제사 오메는 보바리 부부가 새로 이사하여 개업한 마을인 용빌의 터줏대감이다. 진보와 과학 사상으로 무장된 그는 종교를 비웃는다. 언제나 유식한 체하는 그는 어느 누구에게나 과학 이론이나 라틴어 등을 인용하는 떠벌이이기도 하다. 그는 이기적인 "아첨꾼"이며, "평소의 신조를 내던진 채, 보다 중요한 장사의 이익을 위해 체면을 희생"하는 현실적인 사람이다. 다른 한편 그는 언론[지방 신문]을 이용하여 장님 거지를 수용소로 보내기도 하는 등, 비열하고 계략에 능한 인물이기도 하다. 명예[훈장]를 위해 권력에 접근하는 그 역시 엠마처럼 "몸을 팔고 지조를 버린" 인물이다. 그는 플로베르가 철저히 저주하고 신랄하게 조롱했던 19세기 중엽의 프티 부르주아의 상징이다. 그러니까 그는 사상과 태도의 측면에서 전형적인 근대인인 것이다.

포목상이자 고리대금업자인 뢰르는 엠마를 경제적으로 파산시킨 인물이다. 그는 공증인과 결탁하여 어음을 이용해서 이미 용빌 마을의 '까페 프랑세'를 파산시킨 경력이 있다. 엠마의 내면에 꿈틀거리는 사치와 허영을 간파한 그는 외상으로 엠마에게 물건을 제공하면서 "옳지 걸려들었구나."를 외치는 계략적인 상인이다. 그는 어음을 이용하여 더 많은 이익을 취하려고 "결코 대금을 청구하는 법이" 없다. 그는 결국 엠마를 "그의 도움 없이는 아무것도 할 수 없게" 만든다. 엠마의 불륜을 목격하고 그것을 대금 청구에 이용하는 비열한 상인인 그는 경제의 관점에서 근대인의 전형으로 설정되고 있다.

그러면 플로베르는 『마담 보바리』의 등장인물들을 통해 근대의 '무엇을' 보여주려 했을까? 산업화, 도시화, 개인화, 자본주의… 흔히들 언급하는 근대의 현상들이다. 이 현상들이 근대라는 기호의 기호표현이라면, 그 기호내용은 근대적 인간의 내면적 스펙트럼을 형성한다. 『마담 보바리』에 등장하는 인물들이 바로 그 스펙트럼을 보여주고 있는 것이다. 그것은 바로 근대가 만들어낸 인간의 욕망이다.

5. 『마담 보바리』와 근대적 욕망의 구조

소설은 사회를 반영하는 거울이다. 『마담 보바리』에는 그 시대의 시각 중심적 사유가 그대로 투사되어 있다. 프랑스의 소설가 발자크(Balzac)는 이 사실을 정확히 꿰뚫어 보았다. "나는 17세기와 18세기 문학의 방법으로 근대사회를 묘사하는 것은 불가능하다고 생각한다. 나는 그림, 이미지, 묘사, 그리고 회화에서 극적인 요소의 사용이 근대작가들에게 필수적인 것이라고 생각한다."

19세기와 더불어 근대가 시작되면서 소설이 문학 장르의 중심을 차지한다. 시각적 묘사와 관련되는 서사구성은 근대 이후 확립된 글쓰기의 특성과 밀접한 관련이 있다. 근대는 다름 아닌 시각의 시대인 것이다.

르네상스의 원근법은 시각의 질서에 관한 근대적 사유라는 거대 담론의 출발점이다. 또한 뉴턴의 물리학은 광학에서 출발하였다. 뿐만 아니라 그는 관념적 가설의 제1원리로 신을 격하시켰다. 데카르트가 우주의 중심으로 이성적 주체를 선언한 이후, 대상과 분리된 주체는 그 분리된 거리를 시각으로 메워야 했던 것이다. 그런데 이 땅 위에서의 주체와 대상의 분리, 그것의 시각적 거리는 다름 아닌 결핍의 다른 이름이다.

결핍은 욕망의 발생론적 원인이다. 이러한 욕망에 관한 사유는 고전 철학의 시대로 거슬러 올라간다. 플라톤이 희극작가 아리스토파네스의 입을 통해 전하는 욕망은 '총체인간(혹은 양성동체 hermaphroditos) 서사'를 통해 설명된다. 즉 총체인간의 분리는 현재의 인간에게 결핍을 부여한 근본적인 이유이다.

본래 하나였던 자신의 반쪽을 되찾고자하는 욕망이 사랑 즉 에로스이다. 그런데 이 서사가 전하는 에로스의 출생 비밀이 욕망의 본성을 규명해 주고 있다. 에로스는 풍요의 남성신 포로스와 빈곤의 여성신 페니아 사이에서 태어났다. 이러한 출생의 한계로 인하여 에로스는 근본적으로 충족과 결핍 사이를 끊임없이 오간다. 이런 에로스를 로마인들은 큐피드, 즉 욕망이라 불렀다. 헤겔은 "욕망은 언제나 충족을 한 발 앞서 간다"고 했다. 바로 헤겔이 말한 "인간학적 저주"이다.

근본적으로 이러한 욕망은 인간에 내재되어 있는 존재론적 결핍 상태 혹은 근원적 결핍 상태에서 비롯된다. 그래서 플라톤의 고전적인 욕망은 본성적인 것, 존재론적인 것이다. 또한 욕망의 발생론적 근원, 즉 결핍의 대상은 본래 자신의 것이었다. 따라서 그것은 자기 회복을 위한 자기애적 혹은 자기목적적 에너지이다.

5.1. 보바리슴

이처럼 세계와 주체가 분리되기 전의 욕망은 그 근원이 '총체' 즉 하나였음에서 시작되었다. 그러나 세계와 주체가 분리된 근대에 접어들면 욕망은 그 성질을 바꾼다. 신을 폐기시킨 인간의 욕망은 이제 고향인 하늘, 즉 존재의 근원을 향한 것이 아니다. 이제 인간은 발 딛고 있는 이 땅위에서 자신의 욕망을 만들어낸다. 존재론적 욕망이 사회·경제적 욕망으로 대체되는 것이다. 이를 '근대적 욕망'이라 하자.

근대적 욕망은 더 이상 자기애적 에너지가 아니다. 그것은 주체가 대상을 직접 욕망하는 것이 아니라 또 다른 모방의 대상을 통해 간접적으로 욕망의 대상을 설정하는 메커니즘이다. 르네 지라르가 명명한 "삼각형의 욕망"이 그것이다. 이러한 간접화된 욕망의 징후는 르네상스 이후 포착된다. 한 시대의 문학이 그 사회의 가장 민감한 성감대라면, 근대의 여명기에 세르반테스의 『돈키호테』는 욕망이 간접화된 징후를 담고 있는 최초의 작품이다.

이상주의자 돈키호테는 이상적인 방랑 기사가 되기를 욕망한다. 그러나 그 욕망은 스스로의 내부에서 발생한 것이 아니다. 그것은 공상과 꿈의 세계를 그린 당시 유행하던 기사소설에 등장하는 전설적 가공인물 아마디스를 통해 암시 받은 욕망이다. 그의 시종인 산초 빤사의 경우도 마찬가지이다. 아무것도 몰랐던 산초 빤사도 주인인 돈키호테를 중개자로 자기의 왕국이 될 섬과 자기 딸이 공작부인 칭호를 가지길 욕망한다.

엠마 보바리는 "치마 입은 돈키호테"이다. 그녀는 삼류 소설, 무도회, 유행잡지 등에서 본 모든 것을 모방하는 낭만적 허영의 화신이다. 그것을 중개로 그녀는 귀부인이나 사교계의 여왕을 꿈꾼다. 이처럼 욕망은 간접화되어 있다. 간접화에 의한 환영은 그녀 내부에 있는 모든 자연발생적 성질을 파괴한다.

그래서 엠마는 위선 혹은 자기기만적 태도를 통해서 자신이 중개자를 모방하고 있다는 사실을 감추고 있다. 또한 엠마라는 욕망의 주체는 수녀원 친구들, 무도회의 귀족 부인들 혹은 파리 사람이라는 중개자와 경쟁관계에 놓여 있다. 그리고 남편과 권태로운 시골 생활을 핑계로 그 모든 욕망의 중개자가 필요한 것이 자신 때문이 아니라 자신의 바깥으로 부터 비롯되었다고 믿는 것이다. 그러니까 엠마 보바리가 돈키호테와 다른 점은 중개자를 모방하는 방식인 것이다. 이를 한마디로 요약하면 '낭만적 허영'이다.

'낭만'은 개성, 주관, 내면의 감정에 충실함 등을 가리키는 말이다. 그러나 '허영'이란 모방과 흉내 내기의 다른 이름이다. 따라서 '낭만적 허영'은 모순된 개념이다. 그것은 자기기만이며, 엠마라는 인물의 성격이 다면

적이며 분열적인 근본 이유이다. 이는 또한 세르반테스의 돈키호테보다 플로베르의 "치마 입은 돈키호테"가 훨씬 더 비극적이고, 파편적이고, 신경병적인 이유가 된다.

이처럼 간접화된 욕망, 그것도 내면적으로 간접화된 욕망은 엠마에게 낭만적 환영으로 나타난다. 그것은 감성적인 프티 부르주아의 현실에 전혀 어울리지 않는 욕망이다. 여성적 낭만주의에 대한 풍자는 과학과 진보 사상이 지배적이던 이 소설의 시대적 배경과 관련될 수도 있다. 그러나 "보바리 부인은 바로 나 자신"이며, "프랑스의 스무 개 도시에서 불쌍한 나의 보바리 부인들이 고통스러워하며 울고 있다."고 플로베르 스스로 절규했다. 그렇다면 이 욕망은 플로베르가 자신에 대한 관찰을 통해 얻어낸 보편적인 인간의 심층적 결점일 수도 있다. 다가갈 수 없는 환영 속의 행복을 꿈꾸고, 자신이 환상 속에서 모방하고자 하는 인물이 바로 자신이라고 믿는 인간의 심리적 경향을 플로베르는 『마담 보바리』를 통해 보여주려 했던 것이다. 인간의 이 위험한 환상 능력을 비평가들은 보바리슴이라 불렀고, 이는 이제 우리 한국어에서도 보통명사가 되었다. *보바리슴(bovarysme 프)명. 자기를 현실의 자기가 아닌, 분수 이상의 존재로 인식하는 정신작용. [플로베르의 소설 '보바리 부인'의 여주인공의 성격에서 유래함.](동아 새국어 사전, 두산 동아).*

5.2. 근대적 욕망의 현실인식 메커니즘 : $E=mc^2$

근대적 욕망은 내재적 욕망, 혹은 존재론적인 욕망이 아니다. 그것은 근대라는 사회가 만들어낸 욕망이다. 주체의 외부, 그러니까 중개자로부터 암시받은 "삼각형의 욕망"이다. 그런데 이렇게 간접화된 욕망은 간접화의 성질, 즉 중개자의 성질에 따라 주체가 처한 현실을 자신의 욕망과 관련하여 변형시킨다. 엠마의 현실 인식이 형성되는 과정에서 이를 확인할 수 있다.

3류 낭만주의 소설을 탐닉했던 그녀에게 보비에사르 성관의 무도회는 평소 소설 속에서 보았던 동경의 세계가 이 지상에 펼쳐진 경우였다. 자작과의 왈츠는 그야말로 꿈의 실현이었다. 그런데 이 무도회에서 추하게 식사를 하고 있는 늙은 노인을 우연히 목격한다. 그 노인은 공작이며, 한때 마리 앙트와네트의 애인으로 궁정의 연애를 주도했다는 사실을 알게 된다. 그 순간 늙고 추한 노인임에도 불구하고 "엠마의 눈길은 무의식중에 특별하고 고귀한 그 무엇에 끌리듯 이 입술이 처진 노인 쪽으로 자꾸만 쏠리는 것이었다. 그는 궁정에서 살았었고 왕비들의 침대에서 잔 것이다!' 풍문으로 들은 인물의 찬란한 과거를 상상함으로써 엠마의 현재—현실은 채색되고 굴절된다. 엠마가 보는 것은 이처럼 현실이 아니라 자신이 키워낸 낭만적 환상이다. 그 결과 "설탕가루까지도 다른 데 것보다 더 희고 더 보드라워" 보이는 것이다.

이처럼 엠마의 상상은 상류 사회에 관한 환상으로 연결된다. 그 환상은 중개자에 의해 만들어지는 것이다. 이 같은 관점에서, 만약 엠마가 낭만적인 소설 속 여주인공들이나 보비에사르 무도회 등을 중개자로 모방하지 않았더라면, 현실의 레옹이나 로돌프와 같은 시골 남자를 낭만적인 인물로 오해하지 않았을 것이다. 그 과정을 농사 공진회에서 처음 대면한 로돌프의 경우를 통해서 자세히 살펴보자.

시청사 2층 빈 회의실이다. 로돌프는 엠마에게 접근한다.

그는 [···] 그녀를 뚫어지게 쳐다보고 있었다. 그녀는 [···] 심지어 그의 머리칼에 윤이 나도록 바른 포마드 향내까지도 맡을 수 있었다. 그러자 온몸이 나른해지면서 보비에사르에서 왈츠를 함께 추었던 자작 생각이 났다. 그의 턱수염에서도 이 머리칼 냄새와 똑같은 바닐라와 레몬 냄새가 풍기고 있었다. 그러자 기계적으로 그 냄새를 좀더 확실하게 맡아보려고 그녀는 눈을 지그시 감았다. [···] 그녀는 아직도 샹들리에 밑에서 자작의 팔에 안겨 왈츠를 추고 있는 것 같았고 […] 그 냄새의 감미로움이 이렇게 과거의 욕망들 속에 스며들었고 그 욕망들은 […] 그녀의 영혼 위로 퍼져나가는 향기의 미묘한 숨결 속에서 소용돌이쳤다. (제2부 제8장, 213~214쪽)

로돌프는 엠마가 꿈꾸는 대상―욕망의 중개자가 아니다. 자신이 욕망의 대상으로 설정했던 귀부인이 되었다는 환상을 심어준 중개자는 무도회, 그리고 함께 왈츠를 추었던 자작이었다. 이제 욕망의 중개자였던 무도회와 자작이 로돌프라는 현실을 채색시킨 것이다. 다시 말하면, 중개자의 특성이었던 무도회의 향기를 로돌프의 포마드 냄새에서 발견할 수 있었기 때문에, 로돌프라는 남자―현실에 대한 환상이 가능한 것이다. 중개자의 자질을 암시하는 현실이 중개자 자체로 착각된다는 것이다.

이러한 사실은 엠마에게 있어 남편과 정부가 상대적으로 파악된다는 사실에서도 드러난다. "사실 이 애정[로돌프에 대한]은 남편에 대한 혐오에 비례하여 하루하루 더해가는" 상대성을 보여주고 있는 것이다.

그리고 엠마에 있어 욕망의 중개자가 내포하고 있는 현실 왜곡의 상대적 진폭은 극단적이다. 우선 그녀는 자신에게 일어나는 모든 불행의 원인이 근본적으로 권태로운 남편 샤를르라고 생각한다. 마차를 타고 토트에서 용빌로 이사올 때 생긴 작은 사건이 이를 잘 보여준다.

제1부가 끝나는 지점에서 이 사건은 길게 서술되고 있다. 그것은 엠마가 권태에 짓눌려 숲속으로 산책할 때 데리고 갔던 강아지와 관련이 있다. 강아지는 엠마의 은유였다. 이제 토트를 떠나 용빌로 이사하는 엠마는 저 넓은 들판으로 도망치는 강아지인 것이다.

오늘은 뜻하지 않은 말썽이 생겨서 좀 늦어졌다. 보바리 부인의 강아지가 들판으로 도망을 쳐버린 것이다. 사람들은 십오 분이 넘게 휘파람을 불어대며 찾아다녔다. […] 그러나 결국 가던 길을 계속 갈 수밖에 없었다. 엠마는 울기

도 하고 화를 내기도 하면서 이 불행을 샤를르의 탓으로 돌렸다. (제2부 제1장, 118쪽)

그러니까 이 부분이 가지는 은유는 앞으로 용빌에서 벌어질 엠마의 욕망이 들판으로 도망친 강아지처럼, 그래서 다시는 돌아올 수 없는 것임을 암시하고 있다. 중요한 사실은 남편 샤를르가 그 원인이라는 것이다.

그런데 동일한 현실 속의 남편 샤를르이지만, 자신이 모방하고자 하는 중개자의 성격에 얼마나 가깝게 있느냐에 따라 그에 대한 인식은 극단적인 상대성을 가진다. 어느 날 약사 오메의 부추김과 아부에 넘어간 샤를르 보바리는 금사자 여관의 심부름꾼인 절름발이 이뽈리트의 다리를 수술하기로 결심한다. 이에 엠마도 적극 동의한다. 만약 수술이 성공하면 명성과 부가 생길 것이기 때문이었다. 수술이 막 끝나고 난 다음 이런 상상에 빠진 그녀는 남편 샤를르를 본다. 그러자 남편의 모습이 평소와 다르게 보이는 것이다.

그녀는 여태까지보다 더 건전하고 더 나은 새로운 감정을 맛보며 기분이 상쾌해지는 것이, 요컨대 자기를 아껴주는 이 불쌍한 사내에 대하여 어떤 애정을 느끼게 된 것이 기뻤다. 잠시 로돌프의 생각이 떠올랐다. 그러나 그녀의 눈길은 다시 샤를르에게로 돌아갔다. 놀랍게도 샤를르의 이빨이 그렇게 흉하지는 않다는 느낌이 들었다. (제2부 제11장, 256쪽)

이러한 과정은 엠마의 현실인식(보비에사르 무도회의 노공작, 로돌프, 그리고 남편 샤를르)이 환상 혹은 욕망 형성을 위해 어떻게 작동하는가를 보여준다. 꼭 같은 대상이라도 중개자의 성질을 얼마나 띠고 있느냐에 따라서 현실은 왜곡 · 굴절 · 채색 · 변형되어 상대적으로 인식된다는 것이다. 이것이 『마담 보바리』가 보여주는 근대적 욕망의 주체가 현실을 인식

하는 메커니즘, 그러니까 현실을 자신의 욕망과 연결시켜 해석하려는 심리
적 메커니즘이다.

　욕망의 중개자적 성질과 관련한 현실의 이러한 상대적 인식 메커니즘을
플로베르가 동경한 물리학의 방법론으로 설명해 보자. 우선 상대성하면 떠
오르는 공식이 하나 있다. 아인슈타인의 $E = mc^2$이 그것이다. ‘질량과 에
너지의 등가’ 라는 내용보다는 그것이 관계되는 메커니즘을 빌려오자는 것
이다. 문학작품을 분석하고 해석하는 것은 어떤 개별적인 특정한 주제나
내용, 혹은 현상을 파악하는 것에 그치는 것이 아니다. 중요한 것은 그것의
보편적 의미를 이해하는 것이다. 이런 점에서 에너지와 물질 현상을 종합
하여 보편성을 확보하고 있는 이 공식의 메커니즘이 의미 있을 것이다. 인
문학적 해석에서 궁극적으로 필요한 것도 바로 이러한 보편성의 확보이기
때문이다.

　먼저 ‘E’ 는 물리적 에너지가 아니라 엠마(Emma)로 상징되는 여성적 혹
은 환상하는 능력 즉 환상 에너지라 하자. 그리고 ‘m’ 은 질량이 아니라 엠
마가 만나는 현실 즉 남성성(masculinité) 혹은 물질성(materialité)이라 하자.
그리고 ‘c’ 는 빛의 속도가 아니라 엠마의 욕망과 관련된 중개자의 성질, 그
러니까 현실이 가질 수 있는 중개자의 상황(circumstance)이라 해보자. 현실
m은 변하지 않는다. 주어진 그대로일 것이다. 여기서 중요한 것은 중개자
의 성질을 가지는 현실의 상황 ‘c’ 의 범위이다. 그것은 다양하게 변화하며,
그 변화는 제곱으로 설정되어 있기 때문이다.

　그런데 『마담 보바리』에 나타난 중개자의 상황을 고려하면, 상황 ‘c’ 의
범위를 다음과 같이 설정해 볼 수 있다. 첫째, 상황이 중개자의 성질을 포
함하고 있는, 예를 들어 로돌프나 노공작의 경우를 ‘c)+1’ 이라 하자. 둘째,
상황이 중개자의 성질과 관계되지 않는 무덤덤한 일상적인 경우를 ‘$-1 \leq c
\leq +1$’ 이라 하자. 셋째, 상황이 중개자의 성질과 반대되는, 예를 들어 샤를

르의 경우를 'c<-1' 이라 하자. 그렇다면 엠마라는 환상 에너지, 혹은 욕망의 에너지는 다음과 같은 그래프로 표현된다(단지 권태나 증오 등의 욕망의 성취와 반대되는 상황을 위상적인 관점에서 시각화하기 위해, 2사분면의 그래프를 상황 선분 c를 기준으로 3사분면으로 대칭이동 시켜 표현하였다).

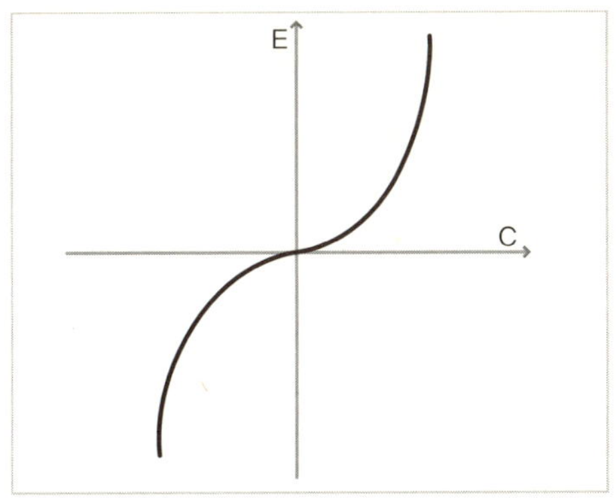

근대적 욕망은 욕망 그 자체가 아니라 결국 중개자의 성질에 따라 현실을 채색·굴절·왜곡·변형시키며, 그 상대적 진폭이 또한 엄청난 욕망의 에너지 편차를 초래한다는 의미로 해석할 수 있다.

6. 『마담 보바리』와 '지금, 여기, 우리'

150년 전, 일만 킬로미터나 떨어진 프랑스의 소설 한 편이 지금, 여기, 우리에게 의미할 수 있는 것은 무엇일까? 그것은 보편적인 근대의 인간에 관한 탐구이다. 그리고 이 탐구의 옳고 그름의 문제가 아니라, 근대를 살아가는 인간을 지극히 정확하게 기술했다는 것이다. 그런데 정작 더 중요한 것은 그 인간 탐구가 지금의 우리를 그 만큼 더 정확히 이해하게 해준다는 사실에 있다. 이러한 사실이 이 작품이 고전이 될 수 있는 이유가 된다.

플로베르의 말처럼, 『마담 보바리』의 인물 군상들은 우리 자신이다. 오늘날 우리의 관점에서 인물들을 해석해 보자. 그 속성이 오늘 우리들의 모습과 우리 시대의 사회·경제적 속성을 그대로 투영하고 있음을 알 수 있다.

엠마는 낭만적 허영과 사치의 화신이라는 점에서 패배한 근대인의 상징이다. 그녀는 환상에 빠져 현실을 제대로 인식하지 못하는 우리들이다. 그녀의 3류 소설이나 무도회는 오늘날 우리가 즐기는 드라마나 게임, 유행, 한 번씩 도취되는 사치스런 파티이다. 그 결과 그녀의 속물근성은 그대로 우리의 것으로 치환된다. 속물적 인간이란 자신 스스로의 판단을 도저히 믿을 수 없어, 외부로부터 암시 받은 욕망의 대상을 자신의 욕망으로 삼는다. 그 극단적인 예가 유행일 것이다. 엠마는 바로 우리의 이러한 속물근성을 심리적 깊이와 함께 드러내 준다. 그러니까 낭만적 허영을 쫓는 속물근성의 현대인은 모두 엠마 보바리의 후손들이다.

샤를르 보바리는 누구인가? 아무 생각 없이 습관으로 하루하루를 살아가는 우리들이다. 소심하고, 무감각하며, 수동적이다. 실패를 두려워하고, 아부에 약하며, 일밖에 모르는 현대의 소시민이다. 그래서 그는 또 다른 엠마가 된다. 엠마가 죽고 난 뒤, 그는 엠마를 위하여 엠마처럼 행동하고 살다 죽는 것이다. 그 또한 엠마처럼 패배한 근대인이다.

약제사 오메는 플로베르가 의식적으로 부여한 이름이다. 오메(Homais)는 호모(Homo)를 살짝 바꾼 이름인 것이다. 바로 근대의 보편적 인간 즉 근대인의 전형이다. 진보와 과학을 신뢰하며, 자신의 이익에 능란하고 계략적이며, 권력과 명예를 위해서는 지조도 버리는 지극히 현실적인 현대 소시민의 모습을 그대로 투영하고 있다.

마지막으로 플로베르는 뢰르라는 이름을 통하여 근대 자본주의의 특성을 그대로 비꼬고 있다. 뢰르(L' Heureux)는 행복[한 사람](The Happy)이라는 의미이다. 즉 플로베르는 돈이 행복이라는 근대의 속성을 인물의 이름을 통하여 먼저 드러내고 있는 것이다. 작품 속의 그는 이름값을 한다. 장사꾼이며 고리대금업자이기 때문이다. 그는 엠마와 같은 허영꾼에게 언제나 친절하고 아부한다. 그렇게 편안히 안심시키고 난 뒤, 조건 없이 외상을 준다. 그리고 자신의 자본 증식을 위하여 은밀히 어음을 마련하고 불륜을 약점으로 잡아 돈을 불린다. 결국은 엠마를 파산시킨다. 근대의 행복이 돈임을 적나라하게 드러내고 있는 그는 다름 아닌 바로 오늘날 우리의 신용카드, 아니 외상카드인 것이다.

이렇게 보면, 샤를르와 엠마 보바리는 한통속이다. 그들은 근대의 패배자들이기 때문이다. 오메와 뢰르도 한통속이다. 그들은 근대의 승리자들이기 때문이다. 이 승리자들의 이름, 오메와 뢰르를 합치면 무엇이 될까? 바로 돈의 인간 즉 Homo pecuniarius가 될 것이다. 그러나 이들 모두는 또다시 한통속이 된다. 근대의 패배자든 승리자든, 인간의 존재론적 욕망이 아니라 간접화된 근대적 욕망에 사로잡힌, 그래서 엠마와 오메처럼 "몸을 팔고, 지조를 버린" 위선과 허영에 빠진 속물적 인간들이기 때문이다.

그래서 이들은 바로 '지금, 여기, 우리' 들이다.

[더 생 각 해 볼 문 제]

1. 『마담 보바리』에서 묘사가 어떻게 등장인물의 내면 심리를 드러내는지 그 과정을 생각해 보자.

2. 『마담 보바리』의 구성이 인물 설정 및 시점(視點)과 어떻게 관련되는지 생각해 보자.

3. 오늘날 시장경제 체제에서 욕망이 간접화 되는 구체적인 과정을 드라마, 광고 등을 통하

여 생각해 보자.

보바리슴

플로베르의 소설 『마담 보바리』에서 주인공 엠마 보바리의 심리적 경향을 이르는 말로 프랑스의 비평가 쥘 드 고티에가 명명하였다. 보바리슴이란, 프티 부르주아가 자신이 처한 현실과는 전혀 어울리지 않는 낭만적 환상을 쫓는 현상을 의미한다.

삼각형의 욕망

르네 지라르가 『낭만적 거짓과 소설적 진실』에서 사용한 욕망의 분석 틀. "삼각형의 욕망"이란 주체의 내부에서 스스로 발생하는 욕망이 아니라 중개자에 의해 암시된 욕망을 의미한다. 이렇게 외부를 통해 간접화된 욕망은 주체가 중개자와 경쟁 관계에 있느냐 아니냐에 따라, 그리고 그 중개자를 모방한다는 사실을 감추느냐 공개하느냐에 따라 내면적 간접화와 외면적 간접화로 나눈다.

속물

스스로의 판단을 도저히 믿을 수 없기 때문에, 외부 혹은 타인으로부터 암시 받은 욕망의 대상을 자신의 욕망으로 삼는 사람들을 지칭하는 말. 속물이 따르는 대표적인 예가 유행이다. 속물은 허영과도 관련되는데, 허영이란 모방 혹은 흉내 내기다. 『마담 보바리』에 등장하는 인물들이 전형적인 속물들이다.

성과 권력의 정치학

상징적 권력과 아비투스
: 부르디외『구별짓기』

성의 억압과 해방의 대립을 넘어
: 푸코『성의 역사』

4

상징적 권력과 아비투스
: 부르디외 『구별짓기』

홍 성 민 | 동아대학교

부르디외의 저작, 특히 『구별짓기』를 읽고 이해하는 일은 일반 독자들에게 뿐만 아니라 전문적인 연구자에게도 대단한 인내력과 지적 긴장을 요구한다. 그의 문체가 워낙 난삽하고 방대하여 읽는 사람으로 하여금 혼동을 일으키게 하기 쉬우며, 그가 행간에서 다루고 있는 비판적 영역의 분량 또한 엄청나기 때문에, 사회과학이나 인문과학 분야에 심도 깊은 훈련이 되어 있지 않은 사람이면 그의 저작을 읽고 문제의식을 포착해 내기가 보통 어려운 것이 아니다. 따라서 독자들의 필요에 따라 부분 발췌를 하는 것이 유용하다.

그런데 이처럼 부분적으로 선택하여 그의 연구 성과를 접하는 경우에도 부르디외가 일관되게 사용하고 있는 핵심 개념에 대한 인식론적 탐색을 생략할 수는 없다. 만일 핵심 개념을 정확하게 이해하지 못한 채 그의 경험적인 작업을 읽다보면 도대체 그가 사용하고 있는 통계 자료나 현실 해석이 어떤 의미를 갖는지 명확해지지 않을 수 있기 때문이다. 이러한 필요성에 따르면 부르디외 학문의 핵심 개념은 크게 다음과 같이 세 가지 정도로 요약될 수 있다.

　1. 상징적 폭력(violence symbolique) ; 권력의 계보학

　2. 아비투스(Habitus) ; 주체와 욕망,

　3. 계급과 취향 ; 소비행위와 불평등.

물론 이들 개념 하나하나를 설명하는 것 자체가 서양 지성사를 전부 꿰뚫어야 하는 방대한 작업을 요구한다. 그러나 적어도 부르디외의 사회학 작업에 주목하여 그가 남긴 비판점과 그 현실적 대안을 그의 저작 『구별짓기』를 통하여 중점적으로 이해하려고 한다면, 이와 같은 세 가지 개념에 대하여 비교적 간결한 설명을 해볼 수 있을 것이다.

1. 상징적 폭력 ; 권력의 계보학

본 소절에서는 정치권력의 이론적 발달과정을 살펴보고, 이를 토대로 부르디외가 강조하는 상징적 폭력의 의미를 밝혀 보고자 한다. 정치권력에 대한 연구가 현실 적합성을 갖기 위해서 민주정치 체제의 위기를 분석하고 처방하는 데 논의를 집중하는 것이 바람직하다. 이러한 맥락에서 로버트 달(R. Dahl)의 저작 『민주주의』는 권력과 민주정치의 상호관계를 집중적으로 거론했다는 점에서 이 장의 화두로 삼을 만하다.

그는 민주주의를 "일련의 규칙과 원칙들을 고안하는 것, 즉 협회의 결정들이 어떻게 이루어져야 하는지를 규정하는 헌법을 입안하는 것이다."(동명사, 57쪽)라 정의 내리고 있다. 이 점을 통해 유추해 보면 달이 생각하는 정치권력이란 사회적 자원을 배분하는 방식과 깊게 연결되어 있다는 것을 알 수 있으며, 이때 그의 관심은 동등한 시민들이 자신들의 이익을 표현함으

로써 집단적 행동을 촉진시키는 분배 방식에 모아져 있다. 그가 제시하는 민주적 절차의 기준은 효과적 참여, 투표의 평등, 계몽적 이해, 의제의 통제, 성인들의 수용 등 다섯 가지인데(58~59쪽), 여기서 권력개념의 연구와 관련하여 '의제의 통제'라는 그의 기준을 좀더 심층적으로 논의해 볼 만하다.

이러한 달의 입장은 밀즈의 『파워 엘리트』에서 제시된 이른바 엘리트 권력모델을 비판하는 가운데서 다시 한번 반복된다. 밀즈는 파워엘리트를 미국 사회의 경제, 정치, 군사 세 가지 영역에서 고도로 집권화, 관료화되고 있는 제도의 지휘명령권을 행사하고 있는 사람들이라고 정의하면서, 미국 사회를 구성하는 권력구조의 최고위층에 대한 연구를 전개한 바 있는데, 그의 주장에 따르면 권력이란 권력 엘리트들 간의 위계적 서열구조를 갖는다(한길사, 1980). 그런데 달은 이러한 '엘리트 권력개념'을 두 가지 점에서 반박하고 있다(Dahl, "A critique of the Ruling elite Model", in R. Bell eds., Political power, 1958). 첫째는, 엘리트들 간의 위계화된 서열구조가 실제적인 권력 행사를 의미하지는 않는다는 점이고, 둘째는, 잠재된 서열구조가 구체적인 형태로 관찰되지 않는 한 그것을 권력 형태로 인정할 수 없다는 것이다. 따라서 실제적인 권력 행사를 인정받기 위해서는 갈등하는 쟁점이 존재해야 하며, 나아가 충돌하는 의지들이 가시적인 정책결정과정(decision-making process)을 통해 승패가 판가름 날 때 비로소 권력은 규정된다. 이러한 달의 권력개념에 대한 이해는 행태주의적 방법론에 경도된 미국정치학의 전형적인 예라고 할 수 있다.

우리는 이 지점에서 중요한 의문점을 가지지 않을 수 없다. 갈등하는 쟁점의 존재 없이는 권력의 행사를 확인할 수 없다는 달의 입장에는 정책결정과정에 참여하는 개인들이 자신의 선호(interest)를 모두 다 분명히 알고 있다는 점이 전제된 것이라고 할 수 있는 바, 이것은 정치적 개인을 아무런 검증 없이 합리적 인간으로 규정하고 있는 오류를 범한 것이라고 말할 수 있다. 그런데 정치과정에 참여하는 개인이 사회 속에 동원되고 있는 이데 올로기와 정치적 프로파간다와 아무런 관련 없이 자신의 이해관계를 파악할 수 있을까? 만일 그렇다고 하더라도 개인의 이해가 정책결정과정에서 등장하는 쟁점영역에 처음부터 포함되지 못하고 만다면, 투표행위를 통해서 권력 행사를 이해하려는 달의 이론적 시도는 치명적인 약점을 갖고 있다고 볼 수밖에 없을 것이다.

이것이 바로 권력을 정치제도의 차원에서 이해하려는 정치학의 시도가 문화적인 영역으로 권력 연구의 차원을 확대시키지 않을 수 없는 이유이다. 이런 점에서 보면 바흐라흐와 바라츠의 문제제기(Bachrach and baratz, "Two faces of Power" in J Scott eds., Power ; critical Concetpt, 1968)는 행태주의적 방법론에 머물러 있던 미국정치학의 연구 동향에 실로 엄청난 충격을 주었음에 틀림없다. 이들이 보기에 권력을 이해하는 달의 가장 큰 약점은 정책결정과정에서 권력 행사의 관건이 되고 있는 쟁점영역을 정확히 설명하지 못하고 있다는 점에 있다. 과연 중요한 것과 중요하지 않은 쟁점을 가르는 객관적인 기준은 무엇인가? 그들은 갈등하는 쟁점을 정책결정과정에 입안하는 과정에서 보이지 않는 요인들(unmeasurable elements)이 작동하고 있다는 사실을 무시할 수 없다고 말한다. 물론 권력이란 정책결정과정을 통해 A가 B에게 영향을 주는 정도에 따라서 규정될 수도 있다. 그러나 이들이 새롭게 부각시키려고 하는 권력의 면모는 A의 권력 행사가 쟁점영역을 통제하고 관리하는 방식으로 작동하여 정책결정과정 안으로 진입하는 소위 '중요한 쟁점'을 사전에 조작하는 차원에서 이루어질 수 있다는 점이다.

따라서 이들은 정책결정이 아니라, '비결정(Non-decision)'의 개념을 강조한다. 즉, 공동체에 존재하는 기존의 이익과 특권의 배분을 변화시키는 요구들이 밖으로 표출되기 전에 이들을 봉쇄하는 비가시적인 상태의 권력 효과를 설명해야 한다는 것이다(Bachrach and Baratz, (Power and Poverty), 1970). 이때 비가시적인 권력 양태는 반드시 정치조직만을 의미하지 않는다. 그것

은 오히려 한 사회를 구성하는 독특한 신화나 편견과 같은 문화적 요인들
에 더욱 밀접히 연결되고 있다.

그러나 달의 권력개념을 비판했던 바흐라흐와 바라츠의 인식론적 지평
이 달이 견지하고 있던 행태주의적 관점을 완전히 벗어나 있다고 보기는
어려울 듯싶다. 정책결정과정을 벗어나는 이른바 문화적 권력의 모습을 추
적하려 했지만, 권력이 정치적으로 규정되기 위해서는 사회 속에서 존재하
는 '잠재된 쟁점' 이 가시적으로 증명되어야 한다는 달의 입장을 지지함으
로써 그들의 이론적 시도는 불완전한 것으로 그치고 만다.

여기에서 스티븐 룩스의 '3차원적 권력개념' 은 이들의 시도에 비해 한
발 앞서가고 있다고 평가해 볼 만하다(룩스, 『3차원적 권력론』, 나남, 1992). 룩스
는 바흐라흐와 바라츠의 권력개념이 포기할 수 없었던 행태주의적 관점을
과감히 벗어나서 구체적 갈등의 존재여부가 권력의 행사를 판단할 수 있는
기준이 될 수 없음을 주장하고 있기 때문이다. 룩스는 A의 권력 행사가 B
의 이해관계를 사전에 통제 관리함으로써 B가 자신의 진정한 이해를 알고
있지 못하고 있는 권력관계의 특수한 현상이 존재할 수 있음을 역설한다.
이것은 정치적 합의의 절차를 거치기 이전에 생활세계의 영역에서 조작된
합의의 메커니즘이 발휘될 수 있다는 점을 인정한 것이다. 오히려 그는 권
력 연구가 관심을 기울여야 할 대상이 피지배자의 바람 자체에 영향을 미
치거나 틀을 지음으로써 지배효과가 자신의 모습을 은폐하는 경우라고 주
장한다.

그렇다면 도대체 지배자가 피지배자의 이해관계의 틀을 조정할 수 있는
메커니즘은 무엇인가? 여기서 룩스의 입장은 대단히 모호하다. 바흐라흐
와 바라츠의 권력개념을 비판하는 대목에서는 권력관계의 문화적 속성을
강조하는가 하면, 피지배자의 이해관계가 조작당하고 있다는 점을 설명하
는 부분에서는 권력개념을 대면적인 상황으로 축소시켜 버리는 이중적인
입장을 보이고 있기 때문이다. 더구나 A와 B라는 대면적인 상황에서 이해

관계의 조작이 실제로 어느 정도나 성공할 수 있는가를 언급하는 대목에서 그는 피지배자의 '실제적 이해관계'(real interest)가 여전히 무의식의 차원에서 존재하고 있다는 점을 강조하고 있는데, 이 점은 권력의 속성과 관련하여 인간의 본질을 이해하고 있는 룩스의 태도에 커다란 모순이 아닐 수 없다. '실제적인 이해관계'라는 표현은 사실 '허구의 이해관계'(unreal interest)라는 개념을 전제하지 않고서는 사용할 수 없는 용어이고 보면, '실제적 이해관계'라는 표현은 권력이 인간의 잠재적인 무의식까지도 조작할 수 있다고 생각한 룩스의 입장과는 양립할 수 없는 것으로 보인다. 룩스는 진정한 이해관계의 결정 여부는 권력의 행사자가 아니라 피행사자에게 달려 있다고 말하면서, 민주적 참여 여부가 허구적 이해관계에서 벗어날 수 있는 길이라고 생각하고 있지만(룩스, 1992 : 47), 피지배자의 바람까지도 조작할 수 있다는 것이 3차원적 권력개념의 핵심이라고 한다면 이러한 권력개념에서 과연 진정한 이해관계와 허구의 이해관계의 이분법이 가능한가라는 의문점이 들지 않을 수 없다.

결국 저자의 눈에는 룩스의 3차원적 권력모델이 이론적으로 성공한 것 같지는 않다. 그럼에도 불구하고 그의 문제제기가 권력을 연구하는 학자들에게 큰 반향을 일으켰던 까닭은 현대 정치사회학의 최근 연구 동향에서 3차원적 권력모델이 새로운 자극을 주었기 때문일 것이다. 그의 짤막한 저작에서 우리는 권력 분석의 대상이 무엇인지를 알아낼 수 있다. 이제 권력에 대한 연구는 인간의 바람이 조작당하는 메커니즘에 대하여 관심을 집중시켜야 한다. 첫째로, 진정한 이해관계/허구의 이해관계에 대응하는 인간의 의식/무의식의 상호관계가 보다 명확히 설명되어야 하며, 둘째, 이해관계가 설정되는 메커니즘이 문화적 구성법칙뿐만 아니라 개인의 주관성과도 밀접히 연결되어 있다고 할 때, 그 둘 사이의 변증법적인 관계설정이 보다 정교하게 이루어져야 한다. 여기에서 우리는 권력에 대한 개념적 연구가 인간의 정체성을 규명하는 작업과 밀접하게 연결되어 있다는 점을 확인할 수 있게 되었다.

　여기에서 부르디외의 상징적 권력개념이 의미를 갖게 된다. 상징적 권력이란 인간의 무의식을 관통하는 습관적 행위와 관련되며, 권력의 원천은 언제나 사회 속에 이루어지는 문화적 제도와 관련되어 있다. 여기에 작동하는 인간의 습관적 행위를 아비투스라고 할 수 있는데, 이것은 맑시즘에서 강조했던 허위의식의 수준을 넘어선다. 다시 말해 부르디외는 현대 사회에서 전개되는 지배와 피지배의 불평등한 관계가 개인의 무의식적인 취미생활(아비투스)을 매개로 성립된다는 사실을 보여주기 위해서 상징적 폭력이라는 개념을 사용한다. 이 개념은 마르크시즘의 지성사에서 줄기차게 등장했던 사회적 불평등의 관계를 새로운 관점에서 바라볼 수 있는 인식론적 근거를 마련했다는 점에서 그 학문적 의미를 찾을 수 있다. 초기 자본주의 시대를 살다 간 마르크스에게 사회적 불평등의 문제가 '착취'의 개념으로 귀결되었다면, 자본주의가 일정 수준으로 발전되어 복지국가의 시대로 접어들면서 베버는 '지배'라는 개념으로 이 문제를 포착한 바 있다. 착취가 주로 경제적인 이해관계를 중심으로 생산관계에서 노동의 잉여가치가 불평등하게 배분되는 문제를 지적한 것이라면, 지배는 시장관계에서 상징적 재화, 이를테면 명예나 위신 등을 통해 발휘되는 계층적 위계질서를 설명하는 개념이라고 할 수 있다.

　그런데 부르디외의 상징적 폭력은 착취와 지배라는 이중적 문제의식을 동시에 담아내고 있는 개념이다. 다시 말해 부르디외에 따르면, 현대 자본주의 사회에서 계층적 위계를 규정하는 신분적 질서는 학력이나 가정의 배경으로부터 유래하며, 이것은 나아가 경제적 잉여의 왜곡된 배분으로 이어진다. 특히 이론적으로 상징적 폭력의 개념에 있어 유념할 것은 이러한 신분질서와 착취의 논리가 개인의 무의식적인 취향을 통해 발휘된다는 점이다. 따라서 부르디외의 상징적 권력개념을 정확히 이해하기 위해서는 맑시즘 계열의 욕망이론을 또 살펴볼 필요가 있다.

2. 아비투스(Habitus) ; 주체와 욕망

프로이트는 「집단심리학과 자아분석」(프로이트, 『문명속의 불안』, 열린책들, 1977)이라는 논문에서 두 가지 가정을 전제로 삼고 있다. 첫째, 사회적 본능은 원초적이고 나눌 수 있을지도 모른다는 것이고, 둘째는, 사회적 본능이 발달하기 시작하는 단서는 가족 같은 좁은 사회에서 찾을 수 있을지도 모른다는 것이다. 사실 이 두 가지 전제는 정신분석학을 사회학으로 발전시킬 중요한 단서가 되기는 하지만, 사회적 본능의 차원을 가족관계로 한정했다는 점에서 치명적인 약점을 지니고 있다. 그는 개인이 집단적 상황에서는 예상과는 전혀 다른 방식으로 생각하고 느끼고 행동한다는 사실에 주목하고 다음과 같은 세 가지 질문을 던진다. 첫째, 집단이란 무엇인가? 둘째, 개인의 정신생활에 그토록 결정적인 영향력을 행사하는 능력을 집단은 어떻게 얻을 수 있는가? 그리고 집단이 개인에게 강제하는 심리 변화의 본질은 무엇인가?

이 세 가지 질문에 프로이트는 각기 새로운 대답을 내놓는다. 첫 번째 질문에 대하여 프로이트는 집단적 성격을 다섯 가지 정도로 요약하고 있는데, 그중에서 저자가 강조하고자 하는 것은 집단이 발휘하는 이미지나 언어 혹은 환상의 효과이다. 특히 언어에 대한 프로이트의 언급은 지극히 일부분이기는 하지만, 사회학과 정신분석학이 만날 수 있는 중요한 계기로서, 프로이트에 대한 라캉의 재해석이 바로 이 지점에서부터 출발한 것이라고 저자는 보고 있다. 두 번째와 세 번째는 동전의 양면처럼 설명되고 있는 바, 프로이트는 집단 속에서 개인이 경험하는 정신적 변화에 대한 심리학적 설명을 '감정적 유대' 에서 찾고 있으며, 성적 본능이 자신을 타인한테로 전이시키는 현상을 두고 '동일시(identification)' 라고 부른다. 특히 동일시는 타인과 공유하는 점이 많을수록 더욱 성공적으로 나타나며, 이것은 자아가 대상을 자신의 내면에 투사(introjection)한 상태라고 설명하고 있는

데, 그 극단적인 형태가 바로 초자아(super-ego)라고 할 수 있다. 이것은 오늘날 계급문제와 관련하여 정체성의 문제를 해결하는 데 많은 단서를 제공해 준다.

우리는 프로이트의 이론이 인간행위를 설명함에 커다란 부분을 놓치고 있다고 평가하지 않을 수 없다. 인간의 자기의식이 사회적 속성을 갖는다는 점을 좀더 밀고 나가면 계급분석과 마주치게 된다. 왜냐하면 자기 자신을 인식하고자 할 때 '나'는 타자의 눈, 즉 내가 속한 사회집단이나 계급이 다른 이들의 눈을 통해 자신을 바라보기 때문이다. 물론 이 점은 프로이트의 저작 속에 어느 정도 암시되어 있다. 그러나 이것이 계급의식으로까지 확산되지 못한 이유는 그가 사회의식의 차원을 가족관계로 한정시켰기 때문이다.

한편, 알튀세르의 맑시즘은 정신분석을 성공적으로 사회과학의 틀 안으로 끌어들인 업적으로 평가받을 만하다. 그는 정신분석학을 이데올로기 비판의 차원에서 수용하고, '가족 이데올로기' 속에서 작동하는 권력구조를 과학적으로 파악하는 데 라캉의 구조주의적 언어학을 활용했다. 이렇게 함으로써 알튀세르는 프로이트가 만족스럽게 해결하지 못한 주체형성의 메커니즘을 새롭게 설명해 낸다. 그 이론의 핵심을 알아보려면 「이데올로기와 이데올로기 국가장치」(Althusser, "ideologie et appareil ideologique d'Etat", 〈Position〉, Edition sociale, 1976 : 114)라는 논문을 참조하는 것이 가장 효과적이다. 이 논문에서 알튀세르는 이데올로기와 관련지어 주체가 형성되는 계기를 라캉의 이론에 기대어 설명하면서, 주체형성이 생산양식에서 유래한다는 전통적인 맑시즘의 인식틀을 넘어 "주체란 이데올로기에 의해서 불려지는 존재"라고 정식화한다. 이 점을 두 가지로 나누어 상술해 보자.

첫째, 이것은 개인이 외부의 구조적 메커니즘에 편입되는 과정이 이중적이라는 사실을 의미한다. 즉, 물질적인 조건과 함께 타자에 대한 이데올로기적 자동복속(auto-sumission)이라는 두 가지 기제가 동시에 작동하는 것이다. 여기서 특히 자동복속이라는 말이 저자의 주의를 끄는데, 이와 관련하여 알튀세르는 "이데올로기란 존재의 현실적인 존재조건에 관련하는 개인들 간의 상상적인 관계의 표상"이라고 말한 바 있다. 인간은 현실에 접근하기 위해서 일정한 매개체를 필요로 하는 바, 그것이 바로 이데올로기의 역할이라는 것이다. 라캉식으로 말하자면, 인간과 현실 사이에는 이미 상징적 단계가 개입하고 있는 것이다. 이데올로기가 존재의 조건이라는 뜻은 바로 이러한 메커니즘을 두고 한 말인데, 알튀세르에 따르면 상징을 통해 매개되는 인간과 현실의 관계는 현실에 대한 인정과 오인을 생산해 내는 상상적인 성격을 띠게 마련이다.

둘째, 알튀세르는 '주체의 호명(interpellation du sujet)'이라는 테제를 제시하고 있는데, 이것은 '대문자 타자'(이것은 알튀세르의 설명에서 신에 해당한다)에 대한 '소문자 타자'의 복속 상태를 의미한다. 이데올로기의 구조를 설명하기 위해서 그는 종교 이데올로기의 역할을 상술하고 있는 바, 모든 이데올로기는 다음과 같은 세 가지 특징을 가지고 있다고 한다. (1)개인을 주체로 불러낸다. (2)그들을 대문자 주체에 복속시킨다. (3)소문자 주체와 대문자 주체 사이에 상호인정의 상태가 확보된다.

바로 이 대목에서 알튀세르의 주체이론이 라캉의 정신분석에 크게 의존하고 있음을 확인할 수 있다. 라캉에 따르면 주체는 욕망의 대상(현실)에 타자의 담론을 통한 매개가 바로 주체로서의 '나(moi)'를 생산하며, 이때 '나'란 욕망의 대상 속에서 상상으로 만들어진 것이다. 그런데 라캉에서 '나'는 타자의 결과물이라면, 알튀세르에게 주체란 대문자 주체의 부산물이라고 하겠다. 다시 말해, 알튀세르가 생각하는 주체는 대문자 주체가 만든 '자아(soi)'로부터 연유하는 상상적 존재이다. 그런데 라캉은 알튀세르와는 달리 상징적 세계의 공간이 이질적이어서 다양한 담론이 교차해 간다고 생각한다. 주체가 형성되는 상징의 공간이 복합적이고 이질적인 까닭은 문화형성의 규칙이 실로 다양하게 분포되어 있기 때문이고, 또 주체란 상징의 공간에서 차지하는 위치에 따라 상이하게 결정될 수 있기 때문이다 (Lacan, 〈Le Seminarie〉, Livre I, 1975:222). 따라서 주체형성의 계기가 반드시 대문자 주체에 복속된다고 생각했던 알튀세르와는 달리, 라캉에게서 주체란 다양한 문화적 기제에 열려 있다.

이러한 사실을 통해 우리는 맑시즘의 계급이론 관점에서 주체형성이론을 제시하는 알튀세르와 부르디외의 차이점을 알 수 있다. 왜냐하면 라캉적인 의미에서 주체형성의 다양성이란 부르디외가 말하는 일상생활 속의 다양한 체험과 동일한 맥락에서 이해될 수 있기 때문이다. 저자가 판단컨대, 부르디외 사회학은 추상적인 이론의 수준에서 대립되어 왔던 라캉과 알튀세르의 의견 대립을 사회학적으로 해소하고 증명한 작업이라고 할 수 있다. 외부의 구조적 조건이 인간의식 속에서 내재화하는 과정을 주체형성의 중요한 관건으로 생각했던 부르디외는 따라서 일상생활의 실제적 체험을 강조한다. 알튀세르가 이데올로기의 기능과 효과를 강조했다면, 부르디외는 이데올로기의 내재화 과정(interiorisation)을 강조하고 있는 것이다.

이제 부르디외의 문화분석이 주체형성 문제를 어떻게 설명하고 있는지 구체적으로 살펴보도록 하자. 아비투스라는 개념을 정치사상사적으로 검토해 보면 그 원류가 아리스토텔레스에게 있음을 알게 된다. 아리스토텔레스에게는 습관(habitude)개념이 등장하는데, 이것은 에토스(Ethos)와 헥시스(Hexis)의 두 차원으로 구분된다. 전자가 반복되는 행동에서 비롯되는 기계적인 행위를 지칭한다면, 후자는 도덕적 성향, 곧 덕(virtue)과 관련된 개념이다. 그런데 부르디외가 사회학적 분석 개념으로 사용하고 있는 아비투스 개념에 주목한다면, 우리는 후자의 개념에 관심을 갖지 않을 수 없다. 고대 철학에서 덕이란 특정한 도덕규범에 상응하는 개인적인 행동과 관련되어 있는 것으로, 개인 능력의 가능성을 암시하는 말이다. 다시 말해 덕은 인간의 실제적인 이해관계 내지 이성적 삶을 영위할 수 있는 능력을 가리키는 것이었다. 그런데 근세기에 접어들면서 도덕을 인식하는 철학적 태도가 현격하게 달라진다. 우리는 칸트를 통해서 그 변화를 비교해 볼 수 있다.

칸트는 인간이성을 선험적이며 자율적인 것으로 상정한 후, 보편적 인간이라면 누구나가 인정하고 수락할 수 있는 행동양식들을 의무조항으로 설정하고, 이것을 준수하는 것이 바로 도덕이라고 생각했다. 이른바 정언명법(定言命法)은 인간의 합리적 판단으로부터 유래된 의무조항을 지칭하는 것으로, 여기에는 인간행위의 관습적 측면은 완전히 배제되어 있다. 이러한 맥락에서 보면 인간행위를 이해함에 있어서 근대 철학의 특징은 덕이라는 개념 대신에 이성이라는 개념을 전면에 내세웠다는 점에 있다고 하겠다.

근세기에 들어와 이성이 강조되기 시작했다는 것은 인간행위에 일정한 규칙성이 있다고 생각했음을 의미한다. 이러한 현상은 근대 학문체계가 어떻게 형성되어 왔는지를 살펴보면 쉽게 이해할 수 있다. 즉, 정치학이나 경제학 혹은 사회학과 같은 근대 학문은 이해관계(interest), 전략(strategy) 등과 같은 조작적 용어들을 사용하기 시작한다. 예를 들어 미시 경제학이 다루고 있는 이른바 파레토 최적(Pareto optimum) 모델은 바로 인간의 경제행위가 예외 없이 자신의 이해관계를 극대화하려는 동기에서 출발한다는 가정을 기반으로 하여 출발하고 있으며, 정치학에서 사용하는 게임이론이나 죄수의 딜레마(prisoner' s dilemma)와 같은 행동이론들은 개인이나 집단적 행위가 자신의 생존을 극대화하려는 전략적 고려를 통해서 결정된다고 단언하고 있다.

이러한 인식론이 현실정치에 미친 영향은 과소평가될 수 없다. 고대사회가 인간이 좋은 삶(good life)을 영위하는 데 관심을 집중했다면, 근대사회에 이르러서는 인간의 이성적 능력을 바탕으로 한 정의로운 삶(just life)을 추구하게 되었기 때문이다. 좋은 삶이 실현되기 위해서 인간의 덕성이 무시될 수 없었다면, 정의로운 삶은 인간의 이성적 능력만으로도 가능하다. 따라서 근대에 이르면 정의를 충족하기 위한 다양한 기준이 만들어지고, 그로부터 이반되는 인간의 삶은 모두 비정상적인 것으로 배제되기에 이른다.

필자는, 부르디외가 사회학적 개념으로 사용하고 있는 아비투스 개념은 이러한 근대적 인간형에 대하여 비판적 입장에 서 있다고 본다. 우선 부르디외는 인간의 행위가 단순하게 자신의 이해관계를 실현하는 논리로 환원될 수 없다고 주장한다. 인간행위의 근원을 이해하기 위해서는 과거로부터 유래하는 기억이나 사회적 관습체계, 그리고 이성적 요인으로 축소될 수 없는 감정과 같은 요인이 모두 포괄되어야 한다고 그는 강조한다. 이러한 맥락에서 보면 아비투스는 칸트로 대변되는 근대 철학의 이념형을 거부했던 사상적 맥락에 자리 잡고 있다. 예를 들어 영혼과 육체의 이분법에 반대했던 스피노자, 파스칼과 같은 사상가들의 사고 속에 이미 아비투스에 대한 철학적 단초가 존재하고 있었던 바, 넓은 의미에서 보면 부르디외는 알튀세르나 푸코와 함께 이러한 사상적 계보에 속한다.

아비투스 개념을 이해하기 위해서는 육체의 문제를 고려해야 한다. 객관화된 제도와 조직(부르디외는 이것을 장(champ)이라고 부른다)에서 사회적 구성요인에 대한 반응으로 작동하는 아비투스가 시간의 영향을 받게 된다고 할 때, 그 영향을 전달하는 매개체는 다름 아닌 육체이다. 이렇게 보면 아비투스란 사회적으로 범주화된 가치가 육체에 각인된 상태를 의미하는 것이다.

이러한 부르디외의 사상적 사유는 메를로 퐁티의 '육체의 철학'에 크게 빚지고 있다. 『지각의 현상학』에서 메를로 퐁티는 개인의 지각이 의식을 통해서 실현되기보다는 육체적 관습을 통해서 이루어지며, 의식 이전에 반복을 통해서 획득된 육체적 도식이 우리들의 일상생활을 지배한다고 말한 바 있는데, 부르디외가 사회학적으로 분석해 내고 있는 생활세계에서의 아비투스의 변화들은 바로 이러한 육체적 도식이라는 개념을 경험적인 차원에서 응용하고 있는 것이다.

이러한 맥락에서 보면 아비투스의 발현은 계급적 속성과 밀접하게 연결되고 있다. 그렇지만 그것이 반드시 물적 자본에만 국한되지 않는다는 점에서 부르디외는 전통적인 마르크시즘의 시각을 넘어서고 있다(부르디외, 『구별짓기』, 새물결, 2005). 그 특징을 살펴보면, 첫째, 지배계층으로서 그들은 이른바 ‘구별짓기’의 아비투스를 보인다. 정제된 언어 습관, 우아한 실내장식, 우아한 신체를 유지하며, 의상을 선택하는 경우에도 품위가 기준이 된다. 물론 동일한 지배 분파라고 하더라도 경제자본이 풍부한 경우와 상대적으로 문화자본이 풍부한 경우, ‘구별짓기’의 아비투스가 발현되는 양식엔 차이가 난다. 예를 들어 돈 많은 사람들이 고급 외제차를 선호하거나 화려한 옷을 입고 싶어 한다면, 학벌이나 가문을 중요시하는 사람들은 독서나 연극을 선호함으로써 일종의 귀족주의적 아비투스를 발현하려는 경향이 있다. 둘째, 소부르주아들의 아비투스는 사회적 상승의지와 관련된 엄격한 의지주의나 과시적 절제주의로 대변되는 경우가 보통이다.

예를 들어 우리 사회에서 하층계급으로부터 중상층에 진입한 사람들의 경우 자식들의 교육을 위해서 부모 세대들이 과감하게 희생을 감수하는 경우가 종종 있는데, 아마도 이들의 아비투스가 바로 전형적인 소부르주아의 형태일지도 모르겠다. 반면 민중계급의 아비투스가 발현되는 과정은 대체로 필연에 대한 감각과 연관되어 있다. 예를 들어 이들은 먹는 음식에서도 기름지고 양이 많은 것을 선택하거나, 실내장식도 깔끔하기보다는 실용적인 것을 원하며, 말투도 거칠고 직선적이다. 그들은 항상 과도한 업무에 지쳐 있어 따로 운동을 하지 않으며, 세련된 몸매도 아니다.

이처럼 아비투스가 계급적 세계관에 따라 결정된다는 사실을 받아들인다면, 한 개인이 아비투스를 습득하는 과정에서 중요한 역할을 담당하는 사회적 기제를 찾는 일이 중요하다. 그런데 부르디외의 눈에는 이러한 역할의 핵심 기제가 바로 일상적인 교육체계로 보인 모양이다. 그래서 그는 줄곧 가정교육과 학교교육의 기능을 강조한다. 특히 사회화 과정을 거치면서 모든 개인은 학교교육 과정을 통과하지 않을 수 없으며, 이때 이른바 2차적 아비투스가 형성된다. 이를 통해 국가권력의 효과가 개인들의 가치관에 자연스럽게 주입되며, 후일 그 영향력은 가정교육보다 훨씬 강하게 남아 있게 된다. 이른바 국가 이데올로기 장치의 정치적 효과는 알튀세르의 설명과 달리 의식을 지배하기보다는 개인들의 습관을 통제하는 데서 시작되는 것이다. 이러한 맥락에서 보면 부르디외의 교육사회학에 대한 분석은 푸코의 『감시와 처벌』에서 근대 국가체계가 실행한 생체권력의 메커니즘을 분석한 사례와 매우 흡사하다.

3. 계급과 취향 ; 소비행위와 불평등

그렇다면 상징적 폭력의 전개방식은 구체적으로 무엇인가? 부르디외는 이것을 설명하는 과정에서 일상생활의 취향이 선택되는 방식에 주목하고 이것을 '구별짓기' 전략이라고 이름 붙인다. 다시 말해 계급적 신분질서는 타인과 구분되는 취미생활의 방식을 통해 성립되며, 이것을 통해서 일정한 동류의식이 형성된다는 것이다. 이러한 과정을 설명하기 위해서 사생활 영역을 몇 가지로 나누어볼 수 있다.

예술작품의 감상

우선 예술작품에 대한 개인들의 취향이 구성되는 과정을 살펴보자(아래의 내용들은 『구별짓기』 1장을 참조할 것). 사회적으로 인정받는 미술품이나 사진에 대한 독해가 가능하기 위해서는 문화적 코드와 암호에 익숙해질 필요가 있는데, 이러한 과정을 통해서 자연스럽게 한 사회의 지배문화가 피지배문화를 압도하게 된다. 예를 들어 일반인들이 몬드리안의 「브로드웨이 부기우기」와 같은 작품에 담긴 의미를 해독하는 것은 사실상 불가능하며, 따라서 미술관에서 이러한 추상작품을 감상하기 위해서는 학교를 통해서 전수되는 문화적 코드교육이 필요하게 된다. 그런데 학교를 통해서 일반인들에게 전달되는 미학교육 속에는 일정하게 틀 지어진 세계관이 암묵적으로 전제되기 마련이며, 그것이 한 사회의 문화적 헤게모니를 장악한 지배계급의 취향에 가까운 것이라는 점은 쉽게 짐작할 수 있다. 따라서 주말의 여가시간을 보내기 위해서 영화를 보러 가는 계층과 미술관에 가는 계층 사이에는 일정한 계급적 분류효과가 작동한다고 보아야 한다.

사진작품의 감상

사진과 같이 개인적인 선호도의 차이를 극명하게 나타내기 쉬운 작품을 보여주고 그에 대한 평가를 조사하는 경우, 개인들의 심미적 취향이 계급적 편차에 의해 조종되고 있음을 확인할 수 있다. 대체로 학력자본이나 출신계급의 편차에 따라 자신의 세계관을 피력하는 능력은 달라진다. 학력자본이 많을수록 고정된 세계관을 탈피하려는 경향이 강한데, 미학적 판단력의 경우에도 이와 비슷한 성향을 보인다. 사적으로 비참한 현실을 담은 작품, 예를 들어 심한 노동으로 인해 일그러진 노파의 손을 찍어놓은 사진작품의 경우, 하층계급일수록 이러한 작품에 대한 거부반응("너무나 징그러워요" "나라면 이런 사진은 찍지 않을 거예요" 등등)이 많은 반면, 사회적 상층부로 올라갈수록 자신의 의사표현이 강해지는 경향을 볼 수 있다("노동의 신성함을 보여주는 사진이군"). 인생의 재현 형태에 주목하여 미학의 부정적 성향이 그대로 표현되는 반면, 상층부의 경우에는 추악한 대상도 아름다울 수 있다는 미적 인식의 여유를 보임으로써 하층계급과 차별되는 일정한 성취 지향성과 탁월함을 사회적으로 실현하게 되는 것이다.

이처럼 미술이나 사진작품에 대하여 자신의 감상폭이 넓어진다는 것은 상층부 계층 사람들의 사회현실에 대한 윤리적 세계관에 일정한 여유가 있음을 말하며, 반대로 하층계급의 사람들은 일방적으로 틀 지어진 세계관에 사로잡혀 새로운 사고의 가능성을 스스로 차단하고 있음을 의미한다. 다시 말해 상층계급이 추악한 대상을 두고도 아름다움을 인정할 수 있다는 사실은 그만큼 하층계급에 비해서 미학적 분류법에 따른 '필요성에 대한 강박'으로부터 자유롭다는 뜻인데, 이것은 역으로 해석해 사회적 헤게모니를 쥐고 있지 못한 계급이 상대적으로 미학적 취향에서 대단히 편협한 경향을 보인다는 것을 말한다.

음악작품의 감상

부르디외는 「피아노 평균율」「랩소디 인 블루」「도나우 강」의 세 곡을 선정하고, 이를 여론조사에 반영함으로써 각각의 음악이 계급적 취향과 맺는 관계를 통계치로 보여주고 있는데, 순서대로 보면 첫 번째 곡은 정통 취향, 두 번째 곡은 중간층 취향, 마지막 곡은 대중적 취향을 반영하는 것으로 조사되었다. 사실 음악이나 회화는 가장 전통적인 문화생활의 영역이며, 따라서 이러한 문화생활에 익숙해지기 위해서는 역시 학교생활을 통한 교육이 있어야만 한다. 따라서 「피아노 평균율」과 같은 작품에 가장 많은 사람들이 선호도를 보인 이유는 이러한 음악이 학교교육을 통해서 빈번하게 연주되고 인용되기 때문이라고 해석할 수 있으며, 이러한 맥락에서 보면 개인들의 취향이라는 것이 얼마나 강력하게 학교교육을 통해서 길들여지고 각인되는가를 알 수 있게 된다.

소비방식의 경우

부르디외는 '세 가지 차별화 방식'(『구별짓기』 300쪽)이라고 부른 소비 구조를 통해서 상징적 폭력의 일부를 설명하고 있다. 즉, 그는 '식료품' '문화＝교양' '외모와 상징을 위한 지출'의 세 가지 항목을 들어 취향의 사회적 위계가 결정되는 방식을 보여준다. 예를 들어 식료품에 대한 하층계급의 취향은 육체적 강인함(force)을 키우는 쪽으로 소비되는 반면, 상층계급의 경우는 육체적 형태(forme)를 유지하는 쪽이 선호된다. 이러한 강인함/형태의 이분법적 차별화 현상은 의상이나 언어의 사용법에도 그대로 적용된다.

미적 성향의 경우 : 부르디외는 『구별짓기』 3장에서 미적 성향을 기준으로 개인의 사회적 정체성을 설명하고 있다. 그런데 부르디외의 논리에 따르면 미적 성향이란 사회적 조건에 상응하는 것으로서, 이것은 결국 사회적 공간에 할당된 차별화의 속성 그 자체이다. 예를 들어 우리들이 생활 주변에서 흔히 경험하는 여러 형태의 사회적 구분들 중에서 남성/여성과 같은 성별의 분류는 상층/하층, 거칠음/우아함과 같은 기능적 분류나 미적 구분을 통해서 차별화된 속성으로 나타나곤 한다. 따라서 개인의 미적 성향에 관련하는 육체적 도식이란 사회적으로 '이상적인 육체/비정상적인 육체' 라는 이분법적 대립을 초래하게 된다. 이러한 분석의 관점은 최근 한국 사회에서 일고 있는 성형수술의 사회적 유행을 설명하는 데 유용할 것으로 보인다.

바로 이러한 맥락에서 미적 성향은 상징적 투쟁의 결과물이라고 말할 수 있게 된다. 왜냐하면 육체의 사회적 활용은 일정한 세계관과 가치관을 반영하고 있는 계급적 범주화의 전형적인 양식이기 때문이다. 따라서 지배/피지배의 대립은 물리적 속성을 은폐한 채 가치관의 범주화에서 보다 치열하게 전개된다.

4. 결론을 대신하여 ; 일상생활의 정치학

이제 사적 영역의 소비행위나 문화상품에 대한 미적 취향에 대한 사회적 분류를 통해서 몇 가지 중요한 사실을 정리해 보자.

첫째, 문화상품에도 독특한 논리를 가진 경제적 이해관계가 존재한다는 것이다. 따라서 학문적으로는 이러한 상품의 소비자들과 각 상품에 대한 이들의 취향이 생성되는 조건을 확인하고, 특정한 예술작품으로 간주되는 대상을 음미하는 다양한 방식과 함께, 전통적인 것으로 간주되는 감상의 전유양식을 연구해 볼 필요가 있다.

둘째, 개인들의 문화적 욕구가 양육과 교양의 산물이라는 사실을 깨달아야 한다. 여러 조사의 경우를 보면 모든 문화적 실천(박물관 관람, 음악회 참가, 독서 등), 문학, 회화, 음악에 대한 선호도는 교육 수준이나 출신계급과 밀접하게 관련을 맺고 있음이 확인된다. 다시 말해 사회적으로 공인된 예술 그리고 각 예술 장르와 유파 또는 시대의 위계에 소비자들의 사회적 위계가 그대로 대응되고 있다. 이 때문에 취향은 '계급의 지표'로 사용될 수 있는 것이다.

셋째, 개인들의 미학적 취향에 순수함이란 존재하지 않는다는 사실이다. 이것은 인간의 본원적 취향을 강조했던 칸트의 미학이론에 반대되는 것이다. 예를 들어 숭고미를 강조했던 칸트는 계급과 상황을 초월하여 인간이면 누구나가 아름다운 것으로 공감하는 미학적 대상이 있는 것으로 생각했지만, 부르디외는 이러한 순수 취향 뒤에는 사회와 분리될 수 없는 계급적 에토스가 존재하며, 아름다운 것과 추한 것 혹은 탁월한 것과 천박한 것을 구별함으로써 스스로의 탁월함을 드러내려는 지배계급의 구별짓기 전략이 존재한다고 주장한다.

넷째, 생활세계의 자연스러운 취미와 습관들은 사회적 차별과 연계되어 있으며, 이것이 바로 계급적 적대를 은폐하는 중요한 과정이다. 결국 차별화(구별짓기) 양식은 계급적 구분을 만들어내는 일종의 적대관계, 혹은 지배계급이 피지배계급을 억압하는 폭력의 한 양식이다. 그리고 다시 한번 강조되어야 할 사항은 이러한 사회적 배제의 과정이나 지배의 과정이 경제

적 요인뿐만 아니라 문화적 자본, 예를 들어 학력자본, 인적자본, 가족의 계
층적 지위와 같은 상징자본의 소유 여부에 따라서 결정된다는 것이다. 더
구나 이러한 계급적 배제와 사회적 지배의 논리가 상징자본의 속성으로 인
해 사회적으로 자연스러운 것으로 보이게 되며, 그 결과 현대인들은 자신
이 계급지배의 논리에 포섭되어 있다는 사실조차 인지하지 못하고 있다.

[더 생 각 해 볼 문 제]

1. 한국의 민주화 과정을 법적이고 제도적인 것으로 이해한다면 현재 한국 사회는 매우 높
   은 수준의 형식적 민주화를 이루었다. 그러나 실질적인 민주화는 매우 부실하다. 이러한
   현상이 왜 일어났는지를 한국인의 아비투스 형성과정과 관련하여 생각해 보자.

2. 신자유주의 시대는 소비를 자극하는 시대이다. 소비의 순환속도를 높여 고부가치를 창
   출하려는 자본의 논리가 소위 상징적 폭력으로 작동하는 시대인 것이다. 구체적인 예를
   일상생활에서 찾아보자.

3. 오늘날 시장경제 체제에서 욕망이 간접화 되는 구체적인 과정을 드라마, 광고 등을 통하
   여 생각해 보자.

[주 제 어]

아비투스

인간의 속성을 이성적이고 합리적인 것으로 간주했던 근대적 인간관을 거부하고, 인간의
감성과 이성을 모두 고려하려는 새로운 개념. 합리적인 정치이론으로 설명하기 어려운 상황

이 발생하는 한국의 사회현상(예를 들어 지역주의 투표)을 이해하는 데 매우 유용한 개념이다.

상징적 폭력

후기 자본주의 사회의 특성 중의 하나가 인간의 무의식을 지배하는 사회적 습관과 관습이 있다는 점을 가리키는 개념이다. 일상 속에 스며 있는 소비행위, 취향의 습득, 미학적 판단들이 불평등을 야기한다는 점을 가리킨다.

취향의 정치학

정치학은 공적 영역과 사적 영역을 구분하고 공적 영역에서의 옳음/그름을 판단하는 학문이었다. 그러나 현대정치의 특성은 사적 영역에서의 좋음/싫음과 같은 취향의 논리가 공적 영역에 영향을 주고 있다.

성의 억압과 해방의 대립을 넘어

: 푸코 『성의 역사』

김용규 | 부산대학교

 ## I. 미셀 푸코는 누구인가?

미셀 푸코(1926~1984)는 오늘날 가장 영향력 있는 사상가 중 한 명으로서 생물학, 정신병리학, 의학, 언어학, 문학, 미술, 사회과학과 사상사, 범죄학, 사법이론, 윤리학 등 다방면의 학문 영역을 넘나들었을 뿐 아니라 그러한 횡단을 통해 프랑스 사상계의 논쟁에 직접 개입한 비판적이고 실천적인 지식인이었다. 푸코가 "나의 각 저작은 나의 자서전의 일부"라고 말했듯이, 그의 사상은 자신의 삶에서의 실천과 항상 공명하고 있다. 따라서 그의 사상을 이해하기 위해서는 그가 실천적으로 개입했던 60~70년대 프랑스의 상황과 그 철학적·지성적 논쟁들을 염두에 둘 필요가 있다.

잠시 푸코의 이력을 살펴보면,[1] 우선 그는 1926년 프랑스의 프와티에르

---

1) 이광래, 『미셀 푸코 : 광기의 역사에서 성의 역사까지』의 연보 참조

(Poitiers)에서 출생했으며 그곳의 프와티에르 리세(Lycée de Poitiers)와 성 스타니스라스 예수회 학교(Jesuit collége St Stanislas)를 다녔다. 1945년 파리로 옮겨와 장 이폴리트(Jean Hyppolite)로부터 잠시 철학을 배웠고, 1946년 프랑스의 수재들이 다니는 파리고등사범(ENS, École Normale Supérieure)에 입학했다. 사르트르와 메를로-퐁티가 이 학교를 졸업했고, 당시 장 이폴리트를 비롯하여 깡귀엠(Georges Canguilhem), 뒤메질(Georges Dumézil)과 같은 뛰어난 학자들이 교편을 잡고 있었다. 푸코는 이 학교에서 철학사를 취득했지만, 철학이 인간의 구체적 삶과 동떨어져 있다고 생각하여 철학보다 심리학과 정신병리학 연구에 더 몰두했다. 이후 그는 파리심리학회로부터 정신병리학 학위를 받아 성 안느 병원(Hôspital St. Anne)에서 심리학과 정신의학을 보다 실제적으로 공부하였다. 1959년 논문지도 교수 깡귀엠에게 제출할 광기에 관한 박사논문을 완성했고 이 논문은 1961년 책으로 출판되었는데, 이 책이 그 유명한 『광기의 역사』이다. 1966년 푸코는 자신의 또 다른 대작인 『말과 사물』을 출판했으며, 1968년 뱅센느(Vincennes)에서 실험대학의 설립에 참여하여 철학과를 담당하기도 했다. 푸코는 이 시절을 다음과 같이 회고한다. "내가 생각하기에 1968년 이전, 적어도 프랑스에서만은 철학자는 마르크스주의자이거나 현상학자, 또는 구조주의자이어야 했다. 그러나 나는 이러한 도그마 가운데 어떤 것에도 속하지 않았다. 당시 프랑스에서는 정신의학이나 임상의학의 역사에 관심을 갖는 사람은 거의 없었다." 1969년 그는 콜레쥬 드 프랑스의 〈사상사〉를 담당할 교수로 선출되었으며, 그 유명한 「담론의 질서」(L' ordre du discours)는 그의 콜레쥬의 취임 강연 원고였다. 1971년 그는 〈감옥에 관한 정보그룹〉(GIP, Groupe d' information sur les prisons)을 조직하여 지식에의 의지에 대한 강의와 분석에 본격적으로 착수하였고, 1972년 19세기 프랑스의 사회통제와 처벌제도에 대한 분석을 시작으로 콜레쥬에서 감옥의 탄생으로 이어지는 과정들을 면밀히 검토하는 강의를 하기 시작하였다. 1975년 푸코는 광기와 감금제도에 대한 연구에 보

다 집중하여 비정상인 그룹의 형성을 강의(강의록은 『비정상인』으로 출간)
하였으며, 이때의 가장 큰 연구성과가 바로 『감시와 처벌』이다. 1976년 권
력과 전쟁에 관한 담론을 다루면서 그것이 역사와 사회적 관계의 분석에
어떻게 기능하였는가를 집중 분석(이때의 강의는 『사회는 보호되어야 한
다』로 출간)하였으며, 6권으로 기획된 『성의 역사』의 제1권을 출판했다.
1981년부터 콜레쥬에서 그리스 문화에서 진리와 주체성 간의 관계형성, 고
대 그리스와 로마에 있어서 성적 실천에 관한 자아의 해석학, 자기관리와
정치적 덕으로서의 진리주장이라는 주제를 집중적으로 강의했는데, 이 주
제들은 이전의 문제의식과는 조금 달랐으며, 푸코가 점차 윤리학의 문제로
관심을 옮기고 있었음을 보여준다. 1984년 도덕적 덕으로서의 진리주장에
대한 그리스인의 실천을 주제로 강의하였고, 마지막 저서인 『성의 역사 2 :
쾌락의 활용』, 『성의 역사 3 : 자기에의 배려』를 출판한 후 그 해 6월 25일
패혈증(敗血症)으로 파리의 살페트리에르 병원에서 죽었다.

　한 사람의 이력을 보고 그의 인간적 · 사상적 전모를 평가할 수 없듯이,
우리는 푸코의 이력을 통해 그가 살아간 삶의 대략적 족적만 따라갈 수 있
을 뿐이다. 그 족적이 남긴 구체적 파장과 영향을 보다 실감 있게 느껴보기
위해서는 디디에 에리봉이 쓴 『미셸 푸코』와 제임스 밀러의 『미셸 푸코의
수난』을 읽어보기 바란다.[30] 고등사범 시절 수차례의 자살 기도, 프랑스
지성계의 거물 사르트르의 타도를 부르짖던 청년 푸코, 70년대 프랑스의
정치적 실천의 장에 빼놓지 않고 등장하는 푸코의 모습, 그리고 자신의 몸
을 대상으로 삶의 극한을 시험해 보고자 했던 처절한 기도들이 기록되어
있다.

---

2) 디디에 에리봉, 박정자 역, 『미셸 푸코』, 시각과언어, 1995와 제임스 밀러, 김부용 역, 『미셸 푸코의 수난』,
　　인간사랑, 1995

II. 푸코의 사상적 단계 : 고고학과 계보학 그리고 윤리학

『성의 역사 1』가 1976년에 출간되었고, 2권과 3권은 8년 후인 1984년에 출판되었다. 1권과 2~3권 간에는 단순히 8년이라는 시간적 간격이 있을 뿐만 아니라 푸코의 중요한 사상적 변화가 일어나고 있었다. 따라서 이 간격을 이해하기 위해서는 8년간 푸코의 사상에 어떤 변화가 있었는가를 살펴보지 않을 수 없다. 흔히 푸코는 고고학적 단계(대표적 저서로는 『말과 사물』과 『지식의 고고학』이 있음)에서 계보학적 단계(『감시와 처벌』과 『성의 역사 1』)로, 그리고 다시 윤리학의 단계(『성의 역사 2』와 『성의 역사 3』, 그리고 『자아의 테크놀로지』)로 전환해갔다고 한다. 이런 사상적 변화를 염두에 둘 때, 우리가 읽고자 하는 『성의 역사』, 특히 1권은 단일하고 일관적인 기획을 갖고 쓴 저작이 아니라 푸코의 사상적 변화 내에 중요한 단절을 엿볼 수 있는, 비일관적이라고 할 수는 없지만 단절과 변화가 존재하는 불연속적인 저작임을 알 수 있다. 한마디로 말해, 『성의 역사』는 푸코가 권력과 지식과 진리의 관계에 집중하던 계보학의 단계에서 권력과 진리와 자아의 관계에 집중하는 윤리학의 단계로 넘어가는 과정에 쓰여진 저작임을 짐작케 한다. 이 변화의 의미를 파악하기 위해 잠시 이 단계들을 살펴볼 필요가 있다.

푸코는 「진리, 권력, 자아」라는 대담에서 자신의 주된 작업을 세 가지로 정리하고 있다.

나의 연구는 다음 세 가지의 전통적인 문제입니다.

(1) 학문적 지식을 매개로 드러나는 진리, 즉 문명화 과정에서 중요하게 여겨지고 우리에게 주체이며 동시에 객체가 되는 자리를 마련해주는 〈진리의 게임〉과 우리가 맺고 있는 관계는 무엇인가?

(2) 기묘한 전략들과 권력관계를 통해 타자와 우리가 맺고 있는 관계는 무

엇인가?

　(3) 진리와 권력과 자아 간의 상호관계는 무엇인가?

　우선 푸코의 고고학적 단계는 무엇보다 (1)의 문제를 집중적으로 탐구한다. 고고학적 분석이란 담론과 진리의 관계, 특히 언표의 결합구조와 담론의 형성 및 변형을 포괄하는 고문서(archive)를 탐구하는 작업이다. 즉 하나의 담론이 무엇으로 구성되어 있고 어떻게 구성되어 있는가, 그리고 어떻게 특정한 진리(의 효과)를 생산하는가, 그 전략은 무엇인가, 나아가서 특정 담론이 다른 담론들과 서로 어떻게 관계 맺고 있는가 하는 문제를 집중적으로 살펴보고자 한다. 여기서 담론이란 '언표들(statements)' 들 간의 체계적인 관계, 즉 담론은 언표들을 생산하고 조직하고 분배하는, 일종의 쓰여지지 않은 규칙들의 체계로 정의될 수 있다.[3] 따라서 푸코의 고고학적 분석은 담론 내부의 언표들 간의 규칙적인 구성과 담론들 간의 관계를 집중적으로 살펴본다. 푸코에 따르면 담론은 하나의 통일된 명제들의 집합이 아니다. 담론은 배제와 포함과 통제의 원리에 의해 작동하는 언표들과 전략들의 집합이다. 담론은 특정한 언표의 유통은 허용하면서 다른 언표들의 유통을 차단하거나 배제하는 복잡한 실천과 전략들로 이루어져 있다. 푸코는 「담론의 질서」에서 담론을 제한하고 생산하는 과정으로 (1)금기, 광기와 이성 간의 구분, 진실과 허위 간의 구분과 같은 외재적 배제의 전략과

---

3) 명제와 언표는 몇 가지 점에서 구분된다. 1)명제는 진리값의 관점에서 이해된다. 명제는 진리값의 담지자로 파악된다. 명제는 판단의 형태로 구성되며 어떤 언어가 명제인가 그리고 그 언어를 명제로서 사용하는 것이 가능한가를 결정하는 일정한 규준이 존재한다. 명제에서는 언표적 차원에서 문제가 되는 언표행위의 상황이나 맥락은 전혀 문제시되지 않는다. 2)명제는 진위의 판별이 가능한 내용들이 존재하는, 공리를 출발점으로 하여 그로부터 다른 명제들이 생겨나는 연역적 공간 속에 위치한다. 이에 반해 언표는 명제와는 다른 공간 속에 위치한다. 이 공간 자체가 언표적 공간 속에서 형성된다. 언표는 형식화가 이루어지는 공간이 아닌, 그러한 형식화의 공간이 경우에 따라 그 안에서 형성될 수 있는 복수적인 공간을 이룬다. 언표는 서술의 공간, 관찰의 공간, 계산의 공간, 제도화의 공간, 처방의 공간에 따라 그 언표의 의미는 달라진다. 이정우, 『담론의 공간』, 민음사, 1999, 참조

(2) 평가, 저자, 분과학문, 발화주체라는 내재적 배제의 전략들을 상세히 설명한다.

푸코의 담론 개념이 갖는 첫 번째 특징은 담론은 생산적(productive)이라는 점이다. 담론을 단순히 언어 내지 언어들의 다발과 같은 것으로 보거나, 담론과 현실 간에 단순한 반영 및 재현의 관계로 보아서도 안 된다. 담론은 진실이나 현실을 반영하는 것이 아니라 오히려 진리나 현실의 효과를 유발한다. 즉 푸코에게 진리란 기원이나 본질처럼 담론의 바깥에 존재하는 것이 아니라 담론이 낳은 효과, 즉 진리효과(truth-effect)에 지나지 않는다. 이는 담론이라는 것이 현실을 반영하거나 재현하는 것이 아니라 현실을 조작하고 구성하는 생산적 전략들과 관련이 있다는 것을 의미한다.

둘째, 담론은 사건(event)적이며 특이성(singularity)을 갖는 개념이다. 담론은 언표들에 의해 생성되는데, 언표는 명제와 달리 구체적인 맥락 속에서 사건으로 출현하는 것이다. 갈릴레오가 "지구는 둥글다"고 말한 것과 우리가 "지구는 둥글다"라고 말하는 것은 차이가 있다. 그가 지구가 둥글다고 말했을 때(언표행위의 순간)는 그에게 목숨을 담보로 하는 위험천만한 순간이었을 것이다. 그러므로 담론의 언표행위는 사건적이며 특이한 순간에 이루어지는 것이다. 이러한 점에서 푸코의 담론 개념은 구조주의의 '구조' 개념과는 차별성을 갖는다. 파롤/랑그의 이분법에 의존하는 구조주의의 구조가 변하지 않는 기저의 불변적 구조를 전제로 하는 것이라면, 푸코의 담론은 항상 변화하는 사건적 세계와 관련되어 있는 것이다.[4]

---

4) 푸코의 담론 개념은 당시 인간의 의식이나 실존적 삶의 현상적 본질을 탐구하던 현상학에서 인간의 삶과 행위가 언어와 담론을 지배하는 것이 아니라 언어와 담론이 인간의 삶을 규제하고 통제한다는 구조주의로 나아가는 프랑스 철학계의 현실을 반영할 뿐만 아니라 구조주의에 대한 푸코 나름의 대응과 관련이 있다. 이 당시 푸코와 비슷하게 데리다(Derrida)는 『그라마톨로지』(Of Grammatology)에서 "텍스트 외부에 아무것도 존재하지 않는다"는 유명한 말을 하였다. 이 말은 텍스트 외부에 어떤 세계가 존재하지 않는다는 식으로, 즉 세계를 부정한다는 식으로 오해되기도 했지만 이 말의 진의는 존재하는 모든 것은 담론과 텍스트를 거칠 수밖에 없다는, 세계는 이미 텍스트와 담론을 떠나서는 존재하지 않는다는 의미였다

셋째, 담론 개념은 이데올로기와 구분되며 또한 이데올로기보다 훨씬 더 복잡한 개념이다. 이데올로기가 주로 진실을 호도하거나 은폐하는 담론의 허위적이고 부정적인 특징을 강조한다면, 담론은 오히려 진리를 생산하고 현실을 변화시키는 수행적(performative) 전략의 기능과 직접적 관계가 있다. 뿐만 아니라 이데올로기의 부정적 경향과 달리, 담론은 권력에 저항하는 성격 또한 갖는다. "담론은 권력을 전달하고 생산한다. 그것은 권력을 강화할 뿐 아니라 그것을 약화시키고 노출시키고 취약하게 만들기도 한다"는 것이다.

푸코의 계보학적 분석은 (2)의 문제를 집중적으로 다루는데, 그것은 고고학적 단계를 대부분 받아들이면서도 그것이 간과하고 있는 부분, 즉 담론적인 것과 비담론적인 것 간의 관계, 특히 권력과 지식과 진리의 문제를 본격적으로 탐구한다. 이제 푸코의 질문은 달라진다. 무엇보다 중요한 질문은 담론 자체가 진리를 생산하는 것이 아니라 권력 관계가 어떻게 진리의 담론, 즉 지식을 생산하는가 하는 것이다. "우리가 인정해야 할 것은 권력은 어떠한 지식을 창출한다는 점이며, 권력과 지식은 상호 직접 관여한다는 점이고, 또한 어떤 지식의 영역과의 상관관계가 조성되지 않으면 권력적 관계는 존재하지 않으며 동시에 권력적 관계를 상정하거나 구성하지 않는 지식은 존재하지 않는다는 점이다."[5]

여기서 우리는 푸코의 권력 개념에 초점을 둘 필요가 있다. 왜냐하면 푸코의 권력 개념은 과거 혹은 그 당시 통용되던 권력 개념과는 상당한 차이를 보이며 이 차이를 통해 푸코 사유의 특이성이 드러나기 때문이다. 우선 푸코가 권력 개념을 구성한 이유는 권력을 소유로 보는 부르주아적 자유주의의 사법적 모델과, 권력을 국가권력과 동일시하는 마르크스주의적 총체화의 모델을 비판하기 위한 것이었다. 부르주아적 자유주의의 사법적 모델

---

5) 미셸 푸코, 오생근 역, 『감시와 처벌』, 나남, 2003, 59쪽

은 권력을 어떤 개인이나 집단, 혹은 기구나 장치가 '소유'하는 것으로 본다. 즉 법률적인 의미에서 권력을 '실체'로 간주함으로써 권력을 소유할 수 있는 것으로 보는 것이다. 만일 권력을 이렇게 본다면, 권력은 소유 여부에 따라 억압적이거나 부정적일 수밖에 없다. 권력은 오로지 제한하고 억압하고 금지하는 방식으로만 기능하게 되는 것이다. 푸코는 이런 식의 권력 개념에 매우 비판적이다. 그가 시도하고자 하는 것은 권력에 대한 소유적 관점에서 사람과 제도의 일상적 관계 내에서 권력이 작동하는 방식을 검토하는 방향으로 권력에 대한 사고를 이동시키는 것이다. 『성의 역사 1』에서 푸코는 권력이 특정한 행동양식을 억압하거나 검열하기보다는 새로운 행동의 형태들을 발생시킨다는 점에서 억압적인 수단들이 가장 구속적인 순간에서조차 생산적일 수 있다고 주장한다. 결국 권력을 소유로 보는 것은 권력의 생산성과 긍정성을 놓치게 되는 것이다.

권력을 소유로 보기는 마르크스주의적 권력 모델 또한 마찬가지다. 마르크스주의자들은 권력의 소유를 국가권력의 소유와 동일시하거나, 권력 문제를 경제적 생산양식에 비해 항상 부차적인 것으로 취급하였다. 그들은 주로 국가권력에서 민중으로, 즉 위에서 아래로의 일방향적 권력 관계에만 주목한 나머지 그들의 권력 개념은 더 이상 만족스럽지 않다. 마르크스주의자 알튀세르(Louis Althusser)는 국가가 사람들을 억압하는 방식, 그리고 이데올로기가 사람들을 개인으로 구성하는 호명(interpellation)의 방식에 관심을 기울였다. 그의 모델에서 개인들은 단순히 이데올로기적 호명의 대상들일 뿐이다. 그러나 권력 관계들이 한 사회 내의 모든 관계들에 침투하는 방식에 주목하는 푸코의 아래서부터의 권력 모델은 권력이 발생하고 경쟁하는 일상적인 방식을 설명하게 해주는 한편, 개인을 수동적인 존재가 아니라 능동적인 행위주체로 분석하도록 해준다.

이런 비판을 통해 푸코는 권력 개념을 다시 정의한다. 그는 권력 개념보다는 권력 관계(the relationship of power)라는 개념을 사용하는 것이 더 정확하다고 말한다. 즉 관계로 인식할 경우 관계를 유지하거나 관계를 변형하기 위한 투쟁과 갈등이 항상적으로 벌어지게 되고, 나아가서 권력은 힘과 역능의 전략적 수행의 관계로 새롭게 정의될 수 있다. 푸코는 권력이란 수행되는 어떤 것이며 소유라기보다는 전략(strategy)과 같은 것이라고 말한다. 즉 권력은 명사가 아니라 동사로, 즉 존재하는 것 혹은 소유할 수 있는 것으로서가 아니라 어떤 일을 수행하는 행위로 생각되어야 한다고 본다. 따라서 권력 관계란 소유가 아니라 힘의 관계이자 힘의 사용과 관련된 전략적 관계인 것이다. 이상에서 살펴본 권력 개념의 특징을 간단히 정리하자면, 첫째, 권력은 소유적(실체적)이지 않고 관계적이다. 둘째, 권력은 억압적이지 않고 생산적이다. 셋째, 권력은 총체적이지 않고 국지적이다.

그 결과 푸코는 자신의 권력 개념을 미시적 물리학으로 정의한다.

그곳에서 행사되는 권력은 하나의 소유물로서가 아니라 하나의 전략으로 이해되어야 하며, 그 권력지배의 효과는 소유에 의해서가 아니라 배열, 조작, 전술, 기술, 작용에 의해서 이루어진다는 것이다. 그 권력 속에서 우리는 소유할 수 있는 어떤 특권을 찾아내기보다는 오히려 항상 긴장되어 있고, 항상 활동 중인 관계망을 찾아내야 하며, 그 권력의 모델로서 어떤 양도거래를 행하는 계약이라든가, 어떤 영토를 점유하는 정복을 생각하기보다는 오히려 영원히 계속되는 전투를 생각해야 한다. 요컨대, 다음의 점을 인정하지 않으면 안된다. 즉 권력은 소유되기보다는 오히려 행사되는 것이며, 지배계급이 획득하거나 보존하는 '특권' 이 아니라, 지배계급의 전략적 입장의 총체적인 효과이며, 피지배자의 입장을 표명하고, 때로는 연장시켜 주기도 하는 효과라는 것이다. 한편, 이 권력은 '그것을 갖지 못한 자' 들에게 다만 단순하게 일종의 의무 내지 금지로서 강제되는 것은 아니다. 그 권력은 그들이 포위공격하고, 그들을 거쳐가며, 그들을 통해서 관철된다. 더구나 그 권력은 그들을 거점으로 삼는 것이다.[6]

푸코는 이런 권력의 미시적 물리학을 감옥, 학교, 공장, 병원과 같은 근대적 규율제도를 통해 분석한다. 특히 이런 권력 개념이 가장 가시적으로 설명되고 있는 장치가 일망감시장치인 '판옵티콘'(Panopticon)이다. 일망 감시장치는 18세기 철학자 제레미 벤담(Jeremy Bentham)이 고안한 건축 장치로서 푸코는 이를 통해 감옥의 죄수들이 감시자 없이도 감시(외부)의 시선을 내면화하면서 스스로를 감시해가는 과정을 치밀하게 분석했다. 푸코에 따르면 죄수는 "스스로 권력의 제약들을 떠맡아서 자발적으로 자기 자신에게 작용하도록" 함으로써 "권력관계를 자기 자신 속에 각인하고 일인이역을 동시에 수행한다. 그는 자기 자신의 종속의 원리가 된다." 푸코는 말한다. 새로운 감시 장치인 일망 감시 장치는 전혀 새로운 배치이며 그것의 영역은 "사회의 하층지대이고, 신체의 세부나 그 다양한 움직임, 이질적인 힘과 신체의 공간적 관련을 포함한 그러한 규율 없는 신체의 영역이다. 여기서 문제가 되는 것은 분배, 분리, 계열, 조합을 분석하는 메커니즘과, 가시적으로 만들고, 기록하고, 차이를 짓고, 또한 비교하기 위한 도구를 이용하는 메커니즘인 것이다"[7]라고.

여기서 푸코의 핵심적 주장이 나온다. 즉 주체가 권력을 소유하는 것이 아니라 권력(관계)이 주체를 생산한다는 것이다.

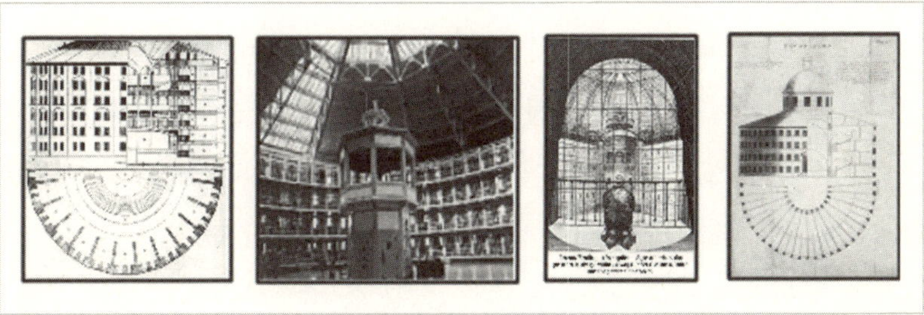

일망감시장치인 '판옵티콘'

---

6) 미셸 푸코, 『감시와 처벌』, 57~8쪽
7) 미셸 푸코, 『감시와 처벌』, 322쪽

계보학적 분석은 이렇듯 근대적 규율권력과 지식 그리고 주체의 생산의 관계를 집중적으로 살펴보고 있으며 푸코의 통찰이 가장 빛을 발하는 대목이다. 하지만 이 분석에서 푸코는 자주 "권력이 있는 곳에 저항이 있다"고 말하는데, 이 말은 모든 것이 권력에 의해 미시적으로 통제되는 현실을 설명하는 『감시와 처벌』에서 조금 무색해지는 감이 없지 않다. 이렇게 속속들이 권력 관계들이 침투하고 있는 현실에서 과연 어떤 저항의 방식이 가능할까? 이런 딜레마를 답하기 위해 푸코는 70년대 후반부터 죽기 전까지 자아의 윤리와 주체의 해석학 문제를 고민하기 시작한다.

『광기와 문명』이나 『말과 사물』에서 그리고 『감시와 처벌』에서도 함축적인 많은 것들을 분명하게 표현할 수 없었습니다. 그것은 제가 문제를 제기한 방식 때문입니다. 저는 세 가지 주요한 유형의 문제를 배치하고자 했습니다. 그것은 진리 문제와 권력 문제 그리고 개인의 행위 문제입니다. 이 세 가지 경험 영역은 각각 서로의 관련 속에서만 이해할 수 있으며 따로 떼어서는 이해할 수 없습니다. 이전의 책들에서 저를 괴롭혔던 것은 제가 세 번째 경험을 고려하지 않고 앞의 두 가지 경험만을 고려했다는 것입니다.[8]

푸코는 이 문제를 탐구하기 위해 그리스 로마시대로 되돌아간다. 그곳에서 그는 근대적 규율권력에 의해 통제되지 않는, 오히려 개인이 권력에 의해 통제되기보다 오히려 권력 자체를 스스로 통제해가는 자아의 테크놀로지를 분석하기 시작한다. 이런 관심으로의 회귀를 우리는 푸코의 윤리학 단계라고 말할 수 있을 것이다. 푸코는 자아와 쾌락의 문제, 자아의 관계의 양식화, 행위양식, 타인들과의 관계의 양식화를 탐구하는데 이 탐구는 『성의 역사 2』, 『성의 역사 3』, 그리고 『자아의 테크놀로지』에서 본격적으로

---

8) 미셸 푸코, 정일준 역, 『자유를 향한 참을 수 없는 열망』, 새물결, 1999, 104~105쪽

이루어진다.

III. 『성의 역사』[9]를 어떻게 읽을 것인가?

『성의 역사』 1권과 2~3권은 앞서 말했듯이, 시간적 간격뿐 아니라 내용적 측면에서도 일정한 단절과 관점의 변화를 보이는 책이다. 1권이 『감시와 처벌』처럼 계보학적 관점에서 성(sexuality)을 분석하고 있는 데 반해, 2권과 3권은 주체의 윤리학의 관점에서 성을 분석하는 책이다. 특히 1권이 성이 근대적 규율시스템 속으로 들어오는, 즉 권력 관계가 성의 차원까지 침투해 들어가서 성을 담론화하고 성 담론을 지속적으로 생산하는 과정을 다루고 있다면, 2~3권은 그보다 훨씬 이전의 시기인 그리스 로마시대로 거슬러 올라가서 그 시대의 성과 쾌락의 문제를 서술하는 구조를 갖고 있다. 우리는 어떻게 이 책을 읽어야 할 것인가? 1권을 먼저 읽고 그에 대한 대안으로 2~3권을 읽어야 하는가?(새로운 대안적 모색으로서의 읽기) 시간 순서로 2~3권에서 다루어지는 그리스—로마 시대의 자아의 윤리와 쾌락의 문제를 먼저 파악하고 그것이 근대적 생명권력 속으로 편입되는 과정을 이해하는 것이 올바른 것인가?(분석적 차원의 읽기) 푸코는 두 가지 읽기 방식 모두를 염두에 두었던 것 같다. 분석적 차원에서는 2~3권의 자아의 쾌락과 윤리 문제를, 그것이 근대적 규율체계 속으로 통합되는 과정에 대한 전사(前史)로 읽을 수도 있고, 대안적 모색의 차원에서는 그런 규율화의 과정에서 벗어나는 새로운 윤리의 가능성을 탐색하고 있는 것으로 읽을 수도 있기 때문이다. 따라서 그리스 로마시대가 2~3권에 배치된 것은 푸코가 근대적 생명

---

9) 『성의 역사 1』의 번역본은 이규현 역, 나남, 2004를 이용하고, 『성의 역사 2』의 번역본은 문경자, 신은영 역, 나남, 2004를 이용한다

권력과 규율체계 속에 통합된 성 담론에서 벗어나, 자신의 몸과 쾌락을 스스로 통제하는 자아의 윤리학에서 새로운 대안적 가능성을 보았기 때문이라 생각해도 괜찮을 듯하다.

> 오늘날 그리스인을 다시 사유하려는 시도는 그것이 자기반성에 적합한 특히 훌륭한 도덕 영역이라고 평가하는 데 있는 것이 아닙니다. 요점은 오히려 우리가 완전히 자유로울 수 있는 과거의 체험으로서 유럽 사상이 그리스 사상을 다시 한번 끌어들일 수 있도록 하는 것입니다.[10]

따라서 『성의 역사 2』와 『성의 역사 3』은 시기적으로는 『성의 역사 1』에 비해 훨씬 앞서지만 근대적 규율권력과 생명권력 속에 갇힌 성 담론에 대한 대안적 모색으로 읽어도 무방하리라 본다. 그렇다면 우선 『성의 역사 1』에서 푸코가 주장하고자 하는 바는 무엇인가를 이해하는 것이 『성의 역사 2』와 『성의 역사 3』을 읽기 위한 첩경이라는 생각이 든다. 다음에서는 『성의 역사 1』을 중심으로 읽고 2~3권은 그 방향성만 제시하도록 하겠다.

1. 성은 억압되는 것인가?—억압가설 비판과 고백의 메커니즘

『성의 역사 1』은 성을 권력 관계를 확산시키기 위한 대상으로 삼는 권력 장치와, 18세기 이후 등장한 인구와 생명을 관리하고 통제하려는 생명정치(bio-politics)의 문제를 집중적으로 분석한다. 푸코는 성 억압가설을 비판하고 18세기 이후 성이 금지되거나 억압되기보다 사회의 표면에 끝없이 퍼져 나가는 성 담론/성 장치의 확산 현상과, 근대적 민주주의의 등장과 더불어 인구와 생명이 정치적·경제적 중심문제로 등장하면서 개인의 생명을 통

---

10) 미셸 푸코, 『자유를 향한 참을 수 없는 열망』, 112쪽

제하고 그들을 규율체계 속으로 끌어들여야 할 필요성이 중요한 사회적 이슈로 대두하게 되는 생명정치의 출현을 연결하고자 한다. 푸코의 핵심적 주장은 전자가 후자의 일부로서 작용하고 있다는 것이다.

『성의 역사 1』의 출발점은 성(sexuality)을 바라보는 지배적인 관점인 성의 억압가설을 비판하고 성을 담론과 권력장치의 관점에서 볼 것을 강조하는 것이다. 성이 아니라 성 장치와 성 담론의 관점에서 볼 때, 성은 억압되기는커녕 엄청나게 확산되고 퍼져나가며 우리 삶의 미시적 영역까지 파고드는 것임이 드러나게 된다는 것이다. 푸코가 비판하는 억압가설은 서구 사회 뿐 아니라 우리 사회에서 성을 바라보는 지배적인 통념이기도 하다. 마광수나 서갑숙의 자기 성에 대한 고백이 힘을 얻는 것은 우리 자신이 성이란 억압되어 있다는 억압가설을 믿어주고 있기 때문이다. 푸코는 성 억압가설의 통념을 다음과 같이 멋지게 형상화한다.

17세기 초까지만 해도 어떤 솔직한 태도가 널리 퍼져 있었다고들 한다. 실천은 은밀하지 않았고, 말은 지나친 망설임 없이 행해졌으며, 사물은 지나치게 가장되지 않았을 뿐더러, 부정은 관용적이고 무람없는 방식으로 다루어졌다. 상스러운 것, 음란한 것, 추잡한 것에 관한 규범은 19세기에 비해 매우 느슨했다. 직접적 행위, 부끄러움 없는 담론, 눈에 보이는 위반, 노출되고 쉽게 섞이는 나신들, 어른들의 호탕한 웃음 사이로 아무런 거리낌 없이 돌아다니는 영악한 어린이들. 즉 육체가 "공작의 꼬리처럼 찬란하게 펼쳐졌다."

이러한 대낮에 짧은 황혼이 이어졌을 것이고 급기야 빅토리아 여왕의 시대의 부르주아지의 단조로운 밤이 다가왔을 것이다. 그때 성은 은밀하게 유폐된다. 성의 거처가 바뀐다. 부부 중심의 가족이 성을 몰수한다. 그리고 성을 진지한 생식기능으로 완전히 흡수해버린다. 섹스를 중심으로 침묵이 감돈다. 합법적이고 생식력 있는 부부가 지배자처럼 군림한다. 부부는 비밀의 원칙을 확보함으로써 본보기로 강요되고 규범을 강조하며 진실을 보유할 뿐 아니라 말

할 권리를 갖는다. 각 가정의 심처에서와 마찬가지로 사회의 공간에서도 인정
되는 성의 배출구, 유일하나 공리적인 다산성의 장소가 부모의 침실이다.
(……) 생식기능에 부합하지 않거나 생식기능에 의해 변형되지 않는 것은 더
이상 발붙일 곳이 없다. 더 이상 목소리도 없다. 내몰리고 거부되며 침묵으로
귀착한다.(26~7쪽)

이러한 성의 억압가설이 오늘날까지 지배적인 지위를 누리게 되는 것은
자본주의의 역사가 기본적으로 성의 억압을 노동력으로 치환한 역사라는
통념이 깊숙이 자리하고 있기 때문이고, 그에 대한 비판적 대안으로 주장
한 성 해방의 논리들이 성 억압에 근거하고 있었기 때문이다. 즉 성 해방이
강력한 주장으로 제기될 수 있었던 것은 성 억압가설이 그것을 뒷받침해
주고 있었기 때문이라는 것이다. 이런 논리는 서구 자본주의를 추동한 것
이 금욕적인 프로테스탄티즘적 노동윤리라고 주장한 막스 베버(Max
Weber), 문명의 발전을 성의 억압과 지연에서 찾았던 지그문트 프로이트
(Freud), 그리고 서구 혁명의 원천을 성 억압을 깨고 성의 해방에서 찾았던
헤르베르트 마르쿠제(Herbert Marcuse)와 빌헬름 라이히(Wilhelm Reich) 같은
학자들에 의해 튼튼하게 유지되고 있었다.

혁명과 행복, 혁명과 더 새롭고 더 아름다운 육체, 또는 혁명과 쾌락이 은연
히 공존할 수 있게 되는 것은 바로 억압이 단언되기 때문이다. 권력에 항변하
는 것, 진실을 말하고 성적 쾌락을 약속하는 것, 계몽과 해방 그리고 증대된 관
능적 쾌락을 서로 연결시키는 것, 알고자 하는 열정과 법을 변화시키려는 의
지 그리고 기대된 환락의 동산이 서로 연결되는 담론을 행하는 것—이 모든
것이 아마 억압의 견지에서 성에 관해 말하려는 우리의 집요함을 뒷받침한
다.(30~1쪽)

푸코가 볼 때, 성 억압가설은 사태의 한 측면만을 과장한 데 지나지 않는다. 오히려 성 억압가설이 일부를 형성하고 있는 성 담론과 성 장치에 주목할 경우, 사태는 전혀 달라진다. 다시 말해, "성에 관해 말한다는 사실, 성에 관해 말하는 사람, 성에 관해 말하는 장소와 관점, 성에 관해 말하기를 부추기고 성에 관해 말한 내용을 수집하며 유포시키는 여러 제도, 즉 성에 관한 전반적 '담론 현상' 과 '담론화' 를 고찰"할 경우 성은 억압되는 것이 아니라 훨씬 증폭되고 확산되고 있었다.[11] 푸코는 성의 억압가설이 아니라 성을 둘러싼 담론과 권력과 지식의 산출이라는 관점에서 볼 때, 17세기 이후 서양의 근대는 "성을 중심으로 성에 관해 이루어진 담론의 완전한 폭발"(38쪽)을 보여준다고 주장한다. 어휘가 순화되고 점잖은 말의 사용이 권장되는 등, 성에 대한 억압과 제제가 규범화된 측면이 없지 않았다고 하더라도,

담론과 담론의 영역이라는 차원에서는 현상이 거의 정반대이다. 성에 관한 담론, 이를테면 형식과 대상에 따라 서로 다른 특수한 담론은 끊임없이 확산되었다. 즉 18세기부터 가속화된 담론의 발효. (……) 예절에 관한 규칙의 엄격화는 거의 확실하게 음탕한 말의 중시와 강화라는 반작용을 초래했다. 그러나 요점은 권력 자체가 행사되는 장에서 성에 관한 담론이 증가했다는 것이다. 즉 성에 관해 점점 더 많이 말하도록 부추기는 제도적 선동, 성에 관해 말하는 것을 듣고 성 자체로 하여금 끝없이 누적되는 세세한 것을 통해 분명히 말하도록 만들기 위한 권력의 집요한 권유이다. (38쪽)

---

11) 이러한 관점에서 행해진 처음의 대략적 검토는 16세기 말부터 성의 담론화가 제한의 과정을 따르지 않고 반대로 증대하는 선동의 메커니즘에 종속되었다는 것, 성에 대해 행사되는 권력의 기법은 엄격한 선별의 원칙이 아니라 반대로 다형적 성의 확산과 확립이라는 원칙을 따랐다는 것, 그리고 지식의 의지가 요지부동의 금기 앞에서 꺾이기는커녕 아마 많은 오류를 통해서일 터이지만 오히려 성의 과학을 구성하는 데 몰두했다는 것을 보여주는 듯하다. 『성의 역사 1』, 36쪽

푸코는 성 담론의 핵심적 장치로 가톨릭교서와 고해성사의 변화에 주목한다. 고해성사에 대한 설명은 서구적 근대와 계몽을 바라보는 푸코의 독특한 시각을 드러내주는 부분이다. 푸코는 종교적 세계관으로부터 해방된 계몽의 기획에 강한 의구심을 품고 있다. 오히려 종교적 세계관이 세속화되어 약화되거나 사라지기보다는 오히려 내면화되어 근대인을 규율화하는 핵심적 권력기제로 작동하고 있다는 것이 푸코의 생각이다. 이는 서양 자본주의를 움직이게 만든 것이 프로테스탄티즘의 종교적 노동윤리라고 했던 막스 베버의 생각과 유사한 것 같지만 상당히 차이가 있다. 두 사람 모두 근대가 종교적 가치와 단절된 것이 아니라는 데는 같은 생각을 갖고 있지만 푸코의 사고가 훨씬 더 미시적인 경향이 있다. 푸코는 원한(resentment)과 죄의식에 사로잡힌 왜소한 기독교적 인간을 맹렬히 비판한 니체를 따라 근대적 인간의 내면을 규율화하는 시스템으로 고백(confession)의 역할에 주목한다. 푸코에 따르면, 반종교개혁의 여파로 17세기 이후 고해서에 기록된 질문의 노골성은 점차 미약해지지만, 육욕에 대한 고백의 범위는 훨씬 넓어지고 고백의 기능은 훨씬 엄격해진다. 고백서는 철저한 자기성찰의 규칙을 부과하려는 노력으로 나타났고 "생각, 욕망, 음탕한 상상, 열락, 영혼과 육체의 순차적 움직임, 이 모든 것은 그때부터 조목조목 고해와 영성 지도의 대상"(40쪽)이 되었다. "모든 것은 이야기되어야 한다"는 고백이라는 장치는 육욕의 행위를 모든 죄의 근원으로 만드는 한편, 그 육욕의 원천적 계기로 욕망을 지목함으로써 욕망을 인간에게 가장 은밀히 해를 끼치는 악으로 간주하도록 만들었다. 드디어 이야기되어야 하는 것은 육욕의 구체적 행위가 아니라 내면에 잠재된 욕망이 된다.

"당신의 영혼이 지닌 모든 능력, 기억, 오성, 의지를 꾸준히 살피시오. 또한 당신의 모든 감각을 정확하게 조사하시오. (……) 또한 당신의 모든 생각, 당신이 한 모든 말, 그리고 당신의 모든 행위를 검토하시오. 더 나아가 당신의 꿈까지 유심히 살피고, 잠에서 깨어나서는 혹시라도 그 꿈에 동의하지 않았는지 파악하시오."(1695년 Segneri). 따라서 불가피하고 주의 깊은 담론이라면 육체와 영혼의 접합선을 어떤 굴곡도 빠짐없이 따라가게 되어 있다. 즉 그것은 죄악의 표면 아래 육욕의 연속된 잎맥을 나타나게 한다. 성이 직접적으로 명명되지 않도록 세심하게 순화된 언어의 비호 아래, 성에 모호함도 유예도 남겨놓지 않는다고 주장하는 담론이 성을 도맡아 포위망 속으로 몰아간 것이다.(40~1쪽)

푸코가 볼 때, 고백은 단순히 하나의 특정한 사례가 아니라 서양적 근대에서 모든 선량한 기독교인들에게 적용되어야 할 이상적 상황이었고, 인간적 욕망을 면밀히 검토하는 핵심 메커니즘이었으며, 나아가서 정신의학과 정신분석을 뒷받침하는 핵심적 규율장치로 자리잡았다. 푸코는 서양사회가, 성적 쾌락을 자신의 삶의 실천과 연결하는 '아르스 에로티카(*ars erotica*)'의 사회에서 성의 진실을 권력과 지식의 형태로 파악하는 '스키엔티아 섹수알리스(*scientia sexualis*)'의 사회로 나아가는 그 중심에 권력 형태로서의 고백이라는 메커니즘이 자리하고 있다고 말한다. 즉 고백은 권력에 의한 미시적 개별화 과정의 핵심에 자리하며 성에 관한 참된 담론의 생산을 지배하는 일반적 모태였으며 지금도 그렇다는 것이다.

고백은 서양에서 진실을 산출하기 위한 가장 높이 평가되는 기법의 하나가 되었다. 그때부터 우리는 고백이 유별나게 행해지는 사회가 되었다. 고백의 효과는 사법, 의학, 교육, 가족관계, 애정관계, 가장 일상적인 영역, 가장 엄숙한 의례로 멀리 퍼져나갔고, 누구나 자신의 범죄를 고백하고 자신의 과오를 고백하며 자신의 생각과 욕망을 고백할 뿐만 아니라 자신의 과거와 몽상을 고백하고 자신의 어린시절을 고백하며 자신의 질병과 빈곤을 고백할뿐더러, 누구나 자신의 부모, 교육자, 의사, 사랑하는 사람에게 공개적으로 사적으로 고

백하며, 다른 누구에게도 할 수 없는 고백은 기쁨과 괴로움 속에서 자기 자신
만이 볼 수 있을 뿐인 글로 씌어지기도 한다. 누구나 고백한다.(80쪽)

푸코는 질문한다. 이런 "고백 절차의 확산, 고백 절차에 따른 속박의 다
양한 국지화, 고백 절차가 자리잡는 영역의 확장"은 어떻게 해서 이루어졌
는가? 나아가서 "어떻게 성에 관한 고백의 이러한 막대하고 전통적인 강요
가 과학적 형태로 구성되기에 이르렀는가?" 그 대답으로 (1)고백 절차를 과
학적으로 수용 가능한 관찰의 영역으로 편입하는 '말하게 하기'의 임상적
체계화, (2)성에 원인이 있지 않는 것은 없다는 식으로 성적 인과관계의 망
을 촘촘히 짜는 확산된 일반적 인과율의 가설화, (3)성이란 본래 포착하기
어렵고 감추어져 있기 때문에 강제로 끌어낼 필요가 있다는, 성에 고유한
잠복성의 원리, (4)성 고백을 듣는 사람의 역할을 진실의 주인이 되게 하는
해석의 방법, (5)고백을 진단과 치료를 필요로 하는 고백 효과의 의학화를
제시한다. 따라서 고백은 관례적이고 국지적인 기능에서 벗어나 사회의 표
면 전반에 걸쳐 확산되었으며 "모든 관계에서, 즉 자녀와 부모, 학생과 교
육자, 환자와 정신과 의사, 비행자와 전문가 사이의 관계에서 이용되었다"
(85쪽).

이를 정리하자면,

우리의 사회는 '아르스 에로티카'의 전통과 결별함으로써 '스키엔티아 섹
수알리스'를 갖추었다. 우리 사회는 성에 관한 참된 담론을 산출해야 할 책무
를 추구했고, 난관이 없지는 않았지만 고백의 오랜 절차를 과학적 담론의 규
칙에 맞춤으로써 성에 관한 참된 담론의 산출을 계속했다. 19세기부터 발전한
'스키엔티아 섹수알리스'는 역설적으로 의무적이고 철저한 고해의 특이한 의
례를 핵심으로 간직하는데, 고해의 의례는 기독교 서양에서 성의 진실을 산출
하기 위한 최초의 기법이었다. 이 의례는 16세기부터 점차로 고해성사로부터

떨어져 나왔고, 영혼의 인도와 영성 지도를 통해 (…………) 교육학 쪽으로, 성인과 어린이 사이의 관계 쪽으로, 가족관계 쪽으로, 의학과 정신의학 쪽으로 옮겨갔다. 어쨌든 거의 한 세기 반 전부터 성에 관한 참된 담론을 산출하기 위해 복잡한 장치가 자리를 잡는데, 그 장치는 고백의 오랜 명령을 임상적 청취의 방법에 접속시키므로 역사에 폭넓게 걸쳐 있는 것이다.(90쪽)

푸코에게 고백이 중요한 것은 고백이 단순한 장치라기보다는 권력이 지식을 통해 성을 통제해가는 핵심적 통로라는 점 때문이다. 고백이란 장치는 권력과 지식과 쾌락의 연결고리이며 성이 억압되는 것이 아니라 성이 끝없이 말해지면서 사회 전역에 걸쳐 미시적으로 확산되어 나가는 핵심기제인 것이다. 결국 고백은 "축출이나 배척의 부정적 메커니즘이기보다는 오히려 담론, 지식, 쾌락이 미묘하게 얽힌 조직망의 점화이고, 야생의 성을 어떤 어둡고 접근할 수 없는 영역으로 집요하게 내모는 것으로 보이는 움직임이 아니라 반대로 성을 사물과 육체의 표면에 퍼뜨리는, 성을 자극하는, 성을 명백하게 나타내고 성으로 하여금 말하게 하는, 성을 현실에 정착시키고 진실을 말하라고 성에 대해 명령하는 과정"이다.

2. 성은 어떤 식으로 생산되는가?—비정상과 성도착의 양산

성 억압가설을 비판한 푸코는 이제 고백을 통한 성 담론의 확산을 단순한 양적인 증가 현상으로 생각하는 것은 잘못이라고 주장한다. 오히려 푸코는 정상적 성의 형태를 강화함으로써 다른 형태의 성들이 억압되는 것이 아니라 오히려 고백의 제도화 및 의학화에 의해 성의 잡다한 형태들이 양산되고 그 형태들이 면밀한 검토의 대상이 되며, 그 결과 다양한 '성적 도착'이 확립되기에 이른다고 주장한다. 그 결과 주변적인 형태의 성들이 대거 출현하게 되는 현상이 발생하게 된다. 푸코는 18~19세기에 성 담론의 폭발적 증가가 합법적인 혼인 중심의 체제에 두 가지 변화를 초래했다고 말한다. 우선 한편에서는 일부일처제가 확고한 자리를 차지하고 은밀한 규범의 구실을 하게 되면서 관심이 이성애적 일부일처제에서 사회 전체로 원심적으로 퍼져가는 현상이 발생했고, 또 다른 한편에서는 "어린이의 성, 광인과 범죄자의 성이고 이성을 사랑하지 않는 사람의 쾌락이며 몽상, 강박관념, 사소한 조광증이나 맹렬한 격분"(59쪽)과 같은 주변적 성과 관련된 것이 집중적인 검토의 대상이 되기 시작했다는 것이다.

> 18세기 말부터 금세기까지 그들은 늘 법에 의한 것은 아니지만 추적당하고 언제나 감옥 안인 것은 아니지만 흔히 감금당하는 처지에서 어쩌면 병자로서일 터이지만 대개의 경우 파렴치하고 위험한 희생자로서, 악덕과 때로는 불법 행위의 이름도 갖는 이상한 악행의 제물로서 사회의 빈틈을 찾아 이리저리 몰려다닌다. 너무 일찍 철이 들어 교활해진 어린이, 조숙한 소녀, 정체가 모호한 중학생, 행실이 미심쩍은 하인이나 가정교사, 잔인하거나 편집광적인 남편, 고독한 수집가, 기괴한 충동을 지닌 산책자. 그들은 징계위원회, 교화원, 감화원, 재판소, 정신병원을 들락거리고, 의사에게는 야비한 언행을 내보이며, 재판관에서는 질병을 내세운다. 그들은 비행자와 인접하고 광인과 유사한 수많은 성도착자의 부류이다.(61쪽)

이러한 주변적 성의 출현은 무엇을 의미하는가? 성이 느슨해진 것인가? 아니면 주변적 성을 더 엄격히 통제해야 할 필요성을 증명하는 것인가? 푸코는 성범죄에 대한 법규가 완화된 것은 관용으로 볼 수 있겠지만 사법권이 의학으로 넘어가면서 교육법과 치료법의 발달로 인한 통제영역과 감시 메커니즘은 훨씬 강화되고 있었다고 주장한다. 즉 주변적 성의 대대적인 출현은 의학적 시선이라는 권력이 보다 미시적으로 작동한 결과라는 것이다. "의학은 '불완전한' 성적 실천에서 생겨났을 기관이나 기능 또는 정신의 병리학을 온전한 형태로 찾아냈고, 모든 형태의 부수적인 쾌락을 세심하게 분류했으며, 부수적 쾌락을 본능의 '전개'와 '혼란'에 통합했을 뿐 아니라 부수적 쾌락의 관리를 시도했다."

푸코는 잡다한 주변적 성에 대한 권력의 기능이 금지와 억압과는 다른 차원의 작동임을 보여주는 네 가지 구체적 예를 든다. 첫째, 19세기부터 어린이의 성을 포위하고 어린이의 자위행위를 추격하는 대대적인 통제가 정착된다.

어린이의 성을 중심으로 성인의 세계를 동원한 그 100년 동안의 조직적 활동 전체는 그 미소한 쾌락(어린이의 자위행위)에 기대고 그 미소한 쾌락을 비밀로 설정하며 그 미소한 쾌락의 맥락을 거슬러 올라갔을 뿐만 아니라 그 미소한 쾌락의 원인과 결과를 낱낱이 추적하고 그 미소한 쾌락을 유발하거나 쉽사리 허용할지 모르는 모든 것을 추격하는 것이었는데, 그러한 쾌락이 위험하게도 표면화될 수 있는 곳이라면 어디에나 감시장치가 갖추어졌고 고백을 강요하기 위한 덫이 설치되었으며 교정의 담론이 끝없이 부과되었을 뿐만아니라, 부모와 교육자에게 위험이 경고되었고 모든 어린이가 유죄라는 유혹과 모든 어린이를 충분히 의심하지 않으면 자신들이 유죄이게 된다는 두려움이 부모와 교육자 사이에 퍼졌으며, 부모와 교육자가 그 반복되는 위험 앞에서 경각심을 잃지 않게 되었을 뿐만 아니라 부모와 교육자의 행동이 규정되었고 부모와 교육자를 위한 교육이 다시 코드화되었으며, 가족의 공간에 온전한 의학적−성적 체제의 발판이 확고하게 마련되었다. (63쪽)

둘째, 주변적 성에 대한 이러한 추궁은 '성적 도착들의 통합'과 '개인들의 새로운 특성 결정'을 낳는다.

남색, 말하자면 고대의 민법 또는 교회법에서의 남색은 금지된 행위의 한

가지 유형이었고, 남색의 장본인은 사법적 제재의 대상일 뿐이었다. 19세기에
동성애자는 중요한 인물이 되었다. 즉 동성애자의 과거, 내력과 유년기, 성격,
생활양식, 또는 절제가 결여된 생체의 구조와 어쩌면 수수께끼 같은 생리, 그
리고 체형이 세세하게 조사된 것이다.(64쪽)

셋째, 이런 주변적 성에 권력이 행사되기 위해서는 금지보다는 지속적이
고 주의 깊으며 끈기 있는 세밀한 감시가 요구되었는데, 특히 의료 검진, 정
신의학적 조사, 교육학적 보고, 가족의 통제 등 성에 대한 의학적·교육적
감시의 역할이 중요해진다.

넷째, 19세기 성적 포화의 장치들이 대대적으로 등장하는데, 이는 성을
합법적인 이성애 부부에 한정했다는 통념이 잘못된 것임을 보여준다. 푸코
는 가족의 역할 뿐만 아니라 가족을 에워싸고 있는 성 장치들을 볼 때, 그런
통념과는 전혀 다른 사태가 나타난다고 말한다.

19세기의 가족은 정말로 일부일처제와 부부 중심의 세포일까? 아마 어느
정도로는 그럴 것이다. 그러나 19세기의 가족은 또한 변화 가능한 관계로 인
해 다양한 요소에 따라 유기적으로 결합하는 권력―쾌락의 망이기도 하다. 성
인과 어린이의 분리, 부모의 침실과 아이들의 침실 사이에 확립된 양극 구조,
사내아이와 계집아이의 상대적 격리, 세심한 육아의 엄격한 수칙, 어린이의
성에 대한 대대적인 관심, 수음의 추정된 위험, 사춘기에 부여되는 중요성, 보
모에게 암시되는 감시방법, 훈계, 비밀과 공포, 가치를 부여받음과 동시에 꺼
려지는 하인의 존재, 이 모든 것으로 인해 가족은 가장 작은 규모로 축소된 형
태까지도 다양하고 단편적이며 끊임없이 변화하는 성으로 표화된 복잡한 조
직망이 된다. (……) 가족 옆에서 학교나 정신병원은 많은 구성원, 서열, 공간
적 배치, 감시체계 때문에 권력과 쾌락의 상호작용을 확신시키는 또 다른 방
식을 이루지만, 가족과 마찬가지로 교실, 기숙사, 왕진이나 검진 같은 특권적

공간이나 관례로 인해 심한 심적 포화상태의 영역으로 드러난다. 부부, 이성애, 일부일처제에서 벗어난 성의 형태들은 거기로 소환되고 배치된다.(68쪽)

이를 토대로 푸코는 19세기 부르주아 사회를 "성적 도착이 눈부실 정도로 분산되어 있는 사회"로 정의한다. 이런 사회에서 권력은 성과 쾌락을 억압하기보다는 오히려 성과 쾌락의 확산을 초래하는 장본인이 된다. 즉 권력의 확대로 인한 성의 확산인 것이다. "쾌락과 권력은 서로 상쇄되지도 서로 등을 돌리지도 않는다. 쾌락과 권력은 서로 뒤쫓고 서로 겹치며 서로 재활성화한다. 쾌락과 권력은 복잡하고 확실한 자극과 선동의 메커니즘에 따라 서로 연관된다." 그러므로 푸코는 근대사회가 성에 대해 더 억압적인 시대를 열었다는 가설은 폐기되어 마땅하다고 주장한다.

3. 성 담론과 성 장치는 왜 확산되는가? ―인구의 통치와 근대적 생명정치

푸코는 성에 관한 지식(성 담론)과 권력의 장치(성 장치)의 결합을 네 가지 현상으로 정리한다.

- 여성 육체의 히스테리화 : 여성 육체를 성으로 가득 찬 육체로 분석하고, 여성 육체를 고유한 병리학의 영향 아래 두고 의료 실천 영역에 통합할 뿐 만 아니라 여성 육체를 (여성의 육체에 의해 일정한 다산성을 보장받게 되어 있는) 사회체, (여성의 육체가 실질적이고 기능적인 요소이게 되어 있는) 가족 공간, (여성의 육체가 산출하고, 교육과 연관되는 생명―도덕적 책임 때문에 여성의 육체가 보호되어야 하는) 어린이의 삶과 유기적으로 소통하게 만드는 삼중의 관계. 가령 어머니는 '신경질적 여자'라는 부정적 이미지에 힘입어, 이러한 히스테리화가 가장 가시화된다.
- 어린이 성의 교육학화 : 모든 어린이는 성적 활동에 몰두하거나 몰두하기

쉽고, 그러한 성적 활동은 부당한 데다가 '자연스럽고' 동시에 '자연을 거스르기' 때문에 육체와 정신, 집단과 개인에 대한 위험을 내포한다는 이중의 단언. 어린이는 성의 위험한 분할선 위에서 '예비단계를 밟고 있는' 성적 존재로 규정되고, 부모와 가족, 교육자와 의사, 나중에는 심리학자가 귀중하고 위태로우며 위험할 뿐 아니라 위험에 처해 있는 이 성적 근원을 연속적으로 떠맡게 된다. 이러한 교육화는 자위에 대한 전쟁으로 나타난다.

● 출산에 대한 태도의 사회화 : '사회적' 혹은 '세무적' 조치에 의해 부부의 다산성에 부과되는 모든 부추김과 제한을 통한 경제적 사회화, 사회체 전체에 대한 부부의 책임감을 고취함으로써 이루어지는 정치적 사회화, 개인과 종에 대한 산아 실천은 병의 원인이 된다는 의식에 의한 의학적 사회화.

● 도착적 쾌락의 정신의학화 : 성적 본능이 자율성을 지닌 생체적이고 심적인 본능으로서 별도로 다루어졌고, 성적 본능을 침범할 수 있는 모든 형태의 비정상에 대한 임상적 분석이 이루어졌으며, 임상적 분석이 모든 행동에 관한 규격화와 병리학화의 역할을 부여받았을 뿐만 아니라, 그러한 비정상을 바로잡기 위한 기술체계가 탐구되었다. (124~25쪽)

18세기 이후 서양 사회에서 성 담론은 끝없이 확산되는 데 반해 그것을 통제하려는 권력장치와 시선은 훨씬 더 미세하게 작동하게 된다. 성의 의학화, 교육화 그리고 제도화는 바로 이런 현실을 반영한다. 이런 과정들이 대대적으로 발생하게 된 것은 무엇 때문인가? 이 질문에서 우리는 푸코가 제기하고자 하는 보다 근본적인 문제로 옮겨가게 된다. 푸코는 18세기 이후 서양 사회의 최대 쟁점이 인구 전체를 관리하고 통제하려는 문제였다고 말한다.

18세기에 권력의 기법에서 찾아볼 수 있는 중요한 혁신의 하나는 '인구'가 경제적이고 정치적인 문제로 등장한다는 점인데, 그것은 부로서의 인구, 노동력이나 노동 역량으로서의 인구, 증가 자체와 증가에 의해 마련되는 자원 사이의 균형으로 파악된 인구이다. 단순히 신민이나 심지어는 민족이 아니라 특수한 현상과 고유한 변수, 즉 출생률, 이병률(罹病率), 수명, 생식력, 건강상태, 질병의 발생빈도, 식생활, 주거형태를 내포하는 '인구'가 통치의 대상이라는 것을 정부 쪽에서 알아차리는데, 이 모든 변수는 생명에 고유한 움직임과 제도에 특유한 영향의 교차점에서 결정된다. (……) 한 사회의 미래와 운명이 시민의 수와 미덕, 결혼의 관습과 가족의 구성뿐만 아니라 각자가 자신의 성을 이용하는 방식과 관련되어 있다고 적어도 한결같이 단언되기는 그때가 처음이다.(46쪽)

푸코는 바로 성에 대한 집중적 감시와 확산의 근원에 바로 이런 인구의 정치경제학이 자리하고 있다고 말한다. 성의 확산과 미세한 감시, 즉 성 담론과 성 정치의 결합은 바로 근대정치의 등장과 더불어 급증한 인구와 생명을 어떻게 통치하고 관리할 것인가 하는 문제와 직결되어 있었다. 다시 말해, "인구의 정치경제학을 통해 성에 대한 관찰의 격자가 형성"(47쪽)될 필요가 있었던 것이다. 그 결과 국가와 개인 사이에서 성은 공적인 쟁점이 되었고 담론, 지식, 분석, 명령의 전체적 조직망으로 포위당한다. 그 집중적 관리의 대상이 되었던 것이 어린이와 청소년 그리고 여성의 성이었다는 사실은 전혀 놀랍지 않다.

푸코는 이런 인구의 정치경제학을 인구의 '생명정치'로 정의한다. 그에 의하면, 17세기부터 두 가지 형태의 육체를 다루는 생명권력이 등장한다. 기계로서의 육체와 종으로서의 육체가 그것이다. 전자가 "육체의 조련, 육체적 적성의 최대화, 체력의 강탈, 육체의 유용성과 순응성의 동시적 증대, 효과적이고 경제적인 통제체제로의 육체 통합," 즉 인간의 육체를 '규율'화하고자 하는 권력 절차, 즉 "인체의 해부―정치"에 의해 보장되는 것이라면, 18세기 중엽부터는 후자의 육체, 즉 "생명체의 역학에 의해 검토되고 생물학적 과정에 대한 매체의 구실을 하는 육체”(155~56쪽)가 등장한다. 푸코는 후자의 육체를 관리하고 그것의 증식과 관리하기 위한 일련의 개입과 통제 전체를 “인구의 생명정치”라고 부른다.

여기서 푸코는 자본주의적 생산관계에 대한 맑스의 이론을 보충한다. 맑스가 생산관계와 그것의 재생산을 보장하는 국가에 주목했다면, 푸코는 또 다른 축으로 인구의 생명정치를 담당하는 미시적 권력장치들에 주목하고자 한다.

> 권력 ‘제도’로서 발전한 커다란 국가기관들이 생산관계의 유지를 보장했다면, 사회체의 모든 층위에 현존하고 매우 다양한 제도(가족과 군대, 학교나 경찰, 개인의 의학이나 집단의 관리)에 의해 이용되는 권력 ‘기법’으로서 19세기에 창안된 해부—정치 및 생명—정치의 기본 원리는 경제 과정, 경제 과정의 전개, 경제 과정에서 일하고 경제 과정을 떠받치는 세력의 층위에서 작용했을 뿐만 아니라, 각 세력에 별도로 작용하고 지배관계와 패권 효과를 보증하면서 사회적 차별과 계층화의 요인으로서도 효과가 있었다. 자본의 축적에 의거한 인력 축적의 조절, 생산력 확대와 이윤의 차별적 배분에 대한 인간 집단의 긴밀한 관련은 다양한 형태와 방식으로 행사되는 생명—권력에 의해 부분적으로 가능해졌다. 살아 있는 육체의 투입, 살아 있는 육체의 중시, 살아 있는 육체의 힘에 대한 배분적 관리는 그 시기에 불가결한 것이었다.(158쪽)

근대 들어 성이 집중적인 관심과 통제의 대상이 되기 시작한 것은 바로 이런 생명정치의 차원에서였다. 푸코는 성이 기계로서의 육체와 종으로서의 육체라는 두 가지 축이 전개되기 위한 연결고리였다고 주장한다. 즉 성은 육체의 규율체계와 인구 조절의 생명정치라는 두 가지 층위에 동시에 종속되어 있었던 것이다.

성은 두 가지 층위로 동시에 편입되고, 아주 미세한 감시, 끊임없는 통제, 지극히 세심한 공간적 구획정리, 한없는 의료 또는 심리검사, 육체에 대한 미시권력을 야기할 뿐만 아니라 대대적 조사, 통계학적 추정, 사회체 전체 또는 전체적으로 검토되는 여러 집단을 겨냥하는 개입을 불러일으키기도 한다. 성은 육체의 생명과 동시에 종의 생명으로 접근하는 수단이다. 성은 규율의 모태와 조절의 원리로 이용된다.(163쪽)

4. 자아는 자신의 성의 주체가 될 수 있는가?—자아와 자유의 윤리학

푸코가 그리스 로마시대 자아와 쾌락의 문제로 돌아가고자 한 것은 바로 이 질문에 답하기 위해서였다. 이 질문은 『성의 역사 2』와 『성의 역사 3』에서 집중적으로 다루어지고 있는데, 푸코는 이 책에서 근대인들과는 전혀 다른 그리스 로마시대 개인과 자아의 존재기술의 방식, 즉 개인이 타율적 감시와 통제의 시선이 아니라 자기와의 관계를 통해 스스로를 주체로 세우고 주체로 인식하게 되는 과정에 주목하고자 한다.

'존재의 기술'이란 인간들이 그것을 통해 스스로 행동규칙을 정할 뿐 아니라 스스로를 변화시키고 그들의 특이한 존재 속에서 스스로를 변형시키며, 그들의 삶을 어떤 미학적 가치를 지닌, 그리고 어떤 양식의 기준에 부합하는 하나의 작품으로 만들고자 하는 신중하고도 자발적인 실천으로 이해해야만 한다. 이 존재의 기술, 자아의 기법이 기독교의 사목적 권력에 통합되면서 그 중요성과 자율성을 어느 정도 상실했음은 의심할 나위가 없다. 그렇다고 해도 이 존재의 미학과 자아의 기법의 오랜 역사가 씌어지고 계승되어야 하리라는 사실에는 변함이 없다.(『성의 역사 2』, 25쪽)

그 존재의 기술과 자아의 기술에 대한 독서의 여정은 독자 여러분들의 몫으로 남겨두고 싶다. 그 여정을 따라감으로써 독자들은 지식뿐 아니라 삶을 살아가는 중요한 원리를 깨닫게 될 것이다. 권력의 시선에 자신의 쾌락이 통제되고 감시되는 자기가 아니라 권력과 쾌락의 관계를 전적으로 새롭게 배치하는 자기, 즉 권력을 자신의 역능으로 전화시켜 자신의 삶을 충만하게 살아가는 자기의 존재기술을 맛보게 될 것이다. 『성의 역사 2』과 『성의 역사 3』은 바로 이 주체를 다룬다.

[더 생 각 해 볼 문 제]

1. 푸코가 말하는 판옵티콘이 근대적 주체의 구성과 어떤 관련이 있는지 생각해 보자.

2. 푸코의 자아의 윤리학은 서양 근대의 주체의 철학과 어떤 차이가 있는지 생각해 보자.

3. 서양의 기독교 전통이 근대성과 더불어 사라졌는지, 세속화되었는지, 과연 어떻게 변화해 갔는지 고민해 보자.

[주 제 어]

담론

담론이란 일반적으로 한 집단의 사회적, 인식론적, 수사학적 수행을 반영하는 언어적 문단 혹은 한 집단 내의 이러한 수행을 반영하고 영향을 주고 제약하는 언어의 힘을 의미한다. 미셸 푸코에 의하면 담론은 의미-효과를 생산하기 위해 특정한 방식으로 구성된 문단을 말한다. 담론은 중립적이고 그 자체 진리적인 명제들로 구성되기보다는 특정한 맥락과 제도 속에서 발생하는 언표들의 배치와 전략인 것이다. 따라서 담론은 현실이나 이해관계를 반영하는 것이 아니라 현실과 이해관계를 수행한다. 진리 또한 담론 속에 반영되는 것이 아니라 담론에 의해 생산되는 진리-효과가 된다.

판옵티콘

판옵티콘은 18세기 철학자 제레미 벤담(Jeremy Bentham)이 고안한 건축적 장치로서 푸코는 이를 통해 감옥의 죄수들이 감시자 없이도 감시(외부)의 시선을 내면화하면서 스스로를 감시해가는 과정을 탁월하게 분석했다. 푸코에 따르면 죄수는 "스스로 권력의 제약들을 떠맡아서 자발적으로 자기 자신에게 작용하도록" 함으로써 권력 관계를 내면화하여 스스로 죄수이자 간수가 되는 일인이역을 수행한다. 푸코는 이를 통해 근대인의 자기규율의 구조를 밝히고자 했다. 즉 보여지는 자와 보는 자의 관계에서 보여지는 자가 보는 자의 권력 관계를 내면화함으로써 보는 자의 권력을 실현시키듯이, 근대인은 자신이 자율적 주체라고 상상하는 순간 바로 그 권력 관계를 실현해 주고 있다는 것이다.

근대성

근대성은 일반적으로 전통사회에서 근대사회로의 변화를 설명하는 용어이다. 종교와 전통과 인습이 지배하던 사회가 해체되고 과학과 자아와 주체가 해방된 사회의 성격을 정의하기 위한 용어이다. 따라서 근대성은 자유, 진보, 주체의 해방 등과 거의 동의어이다. 하지만 푸코는 이런 의미의 근대성에 정면으로 도전한다. 기독교는 아스라이 사라졌는가? 근대는 정말 계몽된 것인가? 그렇지 않다는 것이 푸코의 생각이다. 푸코는 계몽 주체의 해방이 전혀 근거 없으며 기독교는 전혀 다른 배치의 구조 속에서 서양인을 지배하고 있다고 주장한다.

[필 자 약 력]

김용규

부산대학교 영문학과 교수
메일주소 | diony63@pusan.ac.kr
학력 | 부산대학교 영문학과 졸업
　　　고려대학교 문학박사
논문 | 「문화연구의 전환과 잡종문화론」 외 다수
저서 | 『틈새공간의 시학과 실제』(부산대학교) 외 다수
역서 | 『포스트모더니즘 백과사전』(공역, 경성대학교) 외 다수

김종기

부산대학교 불어교육과 교수
메일주소 | inlucem@hanmail.net
학력 | 부산대학교 불문학과 졸업
　　　프랑스 뚤루즈 2 대학교 문학박사
논문 | 「보들레르의 시법과 시적 글쓰기의 의미적 기능」 외 다수

박문현

동의대학교 철학과 교수
메일주소 | mozi@paran.com
학력 | 부산대학교 철학과 졸업
　　　동국대학교 철학박사
논문 | 「묵자의 경세사상 연구」 외 다수
저서 | 『동양 환경사상의 현대적 의의』(일본, 농문협)
역서 | 『묵자』(자유문고) 외

서정기

한국방송통신대학교 불문학과 교수
메일주소 | jgseo@knou.ac.kr
학력 | 서울대학교 불문학과 졸업
　　　서울대학교 문학박사
　　　프랑스 그르노블대학교 문학박사
논문 | 「빅토르 위고의 낭만주의적 화해정신」 외 다수
역서 | 『비발디』(중앙일보사)

이성희

시인, 동의대학교 강사
메일주소 | yneaa@naver.com
학력 | 부산대학교 철학과 졸업
　　　부산대학교 철학박사
논문 | 「장자철학의 기론적 토대」 외 다수
저서 | 『허공 속의 등꽃』(신생), 『동양명화감상』(니케) 외 다수

이왕주

부산대학교 윤리교육과, 문화와 예술 영상매체 협동과정(대학원) 교수
메일주소 | wajlee@pusan.ac.kr
학력 | 경북대학교 철학과 졸업
　　　경북대학교 철학박사
논문 | 「문화현상으로서 부산 국제영화제에 대한 철학적 성찰」 외 다수
저서 | 『철학, 영화를 캐스팅하다』(효형출판) 외 다수

[필 자 약 력]

정재서
이화여자대학교 중문학과 교수
메일주소 | jsjung@ewha.ac.kr
학력 | 서울대학교 중문학과 졸업
　　　서울대학교 문학 박사
논문 | 「사라진 신들과의 교신을 위하여」 외 다수
저서 | 『산해경 역주』(민음사) 외 다수

정출헌
부산대학교 한문학과 교수
메일주소 | jch2019@pusan.ac.kr
학력 | 고려대학교 한문학과 졸업
　　　고려대학교 문학박사
논문 | 「16세기 사림파 문인의 문학사회학적 인식지평과 문학생성 공간의
　　　연구」 외 다수
저서 | 『이야기로 읽는 삼국사기』(웅진) 외 다수

주광순

부산대학교 철학과 교수
메일주소 | ksjoo@pusan.ac.kr
학력 | 총신대학교 신학과
　　　독일 쾰른대학교 철학박사
논문 | 「기독교와 인권 - 레비나스의 타자의 윤리학을 중심으로」 외 다수

홍성민

동아대학교 정치외교학과 교수
메일주소 | parishong0823@hanmail.net
학력 | 서울대학교 정치외교학과 졸업
　　　프랑스 파리 10대학교 정치학 박사
논문 | 「동북 아시아의 국가형성과 문화적 변수」 외 다수
저서 | 『부르디외와 한국사회』(살림출판사) 외 다수
역서 | 『68사상과 프랑스 현대철학』(인간사랑) 외 다수